高校法学专业“三全育人”探索与实践

主　编　王　平

副主编　李倩茹　刘婧娟　郑　晶　杨积堂

知识产权出版社
全国百佳图书出版单位
—北京—

图书在版编目（CIP）数据

高校法学专业“三全育人”探索与实践 / 王平主编. —北京：知识产权出版社，2020.12
ISBN 978-7-5130-7369-1

Ⅰ. ①高…　Ⅱ. ①王…　Ⅲ. ①高等学校—法学—人才培养—研究—中国
Ⅳ. ①D926.174

中国版本图书馆CIP数据核字(2020)第268106号

内容提要

“三全育人”是新时代高校人才培养的创新模式，法学专业着重承担着为建设法治国家培养法治人才队伍的历史重任。本书为法学专业在人才培养中开展“三全育人”的探索与实践成果，也包括作为法学专业“三全育人”成果呈现的学生学术作品、思考感悟、随笔等，主要展示高校法学教育从新时代中国特色社会主义法治的全局出发，在提高学生的法学知识水平的同时，培养学生的思想道德素养的做法、经验和总结。

责任编辑：张水华　　责任校对：谷　洋
封面设计：臧　磊　　责任印制：孙婷婷

高校法学专业“三全育人”探索与实践
王　平◎主编

出版发行：知识产权出版社有限责任公司　　网　址：http://www.ipph.cn
社　址：北京市海淀区气象路50号院　　邮　编：100081
发行电话：010-82000860转8101/8102　　发行传真：010-82000893/82005070/82000270
责编电话：010-82000860转8389　　责编邮箱：46816202@qq.com
印　刷：北京虎彩文化传播有限公司　　经　销：各大网上书店、新华书店及相关专业书店
开　本：720mm×1000mm　1/16　　印　张：16.5
版　次：2020年12月第1版　　印　次：2020年12月第1次印刷
字　数：270千字　　定　价：79.00元

ISBN 978-7-5130-7369-1

前　言

王　平

2018年5月，教育部办公厅发布《关于开展“三全育人”综合改革试点工作的通知》，旨在全面贯彻落实习近平新时代中国特色社会主义思想和党的十九大精神，进一步推动全国高校思想政治工作会议精神和中共中央、国务院《关于加强和改进新形势下高校思想政治工作的意见》落地生根，全面实施《高校思想政治工作质量提升工程实施纲要》，大力提升高校思想政治工作质量。试点工作以习近平新时代中国特色社会主义思想为指导，坚持和加强党对高校的全面领导，紧紧围绕立德树人的根本任务，充分发挥中国特色社会主义教育的育人优势，以理想信念教育为核心，以社会主义核心价值观为引领，以全面提高人才培养能力为关键，切实提高工作亲和力和针对性，强化基础、突出重点、建立规范、落实责任，一体化构建内容完善、标准健全、运行科学、保障有力、成效显著的高校思想政治工作体系，使思想政治工作体系贯通学科体系、教学体系、教材体系、管理体系，形成全员、全过程、全方位的育人格局。本次试点工作，坚持以新思政观引领改革试点、构建一体化育人体系、打通育人“最后一公里”的基本要求，在构建一体化育人工作体系中，承担人才培养具体工作的基层院系，根据各项工作内在的育人元素和育人逻辑，完成构建微观的一体化育人体系的任务。

2018年9月，教育部出台了《关于加快建设高水平本科教育　全面提高人才培养能力的实施意见》(以下简称“高教40条”)，明确提出坚持立德树人、德育为先的原则，把思想政治教育贯穿高水平本科教育全过程，强化课程思政和专业思政，构建全方位、全过程、深融合的协同育人新机制，加强实践育人平台建设，对实践教学体系构建和教学要求提出了明确的指引。2020年4月，教育部等8部门印发《关于加快构建高校思想政治工作体系的意见》(以下简称《意见》)，从健全立德树人体制机制着力，把立德树人融入思想道德、文化知识、社会实践教育各环节，贯通学科体系、教学体系、教材体系、管理体系，加快构建目标明确、内容完善、标准健全、运行科学、保障有力、成效显著的高校思想政治工作体系。这两个重要文件相互配合、渐次深化，对加快构建高校思想政治工作体系提出了非常翔实的路径指引。对院系基层单位而言，它们将以课程思政建设为重要抓手的“三全育人”工作体系建设推向一个新阶段。

我校历来十分重视育人工作，不断完善“三全育人”体制机制，落实立德树人根本任务。2018年12月专门出台《中共北京联合大学委员会　北京联合大学　关于开展学院“三全育人”建设试点工作的通知》，确定法学专业所在的应用文理学院在内的我校四个学院为“三全育人”建设试点学院，掀开我校“三全育人”探索与实践的新篇章。2020年年初，学校发布《北京联合大学三全育人“大学习、大讨论、大落实”活动方案》，将“三全育人”从试点推向全校，将全校的“三全育人”工作分为学习、讨论、落实三个步骤，边学习，边讨论，边落实，边统筹推进。在教学中，以课程思政为重要抓手予以落实，这也是我校新时期人才培养工作的核心和根本任务，对于法学专业培养德法兼修的新时代法治人才的工作具有非常实际的指导意义。

与“高教40条”同时发布的还有教育部中央政法委《关于坚持德法兼修　实施卓越法治人才教育培养计划2.0的意见》，该意见坚持以马克思主义法学思想和中国特色社会主义法治理论为指导，围绕建设社会主义法治国家需要，坚持立德树人、德法兼修，践行明法笃行、知行合一，主动适应法治国家、法治政府、法治社会建设新任务新要求，找准人才培养和行业需求的结合点，深化高等法学教育教学改革，强化法学实践教育，完善协同育人机制，构建法治人才培养共同体，做强一流法学专业，培育一流法治人才，为全面推进新时代中国法治建设提供有力的人才智力保障，将法治人才培养体系构建延伸至高校之外的法治共同体。

《意见》在强调坚持全员、全过程、全方位育人体制机制构建的同时，明确了学科教学体系任务，要求加大哲学社会科学各学科专业中的马克思主义理论类课程建设，扎实推进哲学社会科学专业课程思政建设，法学类专业课程要培育学生德法兼修的职业素养；要深化实践教育，把思想政治教育融入社会实践、志愿服务、实习实训等活动中，创办形式多样的“行走课堂”。

法学学科专业肩负着培养各个层次法治人才的使命，所培养的法治人才必须要适应法治国家、法治政府、法治社会建设的新任务、新要求。我校法学专业创办40多年来，为国家和北京市培养了将近8000名优秀的法治人才，人才培养层次包括本科、专升本和法律硕士研究生。法学专业所在法律系附设首都法治研究中心、法律援助研究与服务中心以及学校的国家文科综合实践教学中心等教学科研平台；北京市法学会金融与财税法学研究会挂靠在我校，由法律系承担研究会主要日常工作；建设了延庆区人民法院、北京市国振律师事务所、北京德和衡律师事务所、北京国信公证处等校外人才培养基地。以上教学科研平台，为我校法治人才的培养奠定了深厚的基础。法律系教师潜心育人，积极参与社会实践，在指导学生参与专业志愿服务、法律实务、服务国家和地方发展、个案释法解疑等方面成就明显。在加强国内外学术和人才培养交流方面，我校已经同美国、俄罗斯、英国、我国台湾等地的大学和研究机构建立了交流合作关系。

新时代，我们贯彻党和国家关于人才培养、法治人才培养、高校思想政治工作以及“三全育人”体制机制完善的方针政策，在学校学院“三全育人”、课程思政建设工作的要求和指引下，积极探索实践，充分挖掘和整理各项工作内在的育人元素，梳理其中的育人逻辑，探索构建微观的一体化育人体系。以人才培养工作为核心，坚持党的领导，全系教师积极参与，从组织建设、课堂教学、科研提升、专业实践、文化建设等方面积极探索，潜心育人，取得了一些成果。现将这些成果予以整理结集出版，对我们的工作进行总结，也期待对法学专业人才培养的“三全育人”探索与实践有所交流互鉴。

目　录
CONTENTS

前　言 / I

组织育人 / 001

高校教师党支部在推进课程思政建设中的作用、思路与做法 / 002
李倩茹　王　平

新时期高校研究生党支部组织育人的探索与实践 / 010
刘慧勇

课程育人 / 019

“三全育人”体系下民事诉讼法学教学的思考 / 020
陈　琦

行政法与行政诉讼法教学中的课程思政观 / 027
刘婧娟

“三全育人”理念下的财税法课程建设探索 / 034
李玉红

教育者先受教育，做好刑法学课堂育人工作 / 042
张一红

基于 OBE 与“三全育人”的国际经济法学课程思政教学改革研究 / 047
张万春

通过“课程思政”实现“三全育人”的几点体会 / 064
赵承寿

师生共话“思政”课题　教学同谱“育人”篇章 / 068
闫煦萌　刘慧勇

科研育人 / 075

学术诚信育人的初步探索与思考 / 076
郭娅丽
以特色学位点建设为抓手，培育高素质法律硕士人才 / 085
王 平 李倩茹
科研反哺教学的探索与实践 / 095
王 平 李玉红
育人成效 / 105
学生科研成果展示一：同性婚姻合法化的意义与挑战 / 105
何炫萱 白雨凡 孔惟瑜
学生科研成果展示二：北京市离婚损害赔偿案件调查研究 / 116
于 瑞 段 瑜 吾仁古丽·热合木江
不忘初心，扬帆起航 / 132
郑 帅
以老师们的闪光师德为指引，努力进取 / 136
朱博文
这是最美好的时光 / 142
杨蕙箫
在追求梦想的路上奋力奔跑 / 144
曹立群

实践育人 / 149

开展专业志愿服务，提升实践育人质效 / 150
王 平 王奕博
“青春船长”，普法永远在路上 / 160
秦 聪
办好“青春船长”，我们一起成长 / 162
周宇晨
基于 OBE 理念的法学专业实践育人平台建设 / 167

李倩茹　王　平
法学实践课程的课程思政设计探讨 / 176
郑　晶
爱首都　学法律　促和谐 / 183
张宝贵
育人成效 / 192
学以致用，提升学生综合实战能力 / 192
胥铁军
我与知产二三事 / 197
蒋博文
回忆母校 / 199
周　悦
文化育人 / 203
彰法明理，修齐治平 / 204
刘婧娟
润物细无声 / 206
常　敏
指导“学知读书会”活动，推进文化育人 / 210
赵承寿
大学之路：微笑着走过 / 214
杨积堂
以立德树人为根本，在班级管理中全程育人 / 220
李倩茹
从“专业培养”到“职业训练” / 225
吴　梅　陈仕楠
育人成效 / 228
四年的时光，无悔的青春 / 228
虎舒婷
学习中思考，思考中进步 / 232

阿来·巴合提

学学问、学做学问、学做人：一名法科“叛离者”真情实感的自述 / 235

鞠曦中

忆我的大学 / 240

袁诗媛

登岸忘筏，不忘摆渡人 / 245

李晶宁

我与读书会 / 249

刘雪微

组织育人

高校教师党支部在推进课程思政建设中的作用、思路与做法

——以北京联合大学应用文理学院法律系为例

李倩茹　王　平[1]

摘要：高校教师党支部在深化“课程思政”建设中担负着贯彻落实上级党组织关于课程思政的工作部署、引领教师积极探索推进课程思政的途径方法、保障课程思政在教育教学工作中的切实落实的重要作用；具体思路是教师党支部引领教师在理论教学中有机融入课程思政、指导教师在实践教学中亲身参与推动课程思政、鼓励导师通过言传身教践行课程思政、结合课外活动帮助学生自我教育感受课程思政、以就业指导为抓手推进课程思政；采取深入挖掘法学课程所蕴含的思想政治教育元素、有机融入法学教育课堂教学、坚持做到“教育者先受教育”的做法。

关键词：课程思政；教师党支部建设；法学教育

课程思政缘起于习近平总书记在全国高校思想政治工作会议上关于“使各类课程与思想政治理论课同向同行，形成协同效应”的重要论述。[2]教育部党组书记、部长陈宝生在新时代全国高等学校本科教育工作会议上指出：高校要明确所有课程的育人要素和责任，推动每一位专业课老师制定开展“课

---

[1] 李倩茹（1979—），女，法学博士，北京联合大学应用文理学院讲师，法律系党支部副书记。主要研究方向：物权法，社区治理法治。王平（1970—），女，北京联合大学应用文理学院教授，法律系党支部书记、主任。主要研究方向：经济法、财税法、法理学。

[2] 韩宪洲.论课程思政建设中的几个基本问题：课程思政是什么、为什么、怎么干、怎么看[J].高教研究，2020（5）.

程思政”教学设计，做到课程门门有思政，教师人人讲育人。❶高校教师党支部是高等教育教学科研第一线的党的基层组织，是党的教育方针贯彻落实、巩固马克思主义在高校意识形态领域的指导地位、加强思想政治引领、筑牢学生理想信念根基、保证教学科研管理各项任务完成的直接实施单位，在推进课程思政中需要充分发挥作用，形成有效工作机制，切实落实立德树人的根本任务。

一、高校教师党支部在推进课程思政中的引领保障作用

高校教师党支部在深化“课程思政”建设中担负着重要职责。“高校教师党支部是教育、管理、监督和服务教师党员的基本单位，是把党的路线方针政策落实到高校基层的战斗堡垒，是党团结和联系广大教师的桥梁纽带，是办好中国特色社会主义大学的重要支撑。”❷

（一）贯彻落实上级党组织关于课程思政的工作部署

开展课程思政是加强和改进高校思想政治工作的重要举措，必须发挥好党委的领导作用。北京联合大学在课程思政建设初始阶段，开创了高校党支部推进“课程思政”建设的先河。

北京联合大学党委坚持理论与实践同行，在“123 理论体系”的指导下，先后制定了《关于推进课程思政建设的实施意见（2017—2018）》《关于深化课程思政建设，落实立德树人根本任务的实施意见（2019—2020）》等系列文件，明确了课程思政是全校各单位和所有教师的共同责任，建立了学校党委宣传部统筹协调、职能部门协同联动、院系（部）主导推进、教师具体落实、教师党支部引领保障的工作格局，为全面推进课程思政建设制定了“路线图”，确保了顶层设计的系统性和可操作性。❸

教师党支部作为学校党委推进课程思政建设的具体落实单位，在深化课程思政建设中担负着重要职责，需要在具体工作中结合本部门教师教育教学

---

❶ 陈宝生. 在新时代全国高等学校本科教育工作会议上的讲话［J］. 中国高等教育，2018（Z3）.

❷ 中共教育部党组. 中共教育部党组关于加强新形势下高校教师党支部建设的意见［EB/OL］.［2020-05-24］. http：//www.moe.gov.cn/srcsite/A12/moe_1416/moe_1417/201708/t20170823_311692.html.

❸ 韩宪洲. 论课程思政建设中的几个基本问题：课程思政是什么、为什么、怎么干、怎么看［J］. 高教研究，2020（5）.

工作的实际情况，严格遵循上级党组织的工作部署，引领教师积极践行课程思政系列文件，在文件精神的指引下深入探索，将课程思政创造性地融入教育教学工作之中。

（二）引领教师积极探索推进课程思政的途径方法

在教育部着力“构建一体化育人体系，打通‘三全育人’最后一公里”的背景下，高校教师党支部需要深入探索如何全面统筹各领域、各环节、各方面的育人资源和育人力量，将各项工作的重心和目标落在育人效果上，使高校思想政治工作更好地适应和满足学生成长诉求、时代发展要求、社会进步需求；将推动知识传授、能力培养与理想信念、价值理念、道德观念的教育有机结合，使思想政治工作贯通育人全过程。

在北京联合大学课程思政建设过程中，通过教师党支部推进课程思政建设，既解决了推进课程思政建设初期很多教师有想法没思路、有思路难组织的问题，也在客观上丰富了教师党支部建设的途径，使党支部的活动与教师教育教学密切关联起来，实现了良性互动，积累了重要实践经验。[1]教师党支部在课程思政建设中发挥了重要的引领作用，从教师党员开始带动非党员教师，结合教育教学科研工作，共同研究、探索课程思政的有效方法，实现“教育者先受教育”。

（三）保障课程思政在教育教学工作中的切实落实

“课程思政”强调包括课程思想政治理论课在内的所有课程都有育人功能，所有教师都有育人职责，是“三全育人”的重要体现和重要方面。课程思政是近年来高等教育领域深化综合改革的新生事物，是对新时代高等教育更好地发挥“四个服务”功能的理念创新、制度创新和实践创新，其核心是要求把“做人做事的基本道理、社会主义核心价值观的要求、实现民族复兴的理想和责任”的总要求融入各类课程和教育教学的全过程、各方面，在立德树人上实现同向同行。[2]

---

[1] 韩宪洲．深化“课程思政”建设需要着力把握的几个问题［J］．北京联合大学学报：人文社会科学版，2019（2）．

[2] 韩宪洲．论课程思政建设中的几个基本问题：课程思政是什么、为什么、怎么干、怎么看［J］．高教研究，2020（5）．

教师党支部是高校教育教学一线的基层党组织，也是推进高校课程思政的重要力量。全国高校思想政治工作会议以来，北京联合大学把立德树人理念内化到学校建设和管理的各领域中，在实践中将课程思政作为构建“高水平人才培养体系”的切入点和完善“三全育人”体制机制的重要抓手，以课程思政作为起点，与专业思政、学科思政一体化设计，一体化实施，从“课程思政”建设的深度与广度上下功夫，并不断探索由专业负责人牵头、院系党组织推动、教师全员参与，协同推进“专业思政”和“课程思政”建设的推进机制，形成了从课程思政到专业思政再到学科思政的建设路径，思想政治工作形成了从课程思政建设到落实立德树人根本任务再到意识形态建设的思想政治工作建设脉络。❶

从课程思政到专业思政再到学科思政的建设路径中，教师党支部一方面要发挥积极的引领作用，另一方面也需要发挥重要的保障作用。在教育教学科研的实际工作中，在课程思政建设的进程中，不断总结经验，及时发现不足、短板，深入研判，通过党组织建设给予教师各方面的指导、支持，保障课程思政在教育教学工作中的切实落实。

二、高校教师党支部推进课程思政的主要思路

高校教师党支部推进课程思政，必须要结合高等教育教学科研的实际工作情况，遵循高等教育的教学规律，研究高校教师党支部在育人全过程中推进课程思政的具体思路。

（一）引领教师在理论教学中有机融入课程思政

高校教师党支部在理论教学环节需要提前介入，在制订培养方案、教学大纲等课程设计环节中，将思想政治教育融入专业教育内容；在理论教学实施过程中，结合党支部主题党日、集体理论学习开展理论教学“课程思政”具体经验和案例的学习、分享；发挥教师党员的先锋模范作用，带动全体教师深入推进课程思政；将课程思政工作与基层党建工作紧密结合。

大力推动以“课程思政”为目标的课堂教学改革，优化课程设置，修订专业教材，完善教学设计，加强教学管理，梳理各门专业课程所蕴含的思想

❶ 韩宪洲．以课程思政推动立德树人的实践创新［J］．中国高等教育，2019（23）．

政治教育元素和所承载的思想政治教育功能，融入课堂教学各环节，实现思想政治教育与知识体系教育的有机统一。深入推动习近平新时代中国特色社会主义思想进教材、进课堂、进头脑。

（二）指导教师在实践教学中亲身参与推动课程思政

在实践教学中，通过与校外实践基地合作开展支部共建的形式，深入挖掘校外实践基地和校外行业专家指导中的课程思政元素，在实践教学项目的设计和实施中形成开展课程思政的共识；让学生在社会实践、专业实践的各个环节切实领悟课程思政要素，在深化专业知识应用的同时，受到职业道德教育和理想信念教育。

坚持理论教育与实践养成相结合，整合各类实践资源，强化项目管理，丰富实践内容，创新实践形式，拓展实践平台，完善支持机制，教育引导师生在亲身参与中增强实践能力、树立家国情怀。

（三）鼓励导师通过言传身教践行课程思政

通过与学生党支部共建，高校教师党支部可以在导师指导环节对学生进行专业指导、学术指导的同时，对学生进行课程思政，在入党积极分子考查培养、学生党员发展方面发挥作用。通过与学生党支部共同开展党建工作，能够有效地发挥教师党员对学生的言传身教作用。发挥科研育人功能，引导学生树立正确的政治方向、价值取向、学术导向，培养学生至诚报国的理想追求、敢为人先的科学精神、开拓创新的进取意识和严谨求实的科研作风。

（四）结合课外活动帮助学生自我教育感受课程思政

高校教师党支部要鼓励党员教师带头积极投身对学生课外科技活动和实践活动的指导工作，引导学生积极参与各种课外活动，在课外活动中注重以文化育人，深入开展中华优秀传统文化、革命文化、社会主义先进文化教育，推动中国特色社会主义文化繁荣兴盛，践行和弘扬社会主义核心价值观，优化校风学风，繁荣校园文化，培育大学精神，建设优美环境，滋养师生心灵，涵育师生品行，引领社会风尚。

（五）以就业指导为抓手推进课程思政

毕业环节是学生在校学习的最后环节，是学生踏入社会的最后准备阶段。在这个阶段，高校教师党支部要引导教师树立全员促进就业的意识，充分利用毕业论文的指导过程，一方面做好对学生专业论文写作的指导，另一方面引导学生树立正确的就业观和职业观。把个人职业发展与国家、社会的发展充分结合起来，认清就业形势，把握个人追求，结合社会需求。努力学习提高自身知识水平，注重能力培养。敢于推销自己，成功就业扎实工作，勇于创新与时俱进。

三、高校教师党支部推进课程思政的具体做法

北京联合大学在近几年开展课程思政建设探索的实践中明确提出了“校院整体推进、系（部）主导、教师主体”的三项基本原则。针对教师主体作用的发挥，逐步形成了“挖掘、融入、教育者先受教育”这一指导全校教师开展课程思政的方法论。[1]法律系党支部结合法学专业特点，努力探索了高校法学专业课程思政的具体做法。

（一）深入挖掘法学课程所蕴含的思想政治教育元素

教师要“以‘培养什么人’这个教育的首要问题为根本导向，以促进学生成长成才为出发点和落脚点”[2]，结合课程、专业以及学科的实际，挖掘课程所蕴含的思想政治教育元素，增强课程的育人功能，为开展课程思政夯实基础。

根据教育部、中央政法委发布的《关于坚持德法兼修　实施卓越法治人才教育培养计划 2.0 的意见》，要求高校法学专业教育要厚德育，铸就法治人才之魂。注重培养学生的思想道德素养，大力推进中国特色社会主义法治理论进教材进课堂进头脑，将社会主义核心价值观教育贯穿法治人才培养全过

[1] 韩宪洲．课程思政方法论探析：以北京联合大学为例 [J]. 北京联合大学学报：人文社会科学版，2020（2）.

[2] 韩宪洲．深化“课程思政”建设需要着力把握的几个关键问题 [J]. 北京联合大学学报：人文社会科学版，2019（2）.

程各环节。[1]

教师党支部要引领教师结合中国特色社会主义法治的理论与实践，深入挖掘其中所蕴含的使命感、责任感、爱国精神、奋斗精神、法治精神、实事求是精神、开拓创新精神的思想政治元素，并使之内化为学生的精神追求、外化为学生的自觉行动。结合社会实践，积极开展理想信念教育、社会公益教育、中华优秀传统法律文化教育，让学生在感悟法治进步中坚定理想信念，在了解群众疾苦中磨炼坚强意志，在奉献社会中增长智慧才干。

（二）有机融入法学教育课堂教学

法学教育开展课程思政需要在挖掘课程所蕴含的思政元素的基础上对课程内容进行重构再造，将所挖掘的思政元素有机融入课程教学，实现所讲授课程在思想政治教育和法学知识体系教育上的有机统一，进而达成育人和育才的统一。

教师党支部要协调全系教师力量，共同开展教育教学研究，力争实现提升高等法学教育教学质量，培养造就宪法法律的信仰者、公平正义的捍卫者、法治建设的实践者、法治进程的推动者、法治文明的传承者，为全面依法治国奠定坚实基础。特别是在课程讲授中要加大对学生法律职业伦理培养力度，实现法律职业伦理教育贯穿法治人才培养全过程；坚持“一课双责”，各门课程既要传授专业知识，又要注重价值引领，传递向上向善的正能量。

（三）坚持做到“教育者先受教育”

习近平总书记指出，教师是人类灵魂的工程师，承担着神圣使命，高校教师要“努力成为先进思想文化的传播者、党执政的坚定支持者，更好担起学生健康成长指导者和引路人的责任”[2]。

教师党支部要坚持用习近平新时代中国特色社会主义思想武装教师头脑，坚定教师理想信念，带头践行社会主义核心价值观。健全师德考核，强化师德监督，引导教师以德立身、以德立学、以德施教。组织开展专题研修，开展法治中国国情教育活动，引导广大教师深入了解法治实践，提升教师专业

---

[1] 教育部、中央政法委关于坚持德法兼修 实施卓越法治人才教育培养计划 2.0 的意见［EB/OL］.［2020-05-25］. http：//www.moe.gov.cn/srcsite/A08/moe_739/s6550/201810/t20181017_351892.html.

[2] 习近平 . 在北京大学师生座谈会上的讲话（2018 年 5 月 2 日）［M］. 北京：人民出版社，2018：6.

能力和综合素质。

通过“教育者先受教育”，提高法学教师的专业水平和师德素养，使教师既能够将中国法治实践的最新经验和生动案例、中国特色社会主义法治理论研究的最新成果引入课堂、写进教材，及时转化为教学资源；也能够坚持以马克思主义法学思想和中国特色社会主义法治理论为指导，围绕建设社会主义法治国家需要，坚持立德树人、德法兼修，践行明法笃行、知行合一，主动适应法治国家、法治政府、法治社会建设新任务新要求。

新时期高校研究生党支部组织育人的探索与实践

——以北京联合大学应用文理学院法律系研究生党支部为例

刘慧勇 [1]

摘要：高校研究生党支部建设与全员、全方位、全过程即三全育人具有天然的内在契合性，研究生党支部是学校贯彻实施三全育人的重要抓手和主要阵地。北京联合大学应用文理学院法律系研究生党支部通过加强支部建设，通过基层党支部共建、红色“1+1”、三会一课以及民主生活会等形式，提升了研究生思想政治素质，增强了学生的“四个意识”，达到了育人的效果，践行了三全育人，探索了通过研究生党支部建设实践三全育人的具体实施路径。

关键词：研究生；党支部建设；三全育人；协同育人机制

一、研究生党支部建设与“三全育人”的内在契合性

从 1950 年中国教育工会第一次全国代表大会上首次提出“教育育人，管理育人，服务育人”的“三育人”口号开始，三全育人的思想理念经历了萌芽期、探索期、发展期和成熟期，逐步趋于完善。习近平总书记在全国高校思想政治工作会议上曾指出：高校要坚持把立德树人作为中心环节，把思想政治工作贯穿教育教学全过程，实现全程育人、全方位育人，努力开创我国高等教育事业发展新局面。随后，2018 年，教育部在全国启动了“三全育人”综合改革试点工作，要求高校从学校层面，以课程育人、科研育人、实践育

---

[1] 刘慧勇（1976—），男，山西阳泉人，研究生学历，北京联合大学应用文理学院法律系讲师，法律系研究生党支部书记。

人、文化育人、网络育人、心理育人、管理育人、服务育人、资助育人、组织育人“十大育人”体系为基础，全面统筹办学治校各领域、教育教学各环节、人才培养各方面的育人资源和育人力量，推动全体教职员工把工作的重心和目标落在育人成效上，推动将高校思想政治工作融入人才培养各环节，推动实现知识教育与价值塑造、能力培养有机结合。

三全育人的实践在华夏大地轰轰烈烈开展了起来。

高校研究生党支部是党在高校研究生中的基层组织，是党联系研究生的桥梁和纽带，是团结带领研究生党员和广大研究生全面贯彻党的基本路线和教育方针的政治核心和战斗堡垒 2017 年 9 月，中共中央国务院发布《关于进一步加强和改进大学生思想政治教育的意见》，其中指出：“要建立健全党委统一领导、党政群团齐抓共管、有关部门各负其责、全社会大力支持的领导机制和工作机制，形成全党全社会共同关心支持大学生思想政治教育的强大合力。”可见，党建工作在大学生思想政治教育工作机制中占据主导地位。因此，研究生党支部在研究生思想政治教育工作体系中自然应该发挥主导作用。通过党支部建设，提高研究生党员的思想政治素质，是贯彻“三全育人”的题中应有之义，二者具有先天的内在契合性。

二、通过研究生党支部建设实践三全育人的实施路径——以北京联合大学应用文理学院法律系研究生党支部为例

笔者所在北京联合大学应用文理学院作为学校 2019 年度“三全育人”试点学院，全面贯彻教育部、北京市教委及学校的工作部署，多次召开“三全育人”综合改革工作研讨会，全面推进“三全育人”试点工作。笔者作为应用文理学院法律系研究生党支部书记，带领支部全体成员摸索出一条通过研究生党支部建设实践三全育人的创新之路。

（一）以基层党支部共建为抓手，推动支部建设水平上台阶，开创三全育人新局面

笔者所在的法律系研究生党支部连续两年参与了北京联合大学基层党支部“1+1”共建活动，通过开展有效的共建活动，提升了广大研究生党员、入党积极分子、研究生团员和群众的思想政治素质，提高了党性修养。

2017—2018 年度，法律系研究生党支部与历史文博系研究生党支部，以“脚踏实地、奋力前行”为主题进行结对，充分调动每位党员的积极性、主动性，进一步发挥基层党组织的创造力、凝聚力和战斗力，力争将两个党支部建设成为学习型、服务型、创新型的基层党组织。

两个支部采取了以下措施：

（1）运用所学知识，互相交流学习，共同提升综合素质。两个支部充分发挥学科优势，相互普及法律、历史、考古知识，进行深入的学术交流。两个支部联合召开考研交流会，给法律、历史文博系大四的学生进行考研辅导。两个支部联合开展了创新创业和社会实践经验交流会，选取两个支部创业成功的先进党员介绍经验，大家共同交流。

（2）服务社会，践行全心全意为人民服务的宗旨。世界博物馆日研究生党员为中学生讲解应用文理学院文博馆馆藏文物。文化遗产日研究生党员深入社区、小学开展志愿服务。参加海淀区吴家村社区为民服务活动，为考生家长做高考咨询。两个支部联合参观雄安新城规划馆，了解雄安新区建设。

（3）阅读红色经典，观看爱国影片，参访革命教育基地，进行爱国主义教育。两个支部联合开展了阅读红色经典活动，一起观看了《厉害了，我的国》，联合参观考察了新文化运动纪念馆、五四大街，联合参观了白洋淀雁翎队纪念馆。通过学习和实践，不断提高学生党员的爱国热情。

2018—2019 年度，法律系研究生党支部与应用文理学院机关第一党支部结对，以“以文化人，以学促行，共建学习型支部”为主题开展了基层党支部“1+1”共建活动。两个支部共建的思路主要是：读万卷书，行万里路；创新党组织学习活动形式，成立初心读书会，带领两个支部党员开展走读北京、走基层活动，把理论学习与社会实践紧密结合起来。贯彻应用文理学院“+文化”的办学和育人理念，紧扣文化这个特质，服务北京全国文化中心建设的实践需要，以党建为引领，探索教工党支部实现“三全育人”的途径和形式。

两个支部主要采取了以下措施：

（1）利用机关第一党支部联系和服务地方、北京学研究所丰富的研究资源等优势，精心筹划一系列共建活动。两个支部共同参与筹办三山五园学术研讨会，筹办和参观西山文脉主题成果展。两个支部共同参观了三山五园文化体验馆、“样式雷”楹联书法作品巡展以及中关村国家自主创新示范区展示中心举办的中关村创新文化展。两个支部还共同参观了海淀 AI 公园，体验科技创新，切身感受人工智能新时代，共建创新型党支部。

（2）阅读红色经典，学习历史文化。两个党支部联合成立了初心读书会，制订了详细的学习计划，邀请专家作了《北京文脉》导读讲座。充分利用学生课余时间制订了走读北京计划，邀请北京学研究所专家带领大家开展走读北京——走进南锣鼓巷活动，品味北京胡同文化。开展学习党史活动，知党史、强党性，重温入党誓词。两个支部集体学习了《习近平总书记在纪念五四运动100周年大会上的讲话》并深入交流了学习心得，集体赴海淀区上地创业路6号（原联想大厦）参观了亚洲数字艺术展。

（3）通过观看展览与音乐会、参访纪念馆等多种形式，缅怀革命先烈，回顾改革开放，提高爱国热情。组织党员聆听了不忘初心，回顾改革开放优秀歌曲音乐会；组织党员观看了伟大的变革——庆祝改革开放40周年大型展览；组织党员参访白乙化烈士纪念馆，缅怀革命先烈，追寻红色历史。

（二）以学生党支部红色“1+1”为契机，通过实践活动，使学生增长才干，实现三全育人

《中共中央国务院关于进一步加强和改进大学生思想政治教育的意见》中指出，要积极探索和建立社会实践与专业学习相结合、与服务社会相结合、与勤工助学相结合、与择业就业相结合的管理体制，认真组织大学生参加……实践活动，使大学生在社会实践活动中受教育、长才干、作贡献，增强社会责任感。法律系研究生党支部近几年来以开展红色“1+1”活动为契机，先后带领广大研究生党员、入党积极分子和研究生团员、群众深入城市社区、基层司法机关、非公有制企业等社会机构，开展支部共建和社会志愿服务，引导学生党员树立理想信念，自觉服务北京市“四个中心”建设，在推进北京城乡区域协调发展中发挥所长，增强学生党员责任意识，提升育人效果。

近几年来，开展的典型红色“1+1”活动主要有：

（1）与麦子店枣营北里社区居民第三党支部开展的法律宣传进社区红色“1+1”共建活动。

法律系研究生党支部党员和入党积极分子深入北京市朝阳区麦子店街道枣营北里社区，与枣北社区居民第三党支部进行了支部建设经验交流、向社区居民赠送图书、开展法律宣传和咨询活动、慰问社区老党员、参观麦子店街道社区服务中心等。习近平同志说：“搞好社区，就是要把为民服务的各项

工作做好。”通过党支部“红色1+1”活动的开展，加强了高校党支部与社区基层党建工作的联系，利用专业知识为社区治理过程中的法律问题提供解决思路，提高社区治理能力，更好地服务于人民群众，使每一位法律系研究生党支部成员都能在提高自己实践经验的同时，为社区治理建设做出自己的贡献，肩负起中共党员的责任与使命。红色“1+1”活动切实搭建了实践育人的有效平台。

（2）带领研究生赴延庆区人民法院永宁法庭走基层。

为进一步了解法律实务工作、坚定广大党员的理想信念，法律系研究生党支部组织党员、入党积极分子赴延庆人民法院永宁人民法庭学习交流，参观平北抗日战争纪念馆。通过深入法院基层，了解法律实务工作，缅怀英烈，进行爱国主义教育。研究生党支部全体成员参观了法庭，与法庭党支部进行了支部建设经验交流。延庆人民法院资深特邀调解员为党支部成员做了一场精彩的报告，报告主题围绕什么是诉前调解、诉前调解的意义、工作流程、调解的方法以及永宁人民法庭近两年诉前调解取得的丰硕成果。目前，党中央倡导构建多元化纠纷解决机制，法院系统积极进行多元化纠纷解决机制的探索，诉前调解制度无疑是多元化纠纷解决机制的有效方式之一，延庆人民法院永宁人民法庭在探索多元化纠纷解决机制过程中进行了有益的探索。报告最后，法庭赠予党支部成员每人一本《要素式调解工作手册》，以加深法律系学生对诉前调解工作的了解。

（3）带领研究生深入北京市华兴晟荟建筑工程有限公司，开展建设工程合同法律纠纷讲座，介绍学生入职公司实习，了解公司法务。

经社区党委介绍，法律系研究生党支部与朝阳区常营地区首家建立企业党支部的新经济组织（非公有制企业）结对，开展红色“1+1”活动。支部共建期间，法律系研究生党员以“建设工程施工合同司法解释二理解与适用——从法院审理的原则看企业如何应对”为主题，对公司党员及相关部门人员进行了法律讲座培训，公司与会人员就各自实务中遇到的法律问题与师生党员进行咨询和深入交流。法律系研究生党支部副书记从激发党员创造力、凝聚力、战斗力等方面就如何有效发挥党支部战斗堡垒作用以及学校党支部建设的做法和经验与共建支部进行了交流。企业吸纳法律系研究生进入企业实习，担任公司法务，为学生深入了解公司法律实务，接触公司法律实务提供了实践机会。通过校企合作，搭建了学生成长和实践育人的平台。

（三）通过三会一课、民主生活会、民主评议党员等环节，增强研究生党员的党性修养，培养其组织观念和纪律性

在研究生党支部建设过程中，三会一课、民主生活会、民主评议党员不仅是支部对党员进行管理的手段，而且是支部对党员进行教育，培养其身份意识、责任意识以及组织性、纪律性的重要环节。法律系研究生有两种学制：法学本科专业的两年学制和非法学本科专业的三年学制。对于两年学制的研究生而言，第一学年学业课程任务比较重，第二学年又面临公务员考试、实习、就业等任务，有的学生还面临要参加法律职业资格考试和进一步深造等压力。一些学生不能合理规划时间，不能正确处理好学习、实习工作等关系。在笔者所在支部的一次民主生活会上，有极个别党员就表露出一些错误的思想苗头：认为民主生活会程序太烦琐，属于形式主义，耽误时间，因此参加民主生活会时表现出不耐烦等情绪。针对该党员的这种错误思想，支部在民主生活会后派人与其进行了耐心的谈心交流，了解了其面临复习备考的压力和情绪波动的原因，了解了其产生错误思想的根源。为此，支部组织党员专门针对什么是形式主义以及形式主义的表现等进行了全支部范围内的深入研讨，在支部范围内统一了党员的认识，及时遏制了极个别党员思想上的认识错误，也教育了其他党员，达到了“惩前毖后、治病救人”的目的，使全体党员对党的基本制度、民主集中制的基本原则、党的纪律等增强了认识，使大家接受了一次深刻的再教育。以上事例充分说明，通过党的基本制度学习，党员接受了教育，起到了“照镜子、正衣冠”的作用，达到了育人的效果。

（四）通过发展党员过程中严把“进人关”，通过对入党积极分子和考察对象的培养教育，广大研究生不断进步，成为党的后备力量

发展党员是研究生党支部的一项重要工作。吸收优秀的、先进的研究生加入党组织是保证党组织后继有人、保障党的事业蓬勃发展的组织保证。法律系研究生由于所学专业的特点、法律与政治的紧密联系，因此思想上积极要求进步也是大多数学生的普遍追求。但出于规范发展党员程序的要求，党支部必须承担起对广大研究生入党积极分子进行考察培养教育的职责。

由于研究生思想成熟、学习分散、生活独立，不便于综合掌握其情况，

党支部把考察重点放在考察入党积极分子在组织、思想上的表现情况，严格政治审查、群众座谈和材料审核等工作流程，同时对入党积极分子通过布置任务、压担子等方式，培养其担当意识和责任意识。另外，通过思想教育、考核评价机制作为支撑，及时关注入党积极分子的思想状态。同时加强对入党积极分子的制度约束，明确入党积极分子在思想、学习、工作和生活等方面的具体要求，避免“唯学习成绩”“唯科研成果”“唯工作能力”等倾向。在考核评价中应将联系群众、模范带头和示范作用发挥、社会实践参与程度、对组织发挥作用程度、导师意见等纳入指标体系中；在科研方面，和研究生培养计划相结合，考虑科研成果、就业竞争等因素，对于学术不端行为，实行“一票否决”。

三、当前加强研究生支部建设、推进三全育人的几点想法

（一）发挥研究生导师在研究生培养中“第一责任人”的作用，建立健全研究生导师深度参与研究生思想政治教育的体制机制

2018年教育部发布《关于全面落实研究生导师立德树人职责的意见》，其中指出：落实导师是研究生培养第一责任人的要求，把立德树人作为研究生导师的首要职责，立德树人其中就包括提升研究生思想政治素质、增强研究生社会责任感等。研究生导师作为与学生接触频率高、时间长，对学生的学业、科研、实习、就业等方面有直接影响力的角色，必然会成为研究生在求学期间信任、依赖、效仿的对象，导师在研究生教育中的作用甚至大于研究生班主任、辅导员及研究生管理人员。但同时，长期以来，研究生导师“重学术轻思政”的现象较为普遍，导师通常认为研究生的学术能力是“硬实力”，体现自己的指导水平，而研究生的思想政治水平是“软实力”，与自己无关，是辅导员、班主任等专职思想政治教育人员应该负责的事情，当然也不排除有些研究生导师自身政治素质也存在一些问题。在研究生学业、科研负担比较沉重的情况下，有些导师甚至认为研究生从事一些党团工作、接受某些思想政治教育会挤占研究生从事科研和学术活动的有限时间，因此对研究生思想政治教育或多或少存在一些抵触情绪。

三全教育理念的提出，对高校落实导师“第一责任人”的责任和地位提

出了新的要求，导师的职责和作用需要进一步凸显。具体做法上就是要创造条件在导师和其他研究生教育管理人员之间形成育人合力。可以尝试吸纳党员导师承担研究生党支部的“兼职党支部书记”或者加强研究生教育管理人员包括班主任、辅导员、党支部书记等同导师之间的沟通，通过一些机制把导师纳入研究生思想政治教育体系当中。

（二）建立对研究生党员的量化考核评价体系，强化对党员的组织约束机制

当前对研究生党员实施的民主评议党员等评价制度侧重组织措施，处罚措施比较严厉，运用起来受种种限制，某些时候难以对党员形成真正有效的组织约束。囿于研究生党员视组织活动、思想政治教育为负担，多数情况下不愿意积极主动参与支部活动，因此有必要建立一种更加有效的日常量化考核评价体系，把研究生参与思想政治教育活动、参与支部组织的活动量化为积分，并且把达到一定积分作为学期末考核党员的一项量化指标，这样能更加有效地调动党员参与支部活动的积极性。当然党支部也要不断创新学习、教育活动形式，吸引广大党员、积极分子主动参与集体活动。

（三）将学术交流活动融入组织生活中，做到“既红又专”

研究生党支部在开展学术活动时，可借助专业优势提升研究生党员学术水平和党性修养，丰富支部组织生活内容，以党建带动学风建设，进一步增强研究生党支部工作的实效性，活跃学术文化氛围。以研究生党支部为单位组织、参与学术活动，能调动党员、入党积极分子的工作热情和参与度，引导他们参与到学术活动的筹备和组织工作中，增长学术见识，提升工作能力。在活动内容上，可组织学术论坛，讨论党员先进性、学术道德等问题，将学术、科研活动选题与党建内容、时事热点和社会实践相结合。

参考资料

[1] 中共中央国务院关于进一步加强和改进大学生思想政治教育的意见[N]. 人民日报，2004-10-15（1）.

[2] 许琛. 基于“三全育人”视域下研究生党建育人模式研究. [J] 管理观察，2019（9）：117.

[3] 教育部关于全面落实研究生导师立德树人职责的意见[EB/OL].[2019-09-02] http://www.moe.gov.cn/srcsite/A22/s7065/201802/t20180209_327164.html.

课程育人

“三全育人”体系下民事诉讼法学教学的思考

陈　琦❶

摘要：“三全育人”是当下高校思想政治工作的行动指南，是建设中国特色社会主义一流大学必须遵循的重要标准，其对高校专业课程的教学提出了新的要求。民事诉讼法学课程是我国高校法学专业学生的必修课，传统民事诉讼法学课程的教学存在一定的问题。在“三全育人”体系下，民事诉讼法学课程的教学要从教学目标的制定、教学内容的选取、教学方法的创新和教学考核方式的设置四个方面出发，进行探索与改革，从而真正实现以立德树人为核心的全员、全过程、全方位育人。

关键词：三全育人；课程思政；民事诉讼法学

习近平总书记在全国高校思想政治工作会议上强调，高校思想政治工作关系高校培养什么样的人、如何培养人以及为谁培养人这个根本问题。要坚持把立德树人作为中心环节，把思想政治工作贯穿教育教学全过程，实现全程育人、全方位育人，努力开创我国高等教育事业发展新局面❷。中共教育部党组在其出台的《高校思想政治工作质量提升工程实施纲要》中将推动开展“三全育人”综合改革作为提升高校思想政治工作的重要保障。❸可见，“三全

❶ 陈琦（1988—），女，博士，北京联合大学应用文理学院讲师。主要研究方向：民事诉讼法、仲裁法、多元化纠纷解决机制。

❷ 习近平．把思想政治工作贯穿教育教学全过程，开创我国高等教育事业发展新局面［N］．人民日报，2016-12-09（1）．

❸ 张东刚．《高校思想政治工作质量提升工程实施纲要》有关情况［EB/OL］．［2017-12-06］．http://www.moe.gov.cn/jyb_xwfb/xw_fbh/moe_2069/xwfbh_2017n/xwfb_20171206/sfcl/201712/t20171206_320713.html.

育人”是高校思想政治工作中的重要行动指南，也是建设中国特色社会主义一流大学必须遵循的重要标准。相应地，“三全育人”对工作在教学一线的教师也提出了新的要求和挑战，如何真正做到在教学全过程中，实现全程育人、全方位育人，是广大教师必须思考的重要问题。民事诉讼法学课程是我国法学专业学生必须完成的10门必修课之一。❶其主要研究作为解决民事纠纷的民事诉讼的立法和实践，在我国法律人才的培养方面起着举足轻重的作用。本文将结合民事诉讼法学的课程特点，分析并思考其在“三全育人”体系下的教学设置。

一、“三全育人”的含义及重要意义

习近平总书记在全国教育大会的讲话中指出，“要努力构建德智体美劳全面培养的教育体系，形成更高水平的人才培养体系。要把立德树人融入思想道德教育、文化知识教育、社会实践教育各环节，贯穿基础教育、职业教育、高等教育各领域，学科体系、教学体系、教材体系、管理体系要围绕这个目标来设计，教师要围绕这个目标来教，学生要围绕这个目标来学。凡是不利于实现这个目标的做法都要坚决改过来”❷。在落实“立德树人”理念的过程中，广大高校必须要充分认识“三全育人”的重要性，并积极推进“三全育人”体系下的教育教学全面改革。

“三全育人”是指围绕立德树人，按照育人主体、育人时间、育人空间这三个维度构建起来的育人模式，具体包括全员育人、全程育人、全方位育人。全员育人从育人主体出发，是指要调动一切力量，发挥每一个教职员工的作用，创造一支全员参与的育人队伍。全程育人从育人时间出发，是指育人工作要持续、不间断地进行，不仅要贯穿于高校教育教学的全过程，还要贯穿于高校管理、服务学生的全过程。全方位育人从育人空间角度出发，是指育人内容及体系的搭建要全面、多样、有系统，要涵盖专业教育、社会实践、科技创新、志愿服务、校园文化、心理健康等多方面。❸

---

❶ 教育部高等教学指导委员会 . 普通高等学校本科专业类教学质量国家标准［M］. 北京：高等教育出版社，2018.

❷ 习近平 . 坚持中国特色社会主义教育发展道路　培养德智体美劳全面发展的社会主义建设者和接班人［N］. 人民日报，2018-09-11（1）.

❸ 何少群，程东海 . 高校思想政治工作“三全育人”模式研究［J］. 教育理论与实践，2019，39（21）：56-58.

党的十九大报告指出，社会主义核心价值观是当代中国精神的集中体现，凝结着全体人民共同的价值追求，要培育和践行社会主义核心价值观，以培养担当民族复兴大任的时代新人为着眼点，强化教育引导、实践养成。要加强思想道德建设，广泛开展理想信念教育，深化中国特色社会主义和中国梦宣传教育，弘扬民族精神和时代精神，加强爱国主义、集体主义、社会主义教育，引导人们树立正确的历史观、民族观、国家观、文化观。❶高校作为培养人才的重要基地，应充分意识到其在培育和践行社会主义核心价值观、加强思想道德建设中的重要地位，要深刻分析和把握思想政治教育工作的重点和方法。“三全育人”体系强调培养德才兼备、全面发展的人才，其理念的提出不仅有利于促进大学生的全面发展、提升大学生的综合素质，更是为高校思想政治教育工作的推进带来了指导方针及实施措施，有利于全面推动和提高高校思想政治教育工作的发展与创新。

二、民事诉讼法学课程教学中存在的问题

民事诉讼法学课程是我国法学专业学生必须完成的10门必修课之一。其主要研究作为解决民事纠纷的民事诉讼的立法和实践，具体包括民事诉讼现象的起源、发展，各种民事诉讼法律关系主体的诉讼行为，民事诉讼立法的历史、过程与现状，民事诉讼法的立法精神与制度特色，民事诉讼法与其他民事纠纷解决机制，民事诉讼法与其他相关法律规范的关系等，是一门研究对象广泛、实践性和理论性兼具的综合学科。民事诉讼法学课程在我国法律人才的培养方面起着举足轻重的作用。学好民事诉讼法学课程既有利于完善法学学生个人的法学知识体系，又有利于做好法律职业工作和纠纷处理工作，还有利于维护自身的合法权益。❷

结合民事诉讼法学课程兼具理论性和实践性的特点，民事诉讼法学课程的教学一般注重以下教学方法：①理论联系实际；②程序法与实体法相结合；③原则性规定与具体条款综合分析。民事诉讼法学是一门应用法学，其实践性很强，其理论既来源于司法实践，又要指导司法实践。因此，在教学过程中，万不可脱离实际，仅讲述理论知识，必须要结合实际，分析理论在实践

---

❶ 习近平．决胜全面建成小康社会　夺取新时代中国特色社会主义伟大胜利：在中国共产党第十九次全国代表大会上的报告［M］．北京：人民出版社，2017.

❷《民事诉讼法学》编写组．民事诉讼法学［M］．北京：高等教育出版社，2017.

中的应用，以及理论与实践的差距。民事诉讼法同时是程序法，其对民事权益的保护是从程序角度出发的，程序正义是其核心，然而，民事权益的保护离不开实体法的规范。因此，在教学过程中，一定要同时注重程序法与实体法，将二者相结合，使学生同时掌握民事权益保护的程序与内容。我国的民事诉讼法典有原则性规定与具体条款规定，在教学过程中，需要将二者结合起来，探索其中的逻辑联系，以确保学生能够灵活运用相关知识。

然而，当下民事诉讼法学课程的教学也存在一定的问题。由于民事诉讼法学理论和立法纷繁复杂，民事诉讼法学课程的知识内容本身多且细，民事诉讼法学课程的教材也相应地字数较多，导致教师在教学过程中不由自主地出现过分重视知识的灌输而缺乏对学生情感与价值的培养，学生在学习过程中往往被大量的晦涩难懂的专业词汇和大量枯燥乏味的理论知识所淹没而逐渐失去学习的兴趣。教师仅仅注重实现知识的讲授与学习而忽视德育的培养，这与当下“三全育人”以立德树人为核心的理念存在一定差距。“三全育人”体系下，要求教育教学要实现全员、全过程、全方位育人，如何在民事诉讼法学课程的教学过程中将德育培养与文化知识的传授、社会实践相结合，保证学生的学习兴趣，是广大民事诉讼法学教师必须思考的问题。

三、民事诉讼法学课程教学改革的思考

为深刻落实“三全育人”体系下对教育教学提出的新要求，解决当下民事诉讼法学课程教学中存在的问题，笔者将从民事诉讼法学课程目标的制定、课程内容的安排，课程教学方法的创新以及课程考核方式的设置出发，对民事诉讼法学课程在“三全育人”体系下的教学改革进行探索和思考。

（一）制定科学合理的课程目标

课程目标是学生通过对课程的学习，在知识、能力、情感态度与价值观等方面达到期望的程度水平。课程目标也是确定课程内容、教学方法等课程进一步设置的基础和依据，对民事诉讼法学课程在“三全育人”体系下的教学改革的探索必须从课程目标出发，制定科学合理的课程目标。

当下民事诉讼法学课程目标的设置更多关注的是专业知识的掌握和应用。“三全育人”要求以立德树人为核心。笔者建议在课程目标的设置上，除了明确对专业知识的掌握和应用，更要突出对情感和价值的要求。在课程目标的

设置中，要整合知识传授和价值引领的关系，明确对情感和价值的要求。要把热爱社会主义中国、拥护中国共产党的领导，掌握中国特色社会主义理论体系，牢固树立正确的世界观、人生观、价值观；养成良好的道德品格、健全的职业人格、强烈的法律职业认同感，具有服务于建设社会主义法治国家的责任感和使命感作为明确的课程目标，进而指导民事诉讼法学课程的整体教学安排以及学生的学习安排，实现全员、全过程、全方位育人。

（二）重视课程内容的安排与选取

课程内容是贯穿教学全过程的核心，教师的授课以具体课程内容的安排为根据，学生的学习效果与学习兴趣也直接受到课程内容的影响。“三全育人”体系下民事诉讼法学课程的教学改革要重视课程内容这一教学核心环节，合理安排和选取课程内容。

结合“三全育人”对德智体美劳全面发展的要求，笔者建议教师在确定课程内容前，要先选取适合的教材用书及参考用书。面对种类纷繁的教材及参考用书，笔者建议选取符合课程目标要求的教材及参考用书，其内容除了满足专业知识的要求外，还必须要符合社会主义核心价值观的要求。以适合的教材用书及参考用书为蓝本，课程内容的具体安排与选取也必须要符合社会主义核心价值观的要求，要能够实现在专业知识传授的同时融入思想道德的教育。以民事诉讼法学的特点为出发点，民事诉讼法学课程内容的选取与安排要坚持马克思主义的指导，将马克思主义的基本立场、基本观点和基本方法融入分析和解决民事诉讼法学的理论与实践问题中，进而真正实现将思想道德教育融入专业知识的传授中。

（三）不断创新课程教学方法

教学方法是在教学过程中，为实现教学目标，根据教学内容，教师与学生采取的教学活动的行为方式的总称。其不仅包括教师的教授方法，也包括学生的学习方法。从教学角度讲，内容和方法是相辅相成的，内容决定方法，方法成就内容。[1]良好的教学方法可以提高教学质量与学习效果，还可以影响学生的综合素质。“三全育人”要求全员、全程、全方位育人，需要不断创新

[1] 韩宪洲. 聚焦立德树人根本任务 在改进中加强思想政治理论课［J］. 思想理论教育导刊，2017（2）.

课程教学方法。

传统民事诉讼法学课程的教学以教师讲授，学生被动接受为主要的教学方法，这样的教学方式容易减弱教师的授课积极性，也容易降低学生的学习积极性，并不利于课程目标的实现。结合“三全育人”的要求，笔者建议民事诉讼法学课程的教学要不断创新课程教学方法，要重视启发式教学，充分发挥学生学习的主动性与积极性。课堂上要探索运用新型教学技术手段，鼓励学生主动参与到课堂教学中，让学生从被动的接受者成为主动的参与者、讲授者。课下要安排合理的辅助学习任务，鼓励学生以学习小组的形式完成相关学习任务，在学习专业知识的同时，学会合作、表达。同时，要安排一定的实践模拟活动，让学生体会理论与实践的结合与差距，树立法律人的责任意识、增强法律人的情怀，坚定法律人的信念。

（四）设置合理的课程考核方式

课程考核是教学过程中极为重要的一个环节，通过课程考核，可以衡量学生的学习效果以及教师的教学质量。课程目标是否实现，课程内容是否合理，课程教学方法是否有效，都可以通过课程考核来体现。结合合理的课程考核的检验，才可以保证“三全育人”的要求得以落实。

传统的民事诉讼法学课程考核方式往往以考核专业知识点的掌握和应用为主。为实现“三全育人”立德树人的核心要求，做到全员、全程、全方位育人，需要调整传统的民事诉讼法学课程的考核方式。笔者建议在考核专业知识的掌握和应用的同时，要结合课程目标对思想道德教育的要求，在考核方式中融入对社会主义核心价值观、思想道德的考核，以提醒教师授课时注重情感和价值的传授，引导学生在学习过程中重视思想道德教育。

四、结语

“三全育人”是新时期办好中国特色社会主义高校的基本遵循。[1]广大工作在一线的高校教师是把思想政治工作贯穿教育教学全过程，实现全程育人、全方位育人，培养全面发展的高素质人才最积极最活跃的决定性因素。[2]民事

---

[1] 韩宪洲．城市型应用型大学全程全方位育人的思考［J］．前线，2017（12）．

[2] 吕林，陈擘威．《教育心理学》课程思政的探索与实践［J］．教育现代化，2019（57）．

诉讼法学课程是法学专业学生的专业必修课，在整个法学教育体系以及法学人才培养的过程中发挥着重要作用。为深刻落实“三全育人”对教育教学提出的新要求，民事诉讼法学课程的教学要在教学目标的制定中体现立德树人，全员、全程、全方位育人的要求，并以此为基础，合理安排和选取课程内容，创新课程教学方法，并通过合理的课程考核方式进行检验，真正实现以德立身、以德立学、以德施教，实现全员育人、全程育人、全方位育人。

行政法与行政诉讼法教学中的课程思政观

刘婧娟[1]

摘要：行政法的学科旨趣在于规范和控制政府权力，让政府依法行政，而依法行政是依法治国的最重要内容。因此，行政法课程讲授会自然融入党的十八届四中全会关于全面推进依法治国的精神，本文按照课程单元对此做了系统梳理。另外，行政法中体现的自由、平等、公正、法治等社会主义核心价值观也会贯穿课程讲授的全过程。

关键词：行政法；行政诉讼法；三全育人；课程思政

2017 年 2 月，中共中央、国务院发布《关于加强和改进新形势下高校思想政治工作的意见》，其中强调了加强和改进高校思想政治工作的四项基本原则，坚持全员、全过程、全方位育人（下文简称“三全育人”）是重要的原则之一，也是高校思想政治工作的重要保障。2018 年，教育部根据中共中央的意见，部署开展“三全育人”综合改革试点工作。

高校法学专业是除政治学专业外与政治关系最近的学科，因此，法学教育中的“课程思政”是其本来的题中之意。法学教育中天然蕴含着道德底线、规则意识、秩序意识、公平公正等最基本的做人做事的道理；法律的目的也是努力实现民主、自由、平等、公正、法治等社会主义核心价值观；而法治又是实现中华民族伟大复兴的不二路径。因此，法学教育是开展课程思政和三全育人的富矿，也有很多可供挖掘的素材。

在法学学科领域中，宪法、行政法等典型公法是与国家治理、政治关系

---

[1] 刘婧娟（1983—），法学博士，北京联合大学应用文理学院副教授。主要研究方向：行政法与行政诉讼法、土地管理法。

最近的课程。行政法这一部门法的定位可以从以下三方面界定：其一，为行政管理过程中的公民提供救济渠道；其二，解决行政纠纷，化解社会矛盾；其三，为建设社会主义法治国家保驾护航。行政法的学科旨趣就在于规范和控制政府权力，促进政府依法行政，最终保障公民权利。而依法行政是依法治国、最终实现法治国家的最重要的支撑因素。因此，行政法课程的课程思政，主要围绕依法行政的理念展开。

早在2004年，国务院发布的《全面推进依法行政实施纲要》就与行政法密切相关；2014年，党的十八届四中全会通过了《中共中央关于全面推进依法治国若干重大问题的决定》(以下简称《决定》)，《决定》中全面阐述了依法治国的重要意义与实现路径，其中很多内容与行政法的课程理念深深契合。根据《决定》，中共中央、国务院又制定颁发了一系列的重要指导性文件，如2015年的《法治政府建设实施纲要(2015—2020)》、2018年的《国务院机构改革方案》(国务院据此进行了大规模的机构改革)。另外，2019年，党的十九届四中全会又提出了坚持和完善中国特色社会主义制度，推进国家治理体系和治理能力现代化，其中进一步强调了要“坚持和完善中国特色社会主义法治体系，提高党依法治国、依法执政能力”。行政法课程讲授的全过程都紧扣《决定》精神，与“思政”教育紧密衔接、不分彼此。表1对以上这些文件进行了简单梳理，以上这些文件的精神也都已经体现在了行政法规范层面，或正在被修改中的法律法规所吸纳。

表1　与依法治国相关的重要政策文件

年份	重要文件
2004年	《全面推进依法行政实施纲要》
2014年	《中共中央关于全面推进依法治国若干重大问题的决定》
2015年	《法治政府建设实施纲要(2015—2020)》
2018年	《国务院机构改革方案》
2019年	《中共中央关于坚持和完善中国特色社会主义制度 推进国家治理体系和治理能力现代化若干重大问题的决定》

为了契合《决定》以及中共中央、国务院一系列文件的精神，行政法领域的重要法律、法规近几年都进行了大规模的修改，如《行政诉讼法》2015

年进行了大规模的修改，最高人民法院2018年颁布的《关于适用〈中华人民共和国行政诉讼法〉的解释》也取代了之前的《最高人民法院关于执行〈中华人民共和国行政诉讼法〉若干问题的解释》（法释〔2000〕8号），《最高人民法院关于适用〈中华人民共和国行政诉讼法〉若干问题的解释》（法释〔2015〕9号），更是进行了多处修改。《公务员法》于2018年进行了修正，《行政许可法》于2019年进行了修正，《行政法规制定程序条例》《规章制定程序条例》2018年进行了修改，《政府信息公开条例》也于2019年进行了修改。此外，行政法领域正在进行讨论修改的法律有《行政复议法》《行政处罚法》，以上几乎涵盖了行政法课程所涉及的所有重要法律规范，表2对以上法律法规等规范性文件的修改也进行了梳理。

表2　近年来行政法领域新颁布或修改的法律文件

年份	颁布或修改的法律文件
2015年	《行政诉讼法》修改
2018年	《关于适用〈中华人民共和国行政诉讼法〉的解释》发布
2018年	《公务员法》修改
2018年	《行政法规制定程序条例》修改
2018年	《规章制定程序条例》修改
2019年	《行政许可法》修改
2019年	《政府信息公开条例》修改

我校行政法与行政诉讼法课程为应用文理学院法律系的专业核心课程，2018年申请了核心课程建设项目，课程建设周期两年。课程建设的其中一个目标就是拟根据新的文件精神以及新的法律、法规对课程进行重新梳理，并在课程中落实课程思政。

同时，我校制定2019本科生培养方案，也对课程大纲进行了重新修订。因应这一时机，在撰写2019版行政法与行政诉讼法课程的教学大纲时，将行政法课程教学分为7个单元：课程概论、行政法的基本原则、行政组织法、行政行为法、行政程序法、行政复议法、行政诉讼法。本文将以课程单元为单位，分别梳理行政法与行政诉讼法课程中如何融入依法行政的理念，如何让民主、自由、法治、公正等社会主义核心价值如盐入味，入脑入心。

一、开学第一课

行政法与行政诉讼法课程概论部分讲授的一个主要内容就是让大家对行政法这一法律部门有一个感性认识，了解行政法的目的，以及行政法的理论基础问题。

为了达到这一目的，开学第一课主要从近期的行政法热点事件和案例引入，评述其中蕴含的法理和精神，介绍行政法的主要理论流派，同时给大家介绍各流派的代表性学者，这些学者的生平履历以及对行政法做出的贡献。最后，引入《决定》对法治政府的定义和标准，与行政法的目的“规范和控制政府权力，促进政府依法行政”是高度一致的，提升了学生的认知高度。

最后，从个人、国家、公民、社会的角度给大家阐明学习行政法的意义，让同学们树立起法律人在维护社会公平正义等方面的社会责任意识和担当，并立志成为法律职业共同体的一员。

二、行政法基本原则是社会主义核心价值的集中体现

行政法的基本原则中的依法行政原则、平等原则、行政公开原则、程序公正原则、政府诚信原则、高效便民原则、监督与救济原则[1]等与实现自由、平等、公正、法治的美好社会目标高度一致。

在本部分讲授中，不仅讲授行政法的法理知识，也会融入《决定》《全面推进依法行政实施纲要》《法治政府建设实施纲要（2015—2020）》等文件的相关表述。例如，“深入推进依法行政”“坚持依法治国、依法执政、依法行政共同推进，坚持法治国家、法治政府、法治社会一体建设”“必须坚持党的领导、人民当家做主和依法治国三者的有机统一”“必须维护宪法权威，确保法制统一和政令畅通”，以上表述中都包含了行政法中的依法行政原则。

再如《决定》中的“坚持法律面前人人平等”，与行政法中的平等原则相契合。“必须把维护最广大人民的根本利益作为政府工作的出发点”，这与行政法中人权原则相统一。“必须把坚持依法行政与提高行政效率统一起来，做到既严格依法办事，又积极履行职责”，这与行政法中的效率原则相统一。

另外，在讲授政府诚信原则时，引入“商鞅徙木立信”的故事，结合中

---

[1] 《行政法与行政诉讼法学》编写组．行政法与行政诉讼法学［M］．北京：高等教育出版社，2018：34-51.

国古代的治理智慧，讲授政府诚信的重要意义。

三、行政组织法中的机构改革和公务人员录用标准

（一）行政组织法与国务院机构改革

行政组织法、行政行为法、行政救济法是行政法部门的三大重要分支，但行政组织法一直以来在学界的受重视度不高。近年来，学者呼吁要加强行政组织法的研究，为实践提供有力的制度支撑。

在国家层面，2018 年的国务院机构改革，以转变政府职能为出发点，以国家治理体系和治理能力现代化为导向，以推进党和国家机构职能优化协同高效为着力点，改革机构设置，优化职能配置，深化转职能、转方式、转作风，提高效率效能。改革以后，国务院正部级机构减少 8 个，副部级机构减少 7 个。通过改革，国务院机构设置更加符合实际、更科学合理、更有效率。❶

国务院机构设置是行政组织法最核心的内容，此次机构改革也是实践先行，体现了国家提升治理能力的决心，为行政组织法的研究提供了新的素材，也提出了很多新的命题，促使行政法理论研究和课程建设向前推进。

行政法授课过程中，在行政组织法部分会给同学们讲授国务院的组成结构，并阐明 2018 年这次机构改革的目的和精神。

（二）公务人员录用标准

2018 年修订的《公务员法》，尤其是在公务员录用标准上，更加突出政治标准。如第 7 条规定：公务员的任用，坚持德才兼备、以德为先，坚持五湖四海、任人唯贤，坚持事业为上、公道正派，突出政治标准，注重工作实绩。第 26 条不得录用为公务员的条件中增加了“被开除中国共产党党籍的”以及“被依法列为失信联合惩戒对象的”。课程讲授过程中，既要向同学们强调新法的精神、诚信的重要意义，也借此对同学们的职业选择提出建议，因为法学本科生一般有 80% 会参加国家及地方公务员考试，也有很大比例同学被各公

❶ 王勇 . 关于国务院机构改革方案的说明：2018 年 3 月 13 日在第十三届全国人民代表大会第一次会议上［EB/OL］.（2018-03-13）［2020-06-02］. 载于国务院官网，http：//www.gov.cn/guowuyuan/2018-03/14/content_5273856.htm.

务员岗位录取。

另外，《决定》指出，要“严格实行行政执法人员持证上岗和资格管理制度，未经执法资格考试合格，不得授予执法资格，不得从事执法活动”。相应地，《公务员法》（2018年修订）第25条规定“国家对行政机关中初次从事行政处罚决定审核、行政复议、行政裁决、法律顾问的公务员实行统一法律职业资格考试”，也是为了严格落实《决定》精神。

四、行政立法部分体现的“民主”元素

《决定》明确提出，要“加强和改进政府立法制度建设，完善行政法规、规章制定程序，完善公众参与政府立法机制。重要行政管理法律法规由政府法制机构组织起草……对部门间争议较大的重要立法事项，由决策机关引入第三方评估，充分听取各方意见，协调决定，不能久拖不决。……明确地方立法权限和范围”。

《决定》还提出，要“建立行政机关内部重大决策合法性审查机制，积极推行政府法律顾问制度，保证法律顾问在制定重大行政决策、推进依法行政中发挥积极作用；建立重大决策终身责任追究制度及责任倒查机制”。

在此精神指引下，国务院修改了《行政法规制定程序条例》《规章制定程序条例》，很多地方体现了行政立法中的民主立法、科学立法、部门协商以及公众参与，如行政法规的起草过程需要广泛听取有关机关、组织和公民的意见。如果行政法规直接关系重大公共利益的，也应当先通过座谈会、论证会、听证会等进行论证咨询。在法规的送审阶段，国务院法制机构还应当将送审稿或者送审稿涉及的主要问题发送相关部门、地方人民政府、有关组织和专家等各方面征求意见。另外，在法规最后通过之前，国务院法制机构可以将送审稿或者修改稿及其说明等文件向社会公布，广泛征求公众意见。《规章制定程序条例》中对行政规章的制定程序也有相似的规定。

同时，根据《决定》精神，国务院制定了《重大行政决策程序暂行条例》，规范了重大行政决策的制定程序，并强调其在制定过程中的公众参与、专家论证以及风险评估。

五、行政程序法部分的政府信息公开

《决定》指出，要“全面推进政务公开，推进决策公开、执行公开、管理

公开、服务公开、结果公开”。2019年《政府信息公开条例》的修改，明确将“以公开为常态，不公开为例外”的原则写入立法，并在很大程度上扩大了政府信息公开的范围。

“阳光是最好的防腐剂”，政府信息公开是民主和法治的基石，本部分讲授要侧重政府信息公开的重要性，以及此次修法所体现的制度进步。

六、行政诉讼法部分的“民本”理念

《决定》指出，要“健全行政机关依法出庭应诉、支持法院受理行政案件、尊重并执行法院生效裁判的制度”。此次《行政诉讼法》的修改以及新司法解释的出台，着重解决了行政诉讼中“立案难、裁判难、执行难”的问题，扩大了行政诉讼的受案范围、完善了行政负责人出庭应诉制度，加强了行政裁判的执行力度。以上都是对《决定》精神的落实。

在讲授行政诉讼法的过程中，不仅要跟大家强调法律的变化，尤其要突出重要的制度变化背后所体现的立法目的和指导精神。

行政法与行政诉讼法的课程大纲共有七个单元，上文梳理了六个单元中所体现的行政法领域近几年法律的变化，以及其变化背后所体现的立法精神，很好地诠释了行政法课程思政理念。需要说明的是，其中的行政复议单元没有进行特别说明，是因为目前《行政复议法》也一直在讨论修改过程中，还没有公布修改草案。

最后，除了课程内容上紧扣中央的各种文件精神以及其反映在行政法立法上的变化之外，课程的讲授过程中也会设置一些环节以增加课程的仪式感，比如开学第一课，会给大家讲授学习行政法对于价值观的塑造作用；最后一课，会再次强调行政法的原则、精神，以及学习行政法课程之后大家应当具有的气质和品格，进一步深化学生对行政法基本原则和精神的把握。

“三全育人”理念下的财税法课程建设探索
——以北京联合大学为例

李玉红[1]

摘要：习近平总书记在全国高校思想政治工作会议上提出高校要把立德树人作为中心环节，“三全育人”战略正是实施这一目标的实践路径。作为正义之学，法学教育本身就是对意识形态领域的塑造和完善，财税法课程作为教书育人的重要实施环节，在“三全育人”理念的指导下，北京联合大学在教学目标、教学内容与体系、教学模式与方法、评价方法、团队建设等方面进行积极探索，将社会主义法价值观引领渗透进课程本身，实现法学知识的创新以及专业理论的传授，同时包括社会主义核心价值观的建立，最终实现培养德法兼修的高素质应用型人才的目标。

关键词：立德树人；三全育人；课程建设

2016年12月召开全国高校思想政治工作会议，习近平总书记在会上强调，高校思想政治工作关系高校培养什么样的人、如何培养人以及为谁培养人这个根本问题，要坚持把立德树人作为中心环节，把思想政治工作贯穿教育教学全过程，实现全程育人、全方位育人，努力开创我国高等教育事业发展新局面。他指出“高校立身之本在于立德树人”，而全员、全程、全方位育人的“三全育人”战略正是实施这一目标的实践路径。法学作为重要的社会科学门类，应发挥其哲学社会科学的育人功能，在法律知识传授以及专业素养培育的同时，加强对国家人文精神和主流价值观的引导，培养新时代德法

---

[1] 李玉红（1972—），女，经济学博士，北京联合大学应用文理学院讲师。主要研究方向：财政税收、财税法。

兼修的法学人才。

一、“三全育人”理念对财税法课程建设的引导

“三全育人”指全员育人、全程育人、全方位育人，它从全新视角对新时代高等教育发展提出了更高要求。科学践行“三全育人”教育理念，合理构建“三全育人”机制与平台，对于进一步增强高校教育工作的实效性具有重大现实意义。全员育人是指由学校、家庭、社会、学生组成的“四位一体”的育人机制，互相协同配合，形成教育合力；全程育人是把握学生成长规律的前提下，全时段关注学生特点，有步骤地开展育人工作，使其真正做到“知行合一”；全方位育人是指整合校内校外资源，加以综合利用，改进教育方法和手段，优化育人环境，全方位开展教育工作。

当前，我国正在推进依法治国、建设中国特色社会主义法治国家，经济的快速发展和不断完善的财税法制度，要求具有高水准的复合型财税法律人才的出现。而财税法学科的职业化特点，也使得财税法律专业学生毕业后或走上学术和教学岗位，或进入国家相关部门和事务所从事与财税相关的工作，这关系到国家法律权威和财税法律人才储备，对我国的法治事业有着重要的影响，因此，依法行政、公平正义的理念以及清正廉洁的法律职业道德，和对国家和职业的责任感和使命感也是财政法学教育的重要内容。作为正义之学，法学教育本身就是对意识形态领域的塑造和完善，财税法课程作为教书育人的重要实施环节，在“三全育人”理念的指导下，在教学目标、教学内容与体系、教学模式与方法、评价方法、团队建设等方面进行积极探索，将社会主义法价值观引领渗透进法学专业课程，通过课程教育本位的回归，实现法学知识的创新以及专业理论的传授，同时包括社会主义核心价值观的建立，最终实现培养德法兼修的高素质应用型人才的目标。

二、“三全育人”理念下财税法课程建设的探索

在当前司法改革及法律市场技能型与精英型需求明显分化的背景下，北京联合大学法律系以培养应用型法学人才为目标，以提升学生的财税理论与综合实践能力为核心，以学校与财税部门、律所、法院等合作为依托，在财税法教学活动中以应用型的企业财税法务人员标准出发，将传统的财税法课程进行重新解构，重新定义课程培养理念和培养目标，将既包括宏观财政法

又包括微观、庞杂的税法体系的课程内容进行整合优化，同时注重构建以基础理论知识为主，融知识、能力和素质为一体，财税法律理论与实务结合的课程体系，为学生适应就业需求和社会需求打下良好的基础。

（一）培养目标与内容方面的探索

1.调整人才培养目标

财税法是法学专业的高级课程之一，属法学专业本科学生的专业选修课程，通过课程学习，学生能够系统地了解、理解、把握财税法的基本原理和相关知识，掌握运用其解决实际问题的原则和方法，使学生能够根据财税法的相关规定，运用学习和掌握的基本理论和基本知识分析财政税务实践中的各种现实问题，开拓思维和创新能力，有利于学生法制观念的进一步提高，为毕业后从事法律相关工作或继续深造打下基础。教学团队参照税收法务人士的行业标准，经过与业内专家讨论，结合财税基础理论，根据实务操作的需要制定了人才培养目标。

一是人才培养所要达到的职业知识储备：①具有律师资格。能够介入司法程序，代理当事人参与税务听证、行政复议以及税务诉讼等涉税争议，有效维护当事人的合法权益。②双重知识背景。税务与法律的双重知识背景，使之服务更加全面和宏观。③守法与效益兼顾。良好的法律知识使之税务方案更具备合法性，较为专业的财务知识使其方案的效益性明显，在企业开源节流、增进效益方面发挥重大作用。

二是人才培养所要达到的职业技能要求：在实务操作方面，圆满完成税款计算与缴纳流程、投融资税务管理、企业税收筹划、税收法规优惠政策的运用等工作；在适用法律方面，掌握经过全国人大批准并公布的税法，熟悉政府相关部门直接发布的涉税法规政策，充分运用与纳税筹划相关的法律法规；在涉税程序方面注重涉税活动的程序问题合法性，提高纳税遵从度，降低涉税风险，开展税务救济。

2.重构课程内容

按照企业财税法务人员的工作职责，对财税法课程教学内容体系进行改革，帮助学生全面掌握企业财税法务工作所需的理论知识与操作技能，训练学生在企业注册、运行、融资、投资、利润分配中的财税法律综合运用能力，整合知识、技能和素质培养为一体，实现学生对企业财税法务工作的融会贯通。为此，对财税法课程教学内容进行分解，教学体系和教学安排按企业财税法务的工作内容设计，根据校外行业专家的建议，将内容分为两部分即理论模块与实践模块，采用不同的教学方法授课，以企业财税法务工作的税款计算与缴纳流程、投融资税务管理、企业税收筹划、税收法规优惠政策的运用、税务争议诉讼、税务风险评估等工作为逻辑主线，运用财税法、企业公司法、破产法、票据法等相关专业知识解决实践问题，并以此为基础来构建课程内容体系，使之既涵盖财税法律工作必备的基础性核心知识，又体现学科领域前沿、实务操作的现实需要，实现理论教学与实践教学相结合，课内教学和课外学习相结合，培养学生的创新精神和实践能力。

（二）教学模式与方法、考核方式的探索

1. 改革教学模式与方法

教学团队在课程教学中以面授为主，同时采用启发式、探究式、讨论式、参与式教学模式，将翻转式教学引入课堂，将学生划分若干小组，课前针对所学内容布置查阅资料与案例任务，课上进入学习研讨，激发学生学习兴趣，加大学习投入，帮助他们自主建构知识体系，促进应用能力和创新素养的提升；继续嵌入式教学，请校外行业专家进行实务操作演练，带领学生进行相关实训练习；引入网络、手机等现代设施，通过二维码、公众号、网络学堂等方式，对传统学习方式、考试方式进行改革，延伸学习长度，提供学习动能。

（1）组建了课程微信群，并推出了微信公众号，将课上学习延伸到课下，将财税法当前的热点问题、法规政策的调整、涉税案例等推送至微信群和微信公众号里，教学团队组织学生随时就现实中发现的案例进行学习讨论，以便巩固和活化所学知识。

（2）利用蓝墨云班课和网络学堂上丰富的学习资源，对实践性较强部分的教学采取翻转课堂教学法。事先将教学 PPT、教学视频、法律法规、税务司法案例等上传网络，供学生提前预习和准备，课堂上有更多的时间开展互动，帮助学生理解知识、掌握技能。

（3）采取案例教学和课堂演练。在授课中积极采取案例教学法，对实际案例进行讨论，可加强学生对知识的掌握和活化，巩固学生对重点环节的理解和掌握。通过这些教学活动，提高学生知识应用能力和主动学习能力，对于掌握基本知识、初步具备技能的教学目标有很大帮助。在教学策略的设计

上充分调动学生的学习积极性，增加学生在课程微信群中的活跃度，加大课堂的互动性，并设置案例库、习题库、参考文献库等助力学生完成各项作业。

（4）邀请诸多专家进课堂，提高学生的法律综合能力。为提高综合素质与能力，先后邀请税务局专家讲授“税收纠纷解决机制——税务行政复议”，知名律所合伙人讲授“青年律师执业成长阶梯”“律所、律师的管理及律师收费制度”“从法学生到职业法律人——职业进阶准备”，邀请法院、检察院的司法人员讲授“司法法律适用”“公益诉讼”，我国台湾高雄大学学者讲授“台湾加值型与非加值型营业税之特色与困境”，中央财经大学学者讲授“迈上现代治理台阶的中国政府采购制度回顾与展望”等一系列讲座，既有丰富的专业理论知识，又有贴近前沿法律实务的操作，拓展了学生的学术视野，明确了学生的未来职业发展道路。

（5）进行法律实践，提高学生的实际操作能力。在学生掌握理论基本知识的前提下，运用一系列综合实践活动，如法律诊所实践、旁听法院审判、到基层法院实习等实务训练方法，帮助学生将知识运用于实践。例如，法律诊所实践不仅考验学生对知识的掌握程度和熟练程度，还考验学生与当事人沟通、处理实际问题的能力，从而帮助学生更好地适应社会需要。

2. 改进考核模式

（1）加强课程教学过程管理。平时成绩为考勤与课堂笔记、课堂案例讨论、课外案例分析作业以及阶段测验等的综合评定成绩，占总成绩的50%，其中考勤与课堂笔记占10%，课堂案例讨论占10%，课外案例分析作业及阶段测验共3次，占平时成绩的30%。

（2）完善课程评价方法。建立有效的课程评价反馈体系，通过专家听课、学生评教、学生座谈、课程教学研讨会等方式，听取意见，总结工作，持续改进课程教学。通过教学团队的研讨和座谈，互相听课，进行点评，调整教学的深度与节奏。通过与学生实习单位的指导教师交流，了解学生实践中的不足，在教学中加以弥补。邀请校外专家进课堂听课，对教学手段和内容提出整改意见，多方面提高学生的综合素质，提高教学效果。

（三）团队建设方面的探索

1. 高素质的双师结构教师队伍

课程教学团队成员均为从事财税法教学与研究的教师，都已取得双师资格，财税法理念功底深厚，财税教学经验丰富，同时具有经济学和法学双专业背景，适应财税法课程经济与法律的跨专业要求，能够提升学生经济、法律两方面的实践动手能力。在专职教师授课为主的前提下，吸纳具备丰富的行业实践经历的校外专家辅助教学，及时了解行业的人才需求，实现课程团队成员的专业匹配、梯队结构合理，提高执教能力。

课程团队成员按应用型人才的培养理念制定课程建设方案，通过行业实践锻炼，与朝阳区税务局、国振律师事务所等校外机构合作，及时了解企业财税法务人员的行业需求，深化课程建设与改革，提高执教能力。聘请校外专家进课堂，进行实务操作演练，校外成员为课程内容提供了行业标准的咨询，并承担了部分课程的授课或协同授课的教学任务。

2. 紧跟财税前沿热点问题召开学术会议

财税法教学团队以北京市法学会金融与财税法学研究会为平台，先后组织多场学术论坛，结合深化财税、金融体制改革和北京非首都功能疏解、京津冀协同发展战略进展的新情况、个人所得税法修改、个人所得税实施条例修订、加强民营经济法制环境等内容，与实务专家探讨当前财税法领域的热点和难点问题，提高自身的学术理论水平和实践能力。

3. 建立合作机制，研讨交流教学经验，提高执教能力和教学水平

财税法教学团队每周召开一次会议，进行教学经验交流，探讨课程教学中存在的问题，并请系里的其他教师对财税法课程教学提出宝贵意见，促进教学质量提升。

4. 教师团队加强培训和学习

财税法教学团队注重自身素质与能力的提高，牢牢把握财税热点问题的改革方向，通过不断的学习充实自己，提升教师队伍的科研教学能力。教师团队核心成员均有在企业或律所的实践经历，不断积累实际工作经历，提高实践教学能力。同时，团队成员先后参加中国人民大学出版社组织的“第四届财税专业骨干老师高级研修班”，教育部法学教学指导委员会、全国法学教师培训基地办公室、中国法学会财税法学研究会主办的 2019 年全国财税法学师资研修班，提高理论水平和教学能力。

（四）课程思政元素融入教学内容与实践

在法学专业人才培养目标的探索中，在注重法学专业理论知识与实践能

力培养的基础上，引入课程思政元素，注重社会主义法价值观的培养与引导，通过学习使其树立遵纪守法、依法纳税、公平正义、诚实守信、忠诚爱国的社会核心价值观。法学专业所有课程的设计都是围绕法学专业人才培养目标而展开，法学专业“课程思政”改革也应当将思政元素充分融入法学专业人才培养方案，从课程聚焦到专业，将“德法兼修”的育人理念贯通进法学专业建设的整体规划。

在财税法学专业课程的讲授过程中，对于财税法律不仅限于对法律法规的解读，而是在社会主义法治大背景下，将财税法知识的讲解纳入依法治国方略中来思考，阐发财税法律制度背后的国家财税“取之于民、用之于民”，税收的取得依法取得人民的同意并受人民监督的理念，充分发掘现行财税法律设计中所蕴含的财政民主、财政法治、财政公平等原则。在进行中外财税立法比较时，客观、全面地分析不同国家因历史文化、经济发展水平、管理制度等原因而出现的财税法律差异，使学生了解我国财税法律设计的本国实际，引导学生文化自信与制度自信的树立，能够从国家自豪感和法治中国的综合视角来分析和解决问题，对优秀的法律制度设计批判性吸收，取其精华、去其糟粕。财税法学的专业性和技术性使其具有很强的实践性，如果课程学习重点仅放在理论知识的传授上，待学生走向实践岗位时，将出现不能将所学知识应用到具体实践、实践能力匮乏的短板，因此在实践教学环节实现对学生的价值引领，实现全过程、全方位育人的目标，找准实践教学环节中与思想政治教育的契合点是关键。在聘请实务专家做专业报告，在与司法机关和律师事务所等机构合作的实践基础上进行专业实习、实训的过程中，建议律师、法官、检察官、税务官等财税法律实务工作者以实际经验进行言传身教，引领学生完成法律职业精神的塑造。

三、取得的成果

（一）教学资源的建设

（1）在线教育资源建设。初步完成了课程习题库、案例库、法律法规与司法解释的上传，并以章为单位配备必要的习题、讨论题、思考题、测试题及作业，并将教学大纲、课程简介、课程全部 PPT 课件上传至云端，尤其是财税法司法审判案例库，支撑教学理论联系实际，在讲到相关章节时将案例库结合法学原理向同学们讲解，这些资源能帮助学生更好地理解课程内容。

（2）移动终端媒体资源的建设。利用移动终端等先进信息技术与手段，建立财税法课程公众号，成员包括全体教师团队和学生，定期推出财税法热点问题、财经数据、实践教学、学术研究、财政部令、财税法规及解读、税务公报、财税文章、财税法案例等，根据网上的推送内容分若干小组定期开展线下学术沙龙活动，引导学生在加强财税理论学习的同时加强法律实务的实际操作能力。

（3）云班课建设。利用蓝墨云班课平台，完成了移动端的在线互动机制，通过网络、手机布置作业、讨论教学实践内容、提交作业等，建立实践教学考试库，作业以实践操作为主，可以通过网络和手机随时作答、随时提交。在蓝墨云班课提供教学 PPT、学习参考资料、习题及案例等资料，以便于按教学进度组织学生利用网络相关资源进行学习，并采取措施鼓励学生积极利用网络提供的各种教学资源。

（4）教学视频制作建设。委托专业公司制作多个教学视频，加强重点内容的教学资源配置，便于学生提高学习成效。学校图书馆提供各种电子资源：特别是北大法宝，2018 年后为律商网；中国裁判文书网；中国法学创新网；中国法学网等资源。

（二）法学人才的培养

目前财税法课程已经形成了以校内外专家结合的综合人才育人制度，以课堂讲授为主，实践、实训为辅，课外学习为补的全过程育人模式，以校内学习、校外实践的全方位育人机制，注重对学生综合素质的培养，强调对实践能力的考核。目前法律系已经与北京市延庆人民法院、北京市德和衡律师事务所等多家法律实践单位签署了实习基地合作框架协议，法律系学生先后取得北京市模拟法庭大赛第二、第三等奖的好名次，在校学生司法考试通过率逐年提升，多位学生考取清华大学、中国政法大学、中央民族大学、北京科技大学的硕士研究生。

教育者先受教育，做好刑法学课堂育人工作

张一红 ❶

摘要：我国刑法是中国共产党为保护广大人民群众的利益制定的、规定犯罪和刑罚的法律。作为一名刑法学教师，必须知道这一真谛，讲清言明这一真谛，以实际行动践行这一真谛，从内心信奉这一真谛，做到“知言行信”合一。特别是要将这一真谛用生动的案例形象地展示给学生，使学生信仰这一真谛，并成为这一真谛的践行者、传播者。只有这样，教师才完成了“人类灵魂的工程师”“学生的指明灯”的神圣使命，才完成了培养学生成为爱中国共产党、爱祖国的有用之才的职责。

关键词：刑法；思想政治；教师；“知言行信”合一

刑法规定犯罪和刑罚，体现国家意志，维护本阶级利益，是法律人必须掌握的法律。笔者时刻为能够作为一名刑法的传道授业解惑者而深感荣幸。“教育是国之大计，党之大计”，学习习近平总书记关于育人、法治的重要讲话精神后，笔者更加有使不完的劲，更加感到责任重大、使命光荣呢。如何才能讲好刑法课程，让学生融入课堂、掌握刑法知识、领悟刑法真谛，实现“全员育人、全程育人、全方位育人”的目标呢？2015 年以来近 5 年的教学实践使我领悟到，忠诚党的教育事业，深刻领会并将党的教育方针和依法治国融入刑法课堂，是做好刑法教学的关键；真心实意为学生着想，认认真真做刑法授课，用多种教学手段和方式活跃课堂是做好刑法教学的核心；为人师表，脚踏实地、任劳任怨做好院系交办的工作，与学生们打成一片，才能

❶ 张一红（1989—），女，博士，北京联合大学应用文理学院讲师。主要研究方向：刑法学、应急管理。

赢得学生的尊重，使学生们自觉融入课堂。

一、认真学习，忠诚党的教育事业

在全国教育大会上，习近平总书记强调：长期以来，广大教师贯彻党的教育方针，教书育人，呕心沥血，默默奉献，为国家发展和民族振兴做出了重大贡献。教师是人类灵魂的工程师，是人类文明的传承者，承载着传播知识、传播思想、传播真理，塑造灵魂、塑造生命、塑造新人的时代重任。全党全社会要弘扬尊师重教的社会风尚，努力提高教师政治地位、社会地位、职业地位，让广大教师享有应有的社会声望，在教书育人岗位上为党和人民事业做出新的更大的贡献。❶ 作为一名人民教师，不仅要传道授业解惑，更要让学生树立正确的人生观、价值观和社会观，即“培养什么人，是教育的首要问题”❷。故坚定正确的思想方向是极为重要的。长期以来，笔者认真学习习近平新时代中国特色社会主义思想，认真学习党的十九大精神，认真学习相关教学规章制度；在紧跟时代的同时，增强“四个意识”，坚定“四个自信”；在教学中，旗帜鲜明地讲政治，做好“两个维护”，坚定政治立场，贯彻党的教育方针政策，忠诚于党的教育事业，遵守职业道德，虚心向领导、同仁学习和求教，不忘初心。

二、做好本职工作，树立良好教师形象

作为一名人民教师，不仅要教好理论知识，更要培养学生具备奋斗精神、劳动精神等重要品格，笔者是这么想的，也是这么做的。自任教以来，笔者服从教学安排，认真备好每一堂课，在保证教学质量的前提下积极探索新的教学方法，做好课堂和课下教学工作，并在学生中树立了良好的教师形象。

1. 在理论教学方面

第一，认真钻研教学方法。作为青年教师，深知练好教学基本功的重要性，所以笔者一直跟踪名校名师的教学，经常到清华、北大旁听法学相关课程，并向我院和其他院校的名师求教，把所学教学方法发展、应用到教学实

❶ 习近平在全国教育大会上发表重要讲话：让广大教师享有应有的社会声望［EB/OL］.（2018-09-10）［2019-06-10］.http://web.shobserver.com.

❷ 习近平在全国教育大会上发表重要讲话：让广大教师享有应有的社会声望［EB/OL］.（2018-09-10）［2019-06-10］.http://web.shobserver.com.

践中。

第二，认真备课。认真遴选教材和参考书，汇集不同教材的知识点，搜集经典、实时热点案例，反映到教学实践中。根据课程特点及每届学生的实际情况设计教案、设计课件、调整教学内容及方法。每次上课均提前到达教室，播放《法治天下》《法制进行时》等栏目中与课程内容相关的案例，在增加学生兴趣的同时，又能使学生提前进入学习状态。

第三，认真授课。课堂上运用视频、音频、图像等方式，将课程知识点生动具体地显示在同学们的眼前，除了经典案例外，还大量选用实时的社会热点案例，用鲜活的案例生动课堂，培养学生的法律人意识，培养学生接受知识、理解教学内容、掌握教学重点，以及未来解决法律问题的能力。

第四，做好课后工作。每次课结束后，笔者会将知识点总结成文档，及时将课件和文档发给同学们，供他们复习、整理笔记用。每周定期在校答疑，随时用微信、邮件回答学生提出的问题。

2. 德育教育方面

只注重理论教学是远远不够的，习近平总书记在全国教育大会中提出“坚决克服唯分数、唯升学、唯文凭、唯论文、唯帽子的顽瘴痼疾，从根本上解决教育评价指挥棒问题”[1]。要杜绝这5个“唯”，德育教育也是教学中不可或缺的。

第一，坚定理想信念、厚植爱国主义情怀。笔者会在课前准备、课堂讲授、课后总结等各个环节，穿插思政内容，增强学生的中国特色社会主义道路自信、理论自信、制度自信、文化自信，引导学生树立共产主义远大理想和中国特色社会主义共同理想，立志肩负起民族复兴的时代重任，并将爱国主义精神牢牢地扎根在学生心中，引导学生热爱和拥护中国共产党，立志听党话、跟党走，立志扎根人民、奉献国家。比如，在讲到刑法思想的基本特征的时候，笔者会将辩证唯物主义和历史唯物主义的世界观融入其中，强化其理论基础。

第二，加强品德修养。长知识固然重要，但求真理、悟道理、明事理，做一个坦坦荡荡、踏踏实实、有大爱大德大情怀的人更为重要。教学过程中笔者注重培养学生爱国爱校爱家的品质，在生活中笔者也时刻注意自己的一

[1] 习近平．教育是国之大计、党之大计［EB/OL］.［2018-09-11］. http://baijiahao.baidu.com.

言一行，真正做到爱国爱校爱家。比如，在教学的过程中，笔者会为学生分享做义工的感受和心得，并鼓励他们多做公益；每次课后笔者会擦干净黑板以备下节课教师使用，若后面没有课笔者则会等学生们都走后将灯关好、将课桌上的垃圾随手扔到垃圾桶中。

第三，增强综合素质。教育引导学生培养其综合能力，鼓励学生们德智体美劳全面发展。在教学的过程中笔者会鼓励学生早睡早起、勤做运动，树立健康第一的理念，并坚持以美育人、以文化人，提高学生审美和人文素养，引导学生崇尚劳动、尊重劳动，懂得劳动最光荣、劳动最崇高、劳动最伟大、劳动最美丽的道理，毕业后能够辛勤劳动、诚实劳动、创造性劳动，真正成为对社会有贡献的人。

三、为人师表，当好人民教师

人民教师就是要教书育人。打铁还需自身硬，当好人民教师，必须为人师表。

一是细心做班主任工作。对班主任琐碎的工作，做到耐心且细心。关心学生生活，认真做学生思想工作，培养学生爱国、爱党、爱事业。面对毕业班一些同学的就业困惑、考研苦读，参加工作恐惧、走向社会烦恼，及时做心理疏导，鼓励他们坚定自信，脚踏实地，勇敢地走向未来。比如，班中有一名同学，大学四年成绩一直十分优秀，在班中名列前茅，但在司法考试前夕，其因为宿舍人际关系出现问题，再加上家庭压力、学业压力过大而整夜失眠、没有食欲，笔者知道后，购买了牛奶等物品，多次主动找到她谈心、补习功课，她由一开始的不信任不愿吐露心声，到后来主动找笔者聊天，她的心情好了许多，笔者还找到其宿舍的人了解情况，并多次创造条件让她们宿舍的同学和睦相处，与此同时笔者联系了院学生处的老师为其寻求心理咨询，最终她成功地通过了司法考试，并找到了自己理想的工作。虽然当时总是加班和她谈心，休息日还要带她们去爬山、运动，很累，但看到现在的她，感觉一切都是值得的，作为班主任，一定要有足够的耐心和细心。

二是精心做团委工作。在系团总支书记岗位上，笔者较好地履行了职责。如在给贫困山区孩子捐书活动中，拿出自家书籍200余本。再如指导一二·九红歌会活动，每个班的每一次彩排，如无特殊事情，笔者都会亲临现场进行指导，这是对学生的尊重，也是对团委工作的重视。笔者还积极担任学生暑期实践活动指导教师，为学生寻找实践机会等。

三是虚心做科研工作。这几年笔者一直专心科研，向同行虚心求教，积极申报国家社科基金、北京市社科基金等项目，还进行了申报国家科技支撑项目的尝试，虽然被淘汰，但积累了知识，开拓了眼界，了解了同行。笔者发表了《从各地控烟条例看社会治理》《超速型交通犯罪问题研究》两篇论文；参加了2018互联网法律大会、教育部“马工程”重点教材任课教师示范培训班、博雅大学堂刑法学高级研修班等会议，探寻刑法学前沿研究成果，努力提高自身科研能力。

过去这几年感觉最深的就是，时间不够、知识不足、能力不强。展望未来，在法律系这个温暖大家庭里，有各位领导的培养，有同仁的帮助指导，自己将逐步提升教学能力，做到9个“坚持”、6个“下功夫”，珍惜作为人民教师这份光荣，真真正正地成为一名合格的“人类灵魂的工程师”“人类文明的传承者”。

基于OBE与"三全育人"的国际经济法学课程思政教学改革研究❶

——兼谈研究生课程改革

张万春❷

摘要："三全育人"与课程思政正成为时下我国高等教育教学改革的重中之重。作为全球化背景下的一门核心法学课程，国际经济法对于培养本科学生和研究生解决国际经济争议的法学思维以及此间对于中国国家利益和国家主权维护等社会主义核心价值观至关重要。OBE教育模式和理念可运用于我国国际经济法学课程的思政教学中，实现三全育人、价值观与教育模式的宏观层面与微观层面具体课程的课程思政衔接。

关键词：三全育人；课程思政；国际经济法；成果导向教育

OBE教育模式、三全育人和课程思政是我国时下教育界及学界的研究热点。结合各学科、专业和课程的应用研究如雨后春笋。被称为"成果导向教育"的OBE（Outcomes-based Education）是源自20世纪80年代的美国并流行于世界各国的一种教育理论和模式，强调以学生的学习成果为导向设计并组织教学，进一步强调了课程教学与人才培养目标之间的一致性；该理论相对成熟且在国际上应用普遍。课程思政是我国教育教学的教育理念。课程思政作为高校人才培养中的重要工作始于习近平总书记2016年12月全国高校

❶ 北京联合大学校级教育教学研究与改革项目"三全育人背景下以'+文化'为根基的涉外类法学课程思政建设"（JJ2019Y001）、北京联合大学2019年教学创新课程建设项目（国际经济法）、2019年和2020年北京联合大学研究生学科特色课程建设项目（国际经济法）的部分成果。

❷ 张万春，山东潍坊人，北京联合大学副教授，硕士生导师。研究方向：会展法、文化法和国际经济法等。

思想政治工作会议讲话后，无论是理论研究还是课程建设实践操作层面都处于方兴未艾阶段。根据2017年2月中共中央、国务院《关于加强和改进新形势下高校思想政治工作的意见》，坚持全员、全程、全方位育人。把思想价值引领贯穿教育教学全过程和各环节，形成教书育人、科研育人、实践育人、管理育人、服务育人、文化育人、组织育人的长效机制。“三全育人”成为加强和改进高校思想政治工作的基本原则。2020年4月，教育部等八部门发布《关于加快构建高校思想政治工作体系的意见》(教思政〔2020〕1号)，再次确认了全员、全程、全方位育人体制机制以及课程思政指导思想。❶

源自美国的OBE教育模式和中国土生土长的三全育人、课程思政能否交叉？如何交叉？交叉点在哪里？如何从“育人”本质要求和根本目标出发，树立“课程思政”核心理念？如何将OBE理念运用于国际经济法学课程的思政教学，提升思政教学的有效性？本研究选取国际经济法课程作为范例和出发点，期望通过二者在课程中的结合探索落地可行性和路径问题。虽然将国际经济法作为范例来解决OBE和三全育人等落地问题，但是国际经济法的具体课程设计并不在本文中解决。本文解决OBE、三全育人以及课程思政在国际经济法这个法学课程中总的逻辑关系及统一问题，是价值观与教育模式的宏观层面与具体课程的课程思政的对接问题。

一、OBE模式的高等教育应用溯源与实践

OBE最早出现于美国的基础教育改革，并非为高等教育而生。

20世纪80年代，随着美国总统罗纳德·里根努力对美国教育部项目和经费的削减以及教育部国家卓越教育委员会(National Commission on Excellence in Education)❷报告《一个危险中的国度：教育改革势在必行》(*A Nation at Risk: The Imperative for Education*)的发布，美国教育改革序幕由此拉开，美国典型的知识灌输模式也开始变革。20世纪80年代末，美国教育学家赫希(E.D. Hirsch)对激进教育改革多次提出有影响力的抨击，主张强调“文化素

❶ 教育部等八部门关于加快构建高校思想政治工作体系的意见[EB/OL].(2020-04-28).[2020-05-21]. http://www.moe.gov.cn.

❷ 国家卓越教育委员会由美国原教育部长T.H.贝尔(T.H.Bell)于1981年8月26日创立，负责审查美国的教育质量，并在第一次会议后的18个月内提出报告。该委员会有责任为中小学和大学提供领导力、建设性批评和有效援助。

养”（cultural literacy）[1]，声称每个美国人都曾知道的知识现在却只有一部分人知道，美国儿童缺乏文化素养。赫希的观点引发了全美范围内关于教育标准的辩论，并在20世纪90年代和21世纪产生重要影响。20世纪90年代初，美国各州通过了几项以标准为基础的改革措施，创立了《德州学术技能评估》（*Texas Assessment of Academic Skills*，1991年）、《华盛顿学生学习评估》（*Washington Assessment of Student Learning*，1993年）、《加州CLAS》（*CLAS in California*，1993年）和《马萨诸塞州综合评估》（1993年）等。[2]20世纪90年代，大多数州和地区或多或少采用了OBE。一个州成立一个委员会来采用标准，并建立一个基于绩效的评估来评估“学习成果”。在20世纪90年代初，“结果”往往是非学术性质的，但在21世纪初，“高标准”一词反而被采用，往往导致非常困难的测试。国家层面，美国国会于1994年通过了《2000年目标法案》（*Goals 2000 Act*）。美国最著名也是影响最深远的以标准为基础的教育法是2002年《不让一个孩子掉队法》（*No Child Left Behind Act*）[3]，该法案规定，作为获得联邦教育基金的一个条件，必须进行某些测量。各州可以自由设定自己的标准。

在美国教育改革大潮背景下，OBE作为一种教育范式和理论而诞生。从20世纪80年代到90年代早期，OBE在美国教育界十分流行。[4]另外，与OBE相近的还有CBE或OFE。CBE（Competency-based Education[5]，以能力为基础的教育）模式最早源于加拿大社区学院的职业培训。CBE中的能力分为专项能力、综合能力和职业能力。一个专项能力（用一个学习模块的形式来表示）由知识（knowledge）、态度（attitude）、经验（experience）和反馈（feedback）构成，6~8个专项能力构成一个综合能力，而8~12个综合能力构

[1] HIRSCH E. D. Cultural Literacy：What Every American Needs to Know［M］. New York: Random House USA Inc，1988.

[2] What is Outcome-based education ？［EB/OL］.［2019-11-19］. https：//www.k12academics.com/education-reform/outcome-based-education/what-obe.

[3] 2002年1月8日，美国总统乔治·W. 布什签署中小学教育法《不让一个孩子掉队法》。

[4] Outcome-based education［OB/EL］.［2020-05-21］. https：//en.wikipedia.org/wiki/Outcome-based-education#United-States.

[5] SPADY WILLIAM G. Competency-Based Education：A Bandwagon in Search of a Definition，［J］. Educational Researcher, 1997, 6（1）: 9-14；SPADY WILLIAM G. The Concept and Implications of Competency-Based Education［J］. Educational Leadership，1978（36）: 16-22；SPADY WILLIAM G. Competency-Based Education：Organizational Issues and Implications，［J］. Educational Researcher，1977，6（2）: 9-15.

成一种职业能力。[1]因此，CBE教学模式是以职业能力为基础的一种教学模式，与 OBE 模式有所交叉但侧重点不同。

特克认为：Outcomes-based Education 与 Outcomes Focused Education（OFE）是同义词。无论是 OBE 还是 OFE，都是一个学习产出驱动整个课程活动和学生学习产出评价的结构与系统。[2]

作为 OBE 最重要的倡导者，美国学者 Spady 于 1980 年在《成果导向教学管理：以社会学的视角》[3]一文中系统而全面地提出"成果导向教育"的概念。Spady 在《基于成果的教育：关键问题与答案》中对"OBE"理论进行了详细的论述。全书共有七章并回答了七个问题。[4] Spady 认为 OBE 是"清晰地聚焦和组织教育系统，使之围绕确保学生获得在未来生活中获得实质性成功的经验"。他认为 OBE 实现了教育范式的转换。因为，在 OBE 教育模式中，学生学到了什么和是否成功远比怎样学习和什么时候学习重要。此后，美国政府出台政策要求学校通过课程、教学、评价等多种方式来提高学生学习成果。美国工程及技术教育认证委员会教育认证机构率先启用"成果导向"认证规范对美国工程教育进行改革。随着成果导向教育课程理论研究日趋成熟，其理念迅速风靡全球，渗透到多个国家和地区的大学课程改革中。

Spady 的 OBE 金字塔图（见图 1）包含了"5P"和"5D"：5P 从金字塔顶部到底部，分别是一个范式（paradigm）、两个目的（purposes）、三个前提（premises）、四项原则（principles）、五方面实践（practices）。而实践方面 5D 内容是：明确结果（define outcomes）、设计课程（design curriculum）、履行讲授（deliver instruction）、记录结果（document results）、测定进步

---

[1] AMUNDSON N E, POEHNELL G R. *Gareer Pathways*［M］. Richmond：Ergon Communications,1995；LOCK R.Taking charge of your Career Direction［M］. Pacfic Grove Books/Cole.1996.

[2] TUCKER S E. Literature Review：Outcomes-focused Education in Universities［EB/OL］.［2019-10-06］. http：// lsn.curtin.edu.au/outcomes/docs/LitReview.pdf.

[3] SPADY W. Outcome-Based Education：Critical Issues And Answers［M］. Arlington，VA: American Association of School Administrators，1994.

[4] 这七章或七个问题是：（1）什么是基于成果的教育？（What Does Outcome-Based Education Really Mean？）（2）为什么基于成果的教育改革引起了那么广泛的兴趣？（Why Is There So Much Interest in Outcome-Based Reforms？）（3）成果指的是什么，它们是怎么产生的？（What Are Outcomes，and How Are They Derived？）（4）基于成果的应用有哪些主要趋势？（What Are the Major Trends in Outcome-Based Implementation？）（5）基于成果的应用如何影响学校和学生？（How Does Outcome-Based Implementation Affect Schools and Students）（6）为什么会出现关于"OBE"的争议？（Why All the Controversy About OBE？）（7）"OBE"该走向何方？（Where Does OBE Go From Here？）

(determine advancement)。❶

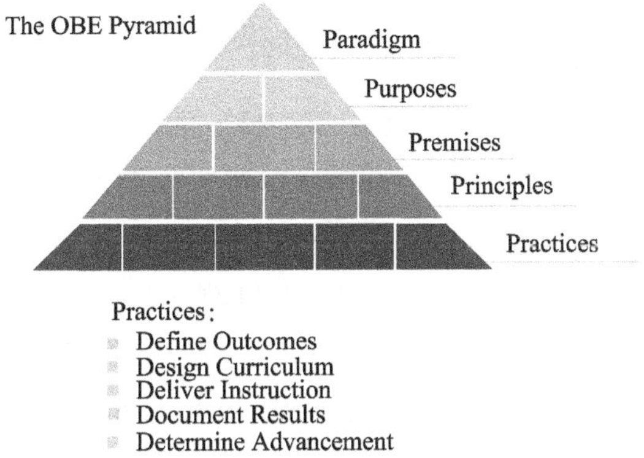

图 1　OBE 金字塔图❷

OBE 从美国开始向全世界扩展。西澳大利亚教育部门把 OBE 定义为："基于实现学生特定学习产出的教育过程。教育结构和课程被视为手段而非目的。如果它们无法为培养学生特定能力做出贡献，它们就要被重建。学生产出驱动教育系统运行。" 我国香港大学教育资助委员会 2006 年起呼吁高等院校善用契机，发展 OBE，提升学与教的素质。我国香港各所受资助的院校于是纷纷响应更新大学本科课程。❸

OBE 理念的核心支撑是 "以学生为中心" 的教育理念，将课程目标、课程内容、教学设计和课程教学的评价用 "学习成果" 这一线索串了起来，对以往高等教育中课程和教学的分散性特点起到了一定的纠正作用。在 OBE 教育模式下，最终的学习成果是课程设计的起点和焦点，教学方法的选择、评价方式的运用均围绕着最终的学习成果展开，这是 OBE 理念中的核心规则：逆向设计，即从期望学生达到的最终学习成果出发，来确立相应的课程和教学设计，因此课程内容的选择成为 OBE 理念在实施层面重点关注的，需要拣选那些对于 "达到" 最终学习成果或 "支持" 最终学习成果的核心内容。

---

❶ SPADY, WILLIAM G. Outcome-Based Education: Critical Issues and Answers [M]. Arlington,VA: American Association of School Administrators, 1994: 8.

❷ SPADY, WILLIAM G. Outcome-Based Education: Critical Issues and Answers [M]. Arlington,VA: American Association of School Administrators, 1994.

❸ 梁佩云. "成果导向学习" 与大学教学的质量提升：以中文学科的实践为例 [J]. 教育科学研究期刊, 2013, 58 (4): 1-35.

二、OBE 与课程思政的交叉点

（一）本科教学标准对于 OBE 与课程思政的双重确认

2018 年教育部发布《普通高等学校本科专业类教学质量国家标准》。这是我国首个高等教育教学质量国家标准，其所遵循的原则和理念中就包含了以学生为中心和成果导向教育。该标准注重激发学生的学习兴趣和潜能，创新形式、改革教法、强化实践，推动本科教学从“教得好”向“学得好”转变。

所谓以成果为导向，是突出产出导向。结果是在一段学习经验结束之时或之后，有关于学生学习的清楚的、看得见的、可证实的成果。[1]要主动对接经济社会发展需求，科学合理地设置人才培养目标，完善人才培养方案，优化课程设置，更新教学内容，切实提高人才培养的目标达成程度、社会适应度、条件保障度、质保有效度和结果满意度。[2]这个成果导向的表述在教育部 2018 年 10 月的关于本科培养的另一份文件里再次得到确认：坚持服务需求，成效导向。主动对接经济社会发展需求，优化专业结构，完善课程体系，更新教学内容，改进教学方法，切实提高高校人才培养的目标达成度、社会适应度、条件保障度、质保有效度和结果满意度。[3] 2018 年颁布的《普通高等学校本科专业类教学质量国家标准》所涉 92 个专业类中，都有对社会主义核心价值观教育、思想政治教育的内容要求，专业教育与思想政治教育有机结合，人才培养不仅要培养合格的建设者，更要培养可靠的接班人，必须德才兼备、德学双修。[4]

（二）OBE 与课程思政的内在关联

在高等教育领域，与传统的教育模式相比，OBE 更加注重对学生毕业时应具备的能力的培养。我国对 OBE 理论的研究及实践最初主要集中在工程

---

[1] 姜波 .OBE：以结果为基础的教育［J］. 外国教育研究，2003（3）：35.

[2]《普通高等学校本科专业类教学质量国家标准》新闻发布会文字记录［EB/OL］.［2019-10-06］. http：//www.moe.gov.cn/jyb_xwfb/xw_fbh/moe_2069/xwfbh_2018n/xwfb_20180130/201801/t20180130_325928.html.

[3] 2018 年 10 月教育部《关于加快建设高水平本科教育全面提高人才培养能力的意见》（教高〔2018〕2 号）。

[4]《普通高等学校本科专业类教学质量国家标准》新闻发布会文字记录［EB/OL］.［2019-10-06］. http：//www.moe.gov.cn/jyb_xwfb/xw_fbh/moe_2069/xwfbh_2018n/xwfb_20180130/201801/t20180130_325928.html.

学教育领域，因为工程学领域中的学习成果更加显性化，且易于测量。比如我国工程教育专业认证协会颁布的《工程教育认证标准（2015版）》中，在“毕业要求”这一部分，对每一项的毕业要求都使用了行为动词来表述工程专业毕业生应具备的能力，如应用、识别、表达、研究分析、设计、考虑、开发、选择、评价等，这些能力在一定程度上更易于呈现。但近年来，该理论的运用逐渐拓展到其他几乎包括法学在内的所有学科领域。

通常来讲，学习成果是学生在完成了学习之后需要达到的理想成果，包括知识（学生应该知道/理解的）、能力（学生应该能做的）、素质（学生应该具备的价值观和态度等）三个方面。能力高低的层次划分：掌握具体知识和技术→知识应用能力→履行角色的能力。这与我们课程思政的路径其实是一致的，都是从学习理念→运用理念分析→清晰个体的责任和义务，实现知识传授和价值引领的有机统一。因此，运用OBE理念与课程思政结合进行教学的设计具有可行性基础。

OBE理念在专业教学中的应用正在被广泛讨论。但专业课程中的课程思政研究与OBE理念如何进行结合？目前还没有现成的实践路径可以借鉴。

三、国际经济法课程思政价值观与文化内核：OBE与“三全育人”的统一

“课程思政”坚持立德树人并把培育践行社会主义核心价值观融入教书育人全过程的根本要求，实现“知识传授”和“价值引领”的有机统一。国际经济法课程因为框架复杂、条约众多、法律渊源丰富、涉及不同法系和众多国家法律、远离生活等诸多因素，比民法刑法类课程更难以理解和把握。课程难度也降低了学生学习的兴趣和积极性。这种背景下，单纯要求学生努力学习或者仅仅靠一些教学技术和手段的改变，无法达到学习的预期效果。因此，课程思政所强调的“知识传授”和“价值引领”的有机统一是改变涉外类法学课程建设的重大契机。

（一）课程思政的教育属性：价值观与道德教育范畴

“课程思政”是中国特色社会主义教育理论产物，国际上与此关联紧密的理论是价值教育理论和道德教育理论。19世纪德国教育家赫尔巴特认为教学如果没有进行道德教育，只是一种没有目的的手段，道德教育（或者品格教

育）如果没有教学，就是一种失去了手段的目的。[1] 20世纪80年代以来，价值观教育逐渐成为国际学术界研究的热点。拉斯思（L.Raths）的价值澄清理论[2]、克里夫·贝克（C.Beck）的价值反思理论[3]都是当前价值观教育理论的研究热点，目前西方国家的价值观教育研究呈现出更加科学化和学科化的特点，学者强调注重对社会成员进行社群价值观、共同价值观、平等价值观的教育，但是仍然沿袭以个人主义、自由主义为主导的价值观念体系。当然，如果追溯价值观教育的上位概念道德教育，则当代西方经典理论纷呈。边沁、穆勒的功利主义道德观、斯宾塞的道德教育理论、涂尔干的社会道德教育理论和杜威的实用主义道德教育理论等都是典型代表。种种传统德育模式中存在的德育理论与实践中的“人学空场”[4]，我们应当注意从中吸取教训；而价值教育理论和道德教育理论的精华内容，尤其是途径和方式值得我们借鉴。

国内对于课程思政的研究始于习近平总书记在2016年12月全国高校思想政治工作会议讲话后。曹文泽2016年12月发表《以“课程思政”为抓手创新育人手段》的报纸文章，获11条引证，可谓“课程思政”滥觞。高德毅、宗爱东在2017年发表《从思政课程到课程思政：从战略高度构建高校思想政治教育课程体系》（133条引证）和《课程思政：有效发挥课堂育人主渠道作用的必然选择》（104条引证），系统提出从“思政课程”到“课程思政”的转变思路，影响较大。从高等教育“育人”本质要求出发，树立“课程思政”核心理念，强调学校教育应具备360度德育“大熔炉”的教育合力作用，课堂教学过程本身就是育人最主要的过程，也是教书育人最重要的途径；知识传授与价值引领是育人的基本实现形式，也是学校最具效能的实现形式。而价值引领则是课程思政的核心目标。

[1] 赫尔巴特.普通教育学[M].李其龙，译，北京：人民教育出版社，2015.

[2] 由路易斯·拉斯思、梅里尔·哈明和悉尼·西蒙三人在1966年合著的《价值观与教学》第一次系统地论述了价值澄清的理论和方法，澄清反应法是价值澄清策略中最基本、最灵活的一种方法。这种方法主要是指教师对学生的言行做出反应，鼓励学生反思自己的行为，以澄清他们的理解力、目的、感情、抱负、信仰等促使学生审视自己的行为。

[3] 克里夫·贝克提出他的教育实践策略——反省对话法，他主张师生共同学习、平等对话。他反对单纯的内容传授，也反对纯粹形式的训练。学校必须既教技能又教内容。参见：克里夫·贝克.学会过美好生活：人的价值世界[M].北京：中央编译出版社，1997.

[4] “人学空场”讨论的是传统德育中不以受教育者为主体，所传授的是剥离了人性内涵的空洞的道德规范，在实施中背离把握人性所特有的过程与规律。

（二）课程思政中文化与价值观的传播意义

2013 年 12 月 30 日，习近平总书记在提高国家文化软实力研究的第十二次集体学习中指出，提高国家文化软实力，要努力夯实国家文化软实力的根基，努力传播当代中国价值观念，努力展示中华文化独特魅力，努力提高国际话语权。核心价值观是文化软实力的灵魂、文化软实力建设的重点，是决定文化性质和方向的最深层次要素。一个国家的文化软实力，从根本上说，取决于其核心价值观的生命力、凝聚力、感召力。

郝立新（2016）[1]认为要从文化视角来看待价值观。文化具有一定价值属性——既表现在价值观念是文化的核心内容，也表现在一定价值目标对文化的引领作用上。因此必须坚持正确的文化发展的价值取向，把价值观的培育和践行作为文化建设的重中之重。立足中华优秀传统文化阐明核心价值观的重要性，立足当代中国阐发核心价值观的本质。引领当代大学生科学认识当代纷繁复杂的文化现象和增强文化自信需要文化自觉，要从文化的实践基础、文化的核心内容以及文化的表现形态或表现形式三个维度理解把握文化。韩文乾（2015）[2]认为核心价值观是文化软实力的灵魂。胡云安（2014）[3]指出，任何价值都以文化形态为存在方式，文化反映价值，价值体现文化。社会主义核心价值观的教育不应停留在纯理论说教的层面，而是应与学生的情感、认知和行为联系在一起，让学生充分参与到理论的探索和实践的体验中，在法学课程的文化学习和法律文化学习中促进价值观的正确形成。一个国家的软实力主要来源于其文化、价值观和政策（包括对内政策和对外政策两个方面）。[4]中国的“软实力”主要体现在两个方面，一个是中国优秀传统文化的吸引力，另一个就是中国改革开放后取得骄人成绩的吸引力。

（三）“+ 文化”与法学（律）类课程思政研究现状

根据 CNKI，从 2017 年 1 月底至 2019 年 1 月底，以“课程思政”为篇名

---

[1] 郝立新，田江太．当代中国文化发展战略思维探析［J］．文化软实力，2016，1（1）：43-48.

[2] 韩文乾．核心价值观是文化软实力的灵魂［J］．前线，2015（5）：34-36.

[3] 胡云安．大学文化的传承与创新［N］．中国青年报，2014-11-03（2）.

[4] 约瑟夫·奈．提升国家软实力是中国的明智战略［N］．人民日报，2015-02-16（15）.

关键词的文献有 295 篇。从大学英语、高等数学等公共课程到专业课程，涵盖不同的学科和专业领域；但是在法学或法律领域课程思政的文献罕有。以“课程思政”为主题且题名包含“法律”的文献共有 46 篇，但都以思想道德修养与法律基础课程为例。以“文化”和“课程思政”为篇名主题词检索，共有 14 篇有效文献，但是分散在茶文化、中医药文化和红色文化等领域，法学领域没有。以“课程思政”与“法律”、“法学”和“法”进行匹配搜索，结果为零。

中国特色社会主义的“四个自信”中就包含文化自信，“课程思政”目标也是“以文化人、以文育人”。因此，以文化为根基，在坚持中华文化和沟通中外文化差异的背景下，如何将我国社会主义核心价值观无缝融入课程知识点，这是探索涉外类法学课程思政建设中一个值得探索和解决的痛点。

四、OBE 理念下国际经济法课程思政教学模式设计

从教育学层面来说，OBE 模式下的教学设计是一种逆向设计。当确定国际经济法课程思政的育人目标为“以文化人、以文育人”时，产出时也应当遵循这样一条路径：以中华文化为根基，理解中外文化差异，建立社会主义核心价值观的深层理解和认同。具体可以分为以下四个阶段：确立学生产出目标、完善教学文件、理论教学与实践教学、总结经验和完善教学模式。在上述四步完成后，将结果反馈到最初的理念与目标中，这样就构成一个完整且又富有开放性的学生产出—实践—育人目标的逻辑循环。

（一）OBE 教学设计的三个层面

OBE 模式下的核心原则是逆向设计和核心内容的选择。因此，课程与教学设计改变的策略在于深挖课程知识点，尤其是重点和难点背后的文化根源，将知识点与文化相关联，用多种教学手段和方法将知识点做成学生感兴趣的文化点。具体可分为三个层面。

第一，价值层面：贯穿三全育人理念和课程思政建设。课程思政的无缝融入，意味着几乎将所有的知识点重新进行设计。

第二，课程内容层面：挖掘知识点的“文化”要素，设计文化与课程思政的联系。用“文化基因”鉴定课程知识“分子”和知识家族，区分中华文化和西方文化，用“文化之链”将知识点穿成完整的手环或手链，不易遗漏，

且体系完整。文化活化与创新是课程思政应有之义，文化故事和文脉是课程思政内容的重要素材；文化基因是课程思政文化理念和价值追求。从涉外类法学课程入手，深挖知识点背后的文化根源，鉴定文化基因。例如，《大逃港》用100多万人的生命和鲜血铺垫了我国改革开放的背景。一定要深入挖掘背后的文化和故事，包括百万人大逃港、松下幸之助来华、通用总裁来华谈判将中外合资经营企业类比为“婚姻”来帮助中方理解，这些都是法律背后的文化问题。

第三，教学方法层面：借用MOOC，专注SPOC，利用蓝墨云课和微信平台等多种技术手段。灵活运用并创新现代化教学手段和教学方法，能将这个手链中的每颗珠子都做到传承有序，清晰识别。最重要的一点，无论是何种策略和方法手段，都必须服务于彰显和传播中华文化，沟通中外文化，最终达到“以文化人、以文育人”。

（二）OBE教学设计中的创新点

第一，文化新视角：运用OBE理念，以文化为根基，将价值目标与知识内容相结合，提升涉外类法学课程的实际教学效果，这是个新颖的角度，也富有挑战性。从文化入手，落实到文化，文化是起点，也是终点。文化是根脉，也是桥梁，沟通中西文化，沟通历史和未来，承载学生教育，文化育人。

第二，挖掘方法（全面深入）和阐述方法（深入浅出）：在OBE模式下，选择适合的教学方法能将教学活动扩展到课前、课中、课后。这对于大多数学生而言是必要的，因为就目前的教学情况看，绝大多数的学生的学习只集中在课中或是课后一小部分时间，且缺乏积极主动性。具体涉外类法学课程思政所运用的方法包括两类：挖掘方法（全面深入）和阐述方法（深入浅出）。挖掘方法即针对课程所有知识点，深入背后找出历史传承和文化根脉。任何法学知识都是有传承的，将传承线索和脉络挖掘出来。这里的问题不是一个知识点，而是所有知识点。挖掘完毕所有知识点的文化因素和背景后，如何在有限的时间内阐述出来并隐性教育进入课堂和学生心中，需要的是阐述方法。阐述方法即充分利用新颖的技术手段和方法，如利用MOOC、SPOC、云课程、翻转课堂、微信平台等技术手段通过“三讲”叙事方式阐述出来。“三讲”是讲故事、讲案例、讲历史（背景）。如何处理抽象的空洞的知识，将课程思政无缝衔接和水乳交融到课程中？越是抽象枯燥的知识、概念和原理，越需要挖掘具体真实的历史，越需要搜集浅显易懂的案例，越需要讲述生动传神的故事。

总的来说，OBE 教育理念更加注重学生在学习结束后所获得的能力，这样的要求能够缩短学校到社会、专业到职业的距离，能够更好地将所学知识运用于实际操作。同时，也对教学提出了更新更高的要求。OBE 教育理念涉及的问题远不止课程内容选择及教学方法运用，它还涵盖了诸如教学方案设计、教学大纲编纂、评价方式选择等方面。因此，OBE 理念下涉外类法学课程思政建设的探索之路仍需要深入。

（三）OBE 课程大纲目标及与毕业要求的关系

国际经济法课程是教育部确定的全国高校法学专业的核心课程之一，是高等院校法学专业本科生必修专业课。通过本课程的学习，学生能够达到以下目标。

（1）知识：了解国际经济法学的历史，掌握国际经济法学的基本理论和范畴，掌握国际货物买卖法、国际技术转让法、国际服务贸易法、国际投资法、国际货币金融法、国际税法以及国际争议解决等的基本概念、理论，了解课程前沿发展的现状和趋势。

（2）应用：能够运用所学的国际经济法学理论和知识来分析国际经济交往中的法律问题，以中国面临的问题为立足点和出发点，按照国际经济法律规则解决我国对外经济贸易实践中的法律问题。

（3）整合：能够结合国际法、国际私法等法学专业课程知识，聚焦国际贸易法律和国际投资法律，构建统一的立体的国际经济法框架，分析、评价和解决我国在国际经济交往中的法律问题。

（4）情感：养成公平正义观念和使命感，树立正确的法律观，把法律与生活、职业、社会融为一体，热爱法律职业，敬畏法律，崇尚法治。

（5）价值：开始对困难枯燥的国际经济法产生更大兴趣，增强爱国情怀，坚定国家经济主权独立的信念，认同国际经济法中社会主义核心价值观体现在民主、文明国家层面的价值目标，践行自由、平等、公正、法治社会层面的价值观以及爱国、诚信个人层面的价值准则。

（6）学习：培养运用国际经济法视野、逻辑分析和处理问题的能力，养成及时追踪最新国际经济法知识的学习习惯，学会运用不同数据库和中外文双重语言工具了解前沿知识的学习方法，成为自我导向的学习者。

围绕以上目标及创新点，将 OBE 指引下课程目标及毕业要求和支撑点分解如表 1：

表 1　国际经济法课程目标及与毕业要求的支撑关系

课程目标	支撑的毕业要求	支撑的毕业要求指标点
1. 知识：了解国际经济法学的历史，掌握国际经济法学的基本理论和范畴，掌握国际货物买卖法、国际技术转让法、国际服务贸易法、国际投资法、国际货币金融法、国际税法以及国际争议解决等的基本概念、理论，了解课程前沿发展的现状和趋势	1. 了解人文社会科学和自然科学的基础知识，具备扎实的法学专业基本知识及基本理论，了解本专业前沿发展现状和趋势，并形成合理的整体性知识结构	1. 了解人文社会科学和自然科学的基础知识
		2. 掌握扎实的法学专业基本知识及基本理论，了解本专业前沿发展现状和趋势
		3. 形成合理的整体性知识结构
2. 应用：能够运用所学的国际经济法学理论和知识来分析国际经济交往中的法律问题，以中国面临的问题为立足点和出发点，按照国际经济法律规则解决我国对外经济贸易实践中的法律问题	2. 具备将所学的专业理论与知识融会贯通、灵活地综合应用于专业实务之中的基本技能，能够利用法学专业知识和创新思维分析并解决实务中的法律问题，并在解决问题时考虑可能涉及的社会、健康、安全、法律、伦理、文化以及环境等因素	1. 应用法学专业知识和创新思维分析实务中的法律问题
		2. 设计解决问题的方案，并综合考虑可能涉及的社会、健康、安全、法律、伦理、文化以及环境等因素
3. 整合：能够结合国际法、国际私法等法学专业课程知识，聚焦国际贸易法律和国际投资法律，构建统一的立体的国际经济法框架，分析、评价和解决我国在国际经济交往中的法律问题	3. 研究：能够运用法学专业的思维方法和研究方法进行研究，包括案例的搜集、整理、统计与分析，法条的检索与解释，法律效果的实证研究等，充分论证所提出的观点，得到合理有效的结论	1. 应用法学专业思维方法和研究方法研究问题
		2. 充分论证所提出的论点
4. 情感：养成公平正义观念和使命感，树立正确的法律观，把法律与生活、职业、社会融为一体，热爱法律职业，敬畏法律，崇尚法治	4. 沟通：能够就法学专业问题与业界同行及社会公众进行有效沟通和交流，包括撰写论文、报告和各类法律文书、陈述发言、清晰表达或回应指令，并具备一定的国际视野和外语能力，能够在跨文化背景下进行沟通与交流	1. 通过陈述发言、表达与回应等口头方式与业界同行及社会公众进行有效沟通和交流
		2. 具备一定的国际视野和外语能力，能够在跨文化背景下进行沟通与交流

续表

课程目标	支撑的毕业要求	支撑的毕业要求指标点
5. 价值：开始对困难枯燥的国际经济法产生更大兴趣，增强爱国情怀，坚定国家经济主权独立的信念，认同国际经济法中社会主义核心价值观体现在民主、文明国家层面的价值目标，践行自由、平等、公正、法治社会层面的价值以及爱国、诚信个人层面的价值准则	5. 职业伦理：热爱祖国，拥护中国共产党的领导，掌握中国特色社会主义理论体系，牢固树立正确的世界观、人生观、价值观。具有人文修养与科学素养，养成良好的道德品格、健全的职业人格、强烈的法律职业认同感，具有服务于建设社会主义法治国家的责任感和使命感	1. 热爱社会主义祖国，拥护中国共产党的领导，掌握中国特色社会主义理论体系 2. 养成良好的道德品格、健全的职业人格、强烈的法律职业认同感
6. 学习：培养运用国际经济法视野、逻辑分析和处理问题的能力，养成及时追踪最新国际经济法知识的学习习惯，学会运用不同数据库和中外文双重语言工具了解前沿知识的学习方法，成为自我导向的学习者	6. 终身学习：具有终身学习的正确认识，具备独立自主地获取和更新本专业相关知识的学习能力	具备独立学习和更新知识的能力

五、研究生[1]国际经济法学课程思政建设路径思考

在教育范式、教育目的、教育结果以及教育方式上，本科生和研究生或多或少都有些差异。但是，基于本科生和研究生在教学基础和教学内容上的连续性，在毕业后面临选择的相似性以及由此对教育结果反馈的相似性，研究生课程同样面临着课程思政建设的问题。此处尝试就国际经济法提出研究生与本科生课程思政建设的特殊性和解决思路。

（一）研究生课程思政建设的特殊性及问题

国际经济法研究生课程建设不仅仅是一门课程的问题，还关乎法律系或法学院的整体建设问题；国际经济法研究生特色课程建设也不仅是针对研究生授课对象的问题，还关乎法律系或法学院本科生授课对象的问题。这既是本课题的逻辑起点，也同样是问题解决的落脚点。

各院校法律系或法学院在国际经济法研究生教育课程体系结构与本科基本一样，但是课程具体设计中有两种做法：一是具备法学院和国际经济法专

[1] 此处的研究生特指硕士研究生。

业条件的高校，将国际经济法进行精分，分为具体的课程分支、专题或模块。例如，北京大学将国际经济法课程内容模块分解成国际贸易法、国际投资法、国际金融法、国际税法以及国际组织法等研究生课程。中国人民大学和中国政法大学也都是遵循此类模式。二是不具备上述条件的高校，该课程往往作为一个独立和统一的学位课或专业选修课程进行设置，不再进行模块分割。这种做法主要被不设置国际经济法专业或者没有成立法学院的高校采用。

从全国法学学科的“双一流”建设视角看，教育部公布的法学学科进入“双一流”建设学科名单的高校中北京大学、中国人民大学、清华大学、中国政法大学、武汉大学和中南财经政法大学都属于第一种。[1]这些高校中，国际经济法学有的设置为单独的系，如中南财经政法大学；有的设在国际法学院，如中国政法大学；有的设为单独的教研室，如武汉大学。北京大学和中国人民大学都不设置单独的国际经济法系或者学院。但是，无论上述法学“双一流”学校如何在机构和内容上安排国际经济法学有关课程，都实行专题或模块方式为研究生授课，都将国际经济法分解为国际贸易法、国际投资法、国际金融法、国际税法等模块或专题。客观而言，这种研究生课程建设模式可以学习，但是不可以简单借鉴和复制。很显然，北京联合大学应用文理学院法律系研究生国际经济法课程设置就属于第二种情形。

因此，研究生国际经济法课程如何进行特色化建设，需要另辟蹊径。如何从法学“双一流”学科建设中突围？趋近“双一流”建设标准还是走实现地方高校独有特色道路？本课题不能完全回答，但是力图用实践来证明。我们不能亦步亦趋跟随第一种情形和双一流高校的步伐。

（二）国际经济法研究生课程思政建设的思路

如何在法学“双一流”学科建设中突围并回应上述逻辑起点和落脚点问题？国际经济法特色课程的特色应设计为：贯彻“三全育人”理念，强调课程思政建设并强化从课程思政到专业思政建设的过渡，以文化人，以文育人，用“+ 文化”思想贯穿课程始终，挖掘中华文化和中外文化交流要素，将核心价值观浸润在文化素材中，强调双语建设，通过 SPOC/MOOC 等技术手段，

---

[1] 参见 2017 年教育部、财政部、国家发展改革委《关于公布世界一流大学和一流学科建设高校及建设学科名单的通知》（教研函〔2017〕2 号）。另外，需要说明的是，法学是中国政法大学、中南财经政法大学两校仅有的进入“双一流”建设学科名单的学科。

增加研究生研究与学习兴趣，增强学生科研素质、学术水平和成才素养。

1. 国际经济法课程群的重要性认知

以国际经济法为中心的“三国法”课程群包括：国际法、国际经济法和国际私法。这三门课程中，国际经济法被誉为“法学皇冠上的明珠”，难度最大，内容最复杂。但是在经济日益全球化的今天，中国作为最大发展中国家和世界第二大经济体越来越多地参与国际和世界经贸规则制定。如何提高中国的国际竞争力、文化软实力和话语权，如何在“一带一路”等倡议大背景下让法律系学生承担起运用国际经济法知识武装自己、服务社会和国家的重任？学好国际经济法和重视本课程特色建设应是不二选择。

2. 教学文件中对“三全育人”和“课程思政”建设的无缝融入

现阶段既然无法直接对接“双一流”，根据船小容易转舵原理，可以较为快速地贯彻国家和部委“三全育人”和“课程思政”的政策和理念，这也是我校法律系课程建设弯道超车的契机。因而，无论是本科生，还是研究生，都不应例外。贯彻“三全育人”和课程思政理念是国际经济法特色课程建设的契机。因此，无论是在教学文件中，还是在平时授课中，都应当全面和无缝地贯彻上述理念。

3.“文化素材库”的建设

以文化为根基，将“三全育人”价值观宣传与道德教育和国际经济法课程结合，这是个新颖的角度，也富有挑战性。从文化入手，落实到文化，文化是起点，也是终点。文化是根脉，也是桥梁，沟通中西文化，沟通历史和未来，承载学生教育，文化育人。挖掘课程所有知识点，深入背后找出历史传承和文化根脉。任何法学知识都是有故事传承的，将传承线索和脉络挖掘出来。文化根脉与传承首先瞄准课程的重点和难点，其次普及到每一个知识点，建设成素材库。

4. 国际化和双语课程建设

高等教育国际化越来越为本国在以知识为基础的世界经济竞争中提高人才与科技优势，成为制胜源泉和长期保持国际竞争力的重要因素。随着经济全球化和我国加入 WTO 后国际教育服务的加强，双语教学成为培养创新型法学人才的必然要求。双语授课已经成为本科评估的重要内容。2002 年教育部颁布的《普通高等学校本科教学工作水平评估方案》将双语教学作为重要考核指标列入《普通高等学校本科教学工作水平评估指标体系》；2004 年《普通高等学校本科教学工作水平评估方案（试行）》中又进一步提出，用双语授课课程指采用了外文教材，并且外语授课课时达到该课程课时的50%及以上的课程（外语课除外）；双语授课比例在适宜的专业特别是生物技术、信息技术、金融、法律专业中应不少于10%。

双语课程建设不仅是本科教学的一部分，更是研究生教学与科研必须强调的建设项目。无论从哪个视角，作为研究生课程的国际经济法进行双语建设都是必需的。但是，基于教师结构等因素，目前法律系法学研究生的双语课程建设不受重视。本课题旨在为这一问题进行适度突破和示范。

通过“课程思政”实现“三全育人”的几点体会

赵承寿[1]

摘要：本文结合法理学、西方法律思想史和金融法的教学实践，总结了如何在课堂教学过程中贯彻“三全育人”教育理念，把专业课教学与思想政治教育结合起来，坚定学生对中国特色社会主义道路自信、理论自信、文化自信、制度自信方面的教学心得。

关键词：三全育人；课程思政；立德树人

“三全育人”是以习近平新时代中国特色社会主义思想为指导，坚持和加强党对高校的全面领导，紧紧围绕立德树人的根本任务，以理想信念教育为核心，以社会主义核心价值观为引领，全面提高人才培养质量的关键。

为了落实“三全育人”的教育理念，近年来结合学校的实际情况，在教学和立德树人的过程中，主要从以下三个方面进行一些探索。首先是在课程教学环节，坚持贯彻“课程思政”的方针，把专业课教学与思想政治教育结合起来，以理想信念为导向，提高教学质量。其次，结合学院推进实施本科生导师制，加强与所指导的本科生的日常交流，了解学生的思想状态，引导他们树立正确的人生观、价值观、世界观。最后，积极参与学生社团活动，结合学生的兴趣爱好，从特定角度引导学生深入了解社会，深刻反思人生，培养学生健全的人格。

作为一名法学教师，本人主要承担了本科生法理学、西方法律思想史

---

[1] 赵承寿（1965—），男，法学博士，北京联合大学应用文理学院教授。主要研究方向：法理学和金融法的教学与研究。

和金融法学的专业课教学任务，下面主要谈谈在这几门课的教学过程中贯彻“课程思政”的几点体会。

一、在法理学课程教学中贯彻“课程思政”的体会

法理学是法学专业的一门基础课程，既是法学专业学生接触最早的一门专业必修课，同时也是一门培养法科学生公平正义观念的理想信念课，在教学过程中贯彻“课程思政”原则，对于学生掌握中国特色社会主义法治的基本理论，树立正确的法律观，热爱法律职业，敬畏法律，崇尚法治，培养学生维护社会公平正义的社会责任意识和担当方面具有重要意义。

在法理学课程中贯彻“课程思政”，首先需要有一套与中国特色社会主义法治理论相适应的法理学教材。由于种种原因，我国目前绝大多数的《法理学》教材，基本上都是以西方的法律制度为基础，按照西方的法治观念编写的，与我国社会主义法治理论和法治实践的契合度还有较大差距。

党的十八届四中全会提出了我国全面推进依法治国的总目标，指出中国特色社会主义道路、理论体系、制度是全面推进依法治国的根本遵循。中国特色的社会主义法治必须从我国基本国情出发，汲取中华法律文化精华，借鉴国外法治有益经验，但决不照搬外国法治理念和模式。在《中共中央关于坚持和完善中国特色社会主义制度　推进国家治理体系和治理能力现代化若干重大问题的决定》中，再次强调必须坚定不移走中国特色社会主义法治道路，坚持法治国家、法治政府、法治社会一体建设。这既是依法治国的总目标，也是我国当前法理学课程教学的根本指导思想。

为了在法理学课程教学中贯彻落实这些重大原则，我们在教材方面进行了更新，采用了“马克思主义理论研究和建设工程”法理学编写组编写的《法理学》重点教材，同时又根据教学的实际需要，在教学中大量增加了传统法律文化的相关内容，专章讲授“中国社会主义法理学的文化基础”，以弥补现有《法理学》教科书在吸取中华法律文化精华方面不足的缺憾。通过这些“课程思政”措施，不仅强化了法理学的本土化特色，增强了法理学的传统法律文化底蕴，更重要的是增强了学生的法律文化自信和道路自信。

二、在西方法律思想史课程教学过程中贯彻“课程思政”的体会

西方法律思想史是一门主要以西方法治观念和法治思想的产生、发展和流变为研究对象的学科，有助于培养学生深厚的法律人文素养和学术宽容精神。在课程教学中贯彻“课程思政”，有助于引导学生学会从人类文明发展的角度审视人类社会的法律文化，学会尊重历史，尊重文化传统，以历史主义的态度，对现代法律生活、法律文明进行深入地反思与检讨，增强对中国特色社会主义法律制度优越性的认识。

在西方法律思想的发展过程中，孟德斯鸠的法律思想及其“三权分立”理论对西方政治法律制度具有重要影响。在《论法的精神》这本书中，孟德斯鸠对三权分立理论进行了全面的系统阐述，自此以后，分权制衡几乎成了天条。那么，如何正确认识习近平总书记关于“把权力关在制度的笼子里”的相关论述？如何看待我国的人民代表大会制度的优越性？这是当代大学生必须在思想上解决的重大认识问题，特别是对法学专业的学生来讲，这更是宪法学的一个根本核心问题，也关系到对中国特色社会主义的理论自信、道路自信、制度自信的领悟问题。

为了贯彻“课程思政”的原则，在西方法律思想史课程的课堂教学中，一方面，我们对孟德斯鸠的“三权分立”理论及其影响进行了全面介绍，对西方“分权制衡”的相关理论和制度实践进行了全面评析，从西方政治文明的发源地古希腊的民主制度和专制制度的历史起源，到古罗马共和制的特点，以及孟德斯鸠分权制衡理论，美国等西方国家分权制衡宪政制度的实践和历史文化背景进行了全面梳理，分析指出一个民族、一个国家的政治制度和国家治理体系，是与一个国家和民族的历史发展和文化基础分不开的。不同的历史发展道路，不同的文化基础，必然要选择不同的政治制度，没有“放之四海而皆准”的“标准”政治体制和宪政制度，只有特定历史条件下适合特定文化基础的特定国家的政治法律制度。同时，我们通过组织课堂讨论，结合中国的实际情况，分析指出，中国的人民代表大会制度，以及中国共产党领导下的多党合作的民主协商制度是最适合中国社会特点的政治制度，这是中华民族的历史选择，也是现阶段最符合人民群众发展利益的政治制度，引导学生正确认识我国人民代表大会制度的历史必然性和优越性，包括这种政

治体系在国家治理体系和治理能力现代化中的重要意义。

三、在金融法课程教学中贯彻“课程思政”的体会

金融法课程以我国现行的金融法规为依据，结合金融企业的法律实务，有重点地介绍我国金融行业的法律法规及其基本内容。从“课程思政”的角度来看，这门课程的教学需要使学生了解中国的金融体系，特别是新时期我国金融市场的特殊性，坚定学生对中国经济体制和金融市场改革的理论自信、道路自信、制度自信。

金融业的发展有一个基本规律，古今中外，金融法律制度鲜有是按照某种既定理论进行设计建构的结果，通常都是在金融机构追求利益最大化与保障金融体系安全之间，围绕基于公共利益的金融监管与金融机构基于利益最大化的法律规避之间展开博弈的结果。这点在现代金融业最具代表性的美国和英国表现得最为明显。华尔街也好，伦敦金融城也罢，金融业的发展史就是一部在金融机构追求利益最大化的过程中引发一系列严重的经济动荡后，为维护公共利益，通过政府监管对金融行业进行矫治的结果。1929—1933 年经济大萧条后罗斯福新政时期的系列金融立法、2008 年国际金融危机后的华尔街改革法案，以及英国的历次金融立法变革莫不如是。金融法的历史不是某种金融理论自我演化的历史，相反，整个金融理论和金融法律制度只不过是解决金融现实问题和处理金融危机的经验总结。

我国金融法律体系的发展完善也遵循着同样的规律。改革开放后，我国的金融体系已经发生了巨大变化，特别是 2008 年国际金融危机之后，以金融创新、互联网金融为代表的科技金融和以沙箱监管为代表的监管科技得到了快速发展，金融市场、金融监管法以及传统的金融业和监管模式已经发生了根本性的变化，从原理到业务模式，包括风险控制和合规管理，都需要金融法进行理论创新、制度创新，否则，难以适应科技金融与监管科技所引发的现代金融业的革命性变革。只有基于这一出发点，学生们才能真正了解我国新时期金融市场的特殊性，真正理解我国金融体系的各项改革措施的精神实质，深刻领会保护金融消费者权益对现代金融业的重要意义，坚定学生对中国特色社会主义市场经济和改革开放的理论自信、文化自信、道路自信、制度自信，增强使命感，高标准地履行职业操守，维护金融市场秩序。

师生共话“思政”课题 教学同谱“育人”篇章

闫煦萌　刘慧勇[1]

摘要：在当前全党全国深入学习习近平新时代中国特色社会主义思想的大背景下，全国各高校积极贯彻落实“三全育人”工作，落实立德树人的根本任务，大力推进各项综合改革。北京联合大学在实践中将课程思政建设作为学校落实立德树人根本任务的全面性和基础性工作，全面落实党的十九大关于“加强师德师风建设，培养高素质教师队伍”的号召，推动教学改革，旨在全面提高学校教学质量，培养更多高素质人才。文章从教师的理想信念、思想修养、德育责任等方面着眼，以期达到深入推进课程思政建设和更好推进“三全育人”的目的。

关键词：三全育人；立德树人；思想政治教育；师德师风建设

近年来，经济水平和科学技术的提高对思想政治教育提出了更高的要求，教育部不断出台相关政策，旨在加强高校学生的思想政治素养，将思想政治教育与高校教学相结合，让学生在学习知识的同时提高自身政治素养与思想道德。党的十八大以来，党中央对教育事业特别是培养社会主义建设者和接班人高度重视。党的十八大报告提出把立德树人作为教育的根本任务。在全国高校思想政治工作会议上，习近平总书记指出，要坚持把立德树人作为中心环节，把思想政治工作贯穿教育教学全过程，实现全程育人、全方位育人，努力开创我国高等教育事业发展新局面。党的十九大报告进一步提出了“落

[1] 闫煦萌（2001—），女，安徽合肥人，2019级法律系本科生，法学1901B团支书。刘慧勇（1976—），男，山西阳泉人，硕士，法律系教师，法律系研究生党支部书记。

实立德树人根本任务”的要求。北京联合大学以立德树人统领各项工作，以党的建设为根本保证，将课程思政作为根本性举措。近几年来，联大的教师动起来了，学校课堂活起来了，学校重视思政，教师和学生人人谈思政，学校的向心力、凝聚力不断增加，学校立德树人的氛围更加浓郁。本文以师生对话的方式，以青年学生和一线教师的视角，共同探讨高校关于思想政治教育工作与“三全育人”的相关话题。

一、不忘初心，方得始终

笔者与刘慧勇老师做了简单的交流，并聊起了刘老师之所以选择成为一名光荣的人民教师的缘由，刘老师向笔者娓娓道来。刘老师说道，其实教师一直是他心目中所向往的一份职业，成为一名教师并不是偶然。他的母亲曾经是一名小学教师，母亲的言传身教对幼年的他有很大影响，所以自小时候他便有想成为人民教师的愿望。后来，又如愿以偿地考上了研究生，毕业的时候找工作，经过应聘、面试和试讲等环节，顺利地进入北京联合大学任教。其实，来到北京联合大学教书不仅仅是因为自身对教师的向往，还有很大原因是被联大这种浓郁的人文关怀气息所吸引。记得刚来联大的时候，负责面试的人事处老师非常朴实和蔼，这让刚大学毕业的刘老师一下子觉得非常暖心，对在联大的生活充满了期待，就这样成了北京联合大学的一名教师。刘老师说在他的心中，最能代表教师这份职业的词语恐怕就是奉献，因为教师这份职业本身就有它自身的特殊性，教师是人类灵魂的工程师，是人类文明的传承者，承载着传播知识、传播思想、传播真理，塑造灵魂、塑造新人的时代重任。教师的责任正如古人的那句话——“传道授业解惑也”，非常喜欢司马迁在《史记》中所说的“桃李不言，下自成蹊”，这句话不正是教师最好的写照吗？呕心沥血、无私奉献地给学生们铺就成长的道路，努力为国家培养人才，“春蚕到死丝方尽，蜡炬成灰泪始干”。一个国家的希望是在青年人身上，而我们教师的责任，就是让这些希望的种子茁壮地成长。说到这里，笔者不禁想为老师点赞，刘老师在幼年就明确自己的目标，并始终怀抱着一颗对教师职业的热忱之心。

作为一名始终在一线岗位的教师，刘老师说，首先，他一直非常推崇著名的教育家陶行知先生的教育理念：学高为师，身正为范。陶行知先生这句话说的是作为一名教师，必须专业知识、业务能力过硬，技能熟练，以身作则，才能对学生产生积极作用。只有教师自身拥有丰富的知识，学识渊博，才能够为学生传道授业解惑。同时，只有行为端正的人才能成为典范。这是在提醒教师只有不断地致力于自我教育时，才能教育好别人，而在敢于担当培养一个人的任务以前，自己就必须是一个值得推崇的模范。其次，刘老师在对学生授课时也非常注重培养学生们的爱国情怀与社会责任感，正如习近平总书记所说，“我们要培养社会主义事业的建设者和接班人”，有了国才有家才有了我们这样的个体，刘老师常常对学生说，无论身在哪里，做什么事情，首先要考虑的是国家与社会，要为国家与社会服务，不忘初心，砥砺前行。最后一点，就是要做到与学生换位思考。如今的教育环境和以前大不相同，社会大环境日新月异，同样地，教育方式也要适当地做出改变，当与学生交流时，刘老师经常尝试着站在孩子们的角度去思考问题，想着如果自己是一个学生，会怎样做，然后在学生遇到问题时，竭尽所能，告诉他们作为老师的想法与建议，尽最大可能去帮助他们。

二、携手推进，三全育人

（一）高校学科教育与思政教育的协同配合相得益彰

进入新时代以来，思想政治教育不仅仅是高校德育的任务，更是高校培养德智体美劳全面发展的学生的必要条件，刘老师作为一线教师，对高校教学工作与思想政治教育的协同作用更是有话语权。刘老师说，在高校教学工作中大力推进思想政治教育，其本质仍然是在围绕“立德树人”这一根本任务。我们作为高校教师，探索课程思政，将思想政治教育渗入具体学科体系中，让二者自然融合，从而大大提高了学生的接受程度。随着经济全球化的发展以及网络信息技术的迅速发展，大学生的学习和生活环境都有了很大程度的改变。大学生还处在一个思想不够成熟、社会经验不够丰富的阶段，若想立足于竞争日益激烈的社会中，就要求高校能够进一步提升学生的思想政治素养，可以说，学校现在积极推进课程思政建设，是完善“三全育人”的重要方面，在一定程度上为日后学生步入社会打基础。“人无德不立，国无德不兴。”在学校，学生们认真学习，不断地完善和丰富自身知识储备，同时接受思想政治教育，提高自身素养与政治觉悟，锻炼自身，提高能力，这为将来步入社会打下了坚实的基础。所以说，高校学科教育与思想政治教育这二者是同等重要的，也是在相互协同下共同促进学生的成长与进步的。

（二）高校学子自身应做到全方面协调发展

“三全育人”中的“全员育人”这一点本身就包含自我教育的内容，自我管理与自我教育更是很好地体现了社会主义核心价值观导向，高校学生如何有效进行自我管理与自我教育的问题成为学生与家长越来越关注的问题。刘老师对此做出了翔实的回应，“三全育人”的内涵随着时间的不断完善、丰富，在时间、空间、对象等方面上都有一定的发展，党的十九大上又将“三全育人”发展到了一个新的高度，它多角度、多维度地揭示了当今时代背景下高校应该如何做到对学生进行有效的管理和教育，全方面地培养人才。

作为新时代下的高校学生，想要高效地进行自我管理与自我教育，笔者认为应该做到以下两点。第一，积极参与学校实践活动。高校为学生提供了更大、更广阔的平台，学生也有了更多的机会看到更大的世界，学生应多参与实践活动，在活动中完善自己，锻炼自己，提高自己的思想政治觉悟。第二，要学会自律。进入大学，许多同学觉得轻松了，自由了，就放松了对自己的要求，得过且过，这种思想是要不得的！进入了大学，没有家长、教师时时刻刻跟在后面督促了，这个时候，学生更多靠的是自己，应该自己约束自己，自己管理好自己的生活作息，更好地适应大学生活。在大学期间学会自我管理，以后步入社会有非常大的优势，因为如果一个人自我要求严格并且自我管理得当，那么他对于环境的适应性是非常强的，就会比不知道自我约束的同学表现得更加出色，能够更好更快地适应社会。所以，在认真学习的前提下积极参加实践活动，并且学会自我约束，这是每一个刚步入大学的同学的一门必修课。

三、亦师亦友，一路同行

刘老师作为一线教师，同时也作为“三全育人”的践行者，在工作中遇到挑战是在所难免的，刘老师说过：挑战总是有的，重要的是解决问题的方法。其实，在落实工作中有一个令人比较头疼的问题就是现在的学生都很有自己的想法，每个孩子都很有个性，从教育的角度来说，大大增加了管理难度，也就增加了我们进行思想政治教育的难度。有的学生对思想政治教育的认识不够充分与全面，所以他就不太愿意配合我们开展工作，开展活动时找各种理由请假。还有的学生对待思想政治教育工作非常随意，觉得不是什么大事，态度不端正，这些思想都是不对的。我们对有这种思想的学生都非常重视，要坚持以学生为本，一切为了学生，为学生们服务，采取适当的交流去感化学生，从而起到教育的作用，让学生真正克服改正自己的消极错误思想，真正认识到思想政治教育在个人成长中所起到的重要作用。

除此之外，刘老师对教师和学生之间的关系非常重视，在他看来，教师与学生之间最好的相处模式概括起来就是八个字“亦师亦友，教学相长”。教师与学生之间不仅仅是师生关系，也可以是朋友关系，可以平等身份一起进行学术探讨，教师不仅仅是简单地传授知识，也可以学生之间进行心与心的交流和讨论，学生可以从与老师的沟通中学到知识，增长见识，教师也可以更客观地找出自己的不足之处，互相尊重，一起进步，共同成长。

最后，刘老师对2019级大学一年级的同学寄语，作为学生，想要提高自身的政治素养和思想觉悟，要做到以下四点。第一，树立终身学习的意识。大学生活，摆在首位的仍然是学习，“活到老，学到老”，知识是没有尽头的，只有不断地汲取新知识，才能不断地提高自己。第二，积极参加公益活动，参加志愿服务。大学生活中，大学生一定要重视培养自身的奉献意识，我们每一个人在社会中存在的意义，不仅仅是为了实现自我价值，更重要的是实现社会价值。当我们讨论到一个人的价值时，判断他是否具有价值的标准就是看他的社会价值，就是看他对社会的贡献大小，奉献精神是我们每一个人所必须具有的，更应该成为每一个大学生的价值追求。第三，严格要求自己，积极分子积极参加共青团组织培训，党员积极参加党组织培训，向党组织靠拢，提高自身思想觉悟，要树立共产主义远大理想和中国特色社会主义共同理想，在思想上、政治上、行动上始终与党中央保持高度一致，自觉维护党中央的权威，个人更要努力学习、争做表率，不断发展完善自己，为今后的成才打下坚实的基础。前不久，刘老师给每个研究生党员和入党积极分子订购了一本《平凡的世界》作为学习读物，他个人非常欣赏里面的一段话，并把这段话发在了自己的朋友圈里，在这里分享给咱们大一的同学：当然，他们如此拼命，是因为生活突然充满了巨大的希望。有了希望，人就会产生激情，并且可以义无反顾地为之而付出代价；在这样的过程中，才能真正体会到人生的意义。什么是人生？人生就是永不休止的奋斗！只有选定了目标并在自己的奋斗中感到了自己的努力没有虚掷，这样的生活才是充实的，精神也会永远年轻！以此共勉！

两个多小时的对话很快就过去了，让人感觉意犹未尽，作为一名大一新生，与刘慧勇老师的对话令笔者受益颇多。目前，“课程思政”和“三全育人”正在北京联合大学不断演奏出最强音。立德树人的基本任务，需要广大师生的共同努力！我们作为新时代新青年，更应充分发挥自身的主观能动性，提高自身的思想政治素养，努力增长才干，用自己的实际行动助力中华民族的伟大复兴梦！

科研育人

学术诚信育人的初步探索与思考

郭娅丽 [1]

摘要：三全育人“大学习、大讨论、大落实”活动中，学术诚信育人是重要内容和途径之一。以学生科研立项、参与教师科研项目、毕业论文等为抓手，采取师徒式指导，以同辈教育为中心的学术诚信教育，包含着学术诚信理念教育、学术诚信价值教育、学术信任感教育、学术公平正义感教育、学术敬畏感教育等。学术诚信教育应建立榜样机制、督促机制、激励机制、惩罚机制，对学生的诚信教育将具有良好效果。

关键词：学术诚信；内容；路径；机制

2019年伊始，因为一句“知网是什么东西”，演员翟天临陷入一场对个人、导师和学校影响深远的舆论事件，他的整个求学生涯被扒，后网友又爆出他学术不端、博士论文造假，研究生期间没有发表论文等问题。该事件最终的处理结果不仅影响到他个人、导师和所在学校，甚至对国内研究生论文乃至整个学术圈的诚信问题产生了重大影响。

诚信是我国传统文化中一个基本的道德观念和道德原则。从文字上讲，“诚信”是由“诚”“信”两字所组成的一个合成词。《说文解字》卷三上：“信，诚也。”“诚，信也。”诚、信两字都有诚实不欺之义，可以互训。二者的区别在于，“信”略重于处理人际关系的践履一面；“诚”则着眼于反身自成的人性实现和人的本真存在之完成一面。在“诚信”这一概念中，二者互证互成，表现出一种诚内形外、内外一体的整体意义结构。《荀子·不

---

[1] 郭娅丽（1969—），女，民商法学博士，北京联合大学应用文理学院法律系教授。主要研究方向：企业法、民间金融法等。

苟》中说："君子养心，莫善于诚。至诚则无它事矣，唯仁之为守，唯义之为行。"意思是说，培养个人的品德，最主要的是个人的真诚，要诚心诚意地对待每一个人或每一件事。

对于新时代的大学生来说，诚信尤其学术诚信是其未来进入社会的立身之本，因而学术诚信教育也成为培养德智体美劳全面发展的社会主义建设者和接班人的首要任务。高等学校需要从多个层面、多个角度重视大学生诚信品质的培养，学术诚信教育是不可缺少的一环。从事学术活动的过程是学生自我教育、自我监督、自我升华的过程，通过这一途径有意识地引导学生以同辈教育为中心，建立学术诚信育人机制，培养学生诚信做人的品质，在当前"三全育人"建设过程中，对持续提升立德树人成效具有非常重要的意义。

一、学术诚信育人的内涵

（一）学术诚信的基本内涵

学术是指系统专门的学问，也是学习知识的一种，泛指高等教育和研究，是对存在物及其规律的学科化。既然是对客观事物及其规律的研究与学习，学术活动就需要秉承求真、求实的作风，必须切切实实地基于对世界的观察、对逻辑的思考和对问题的求索，发展新知识、新理论和新技术，从而指导人类的社会生产与现实生活。这个过程中，决不能容许发生为了某些眼前的、局部的或个人的利益而伪造、篡改、抄袭、侵占等学术不端行为，必须遵守学术诚信，发扬优秀学术文化，传承人类学术文明。

学术诚信是人类一般道德规范在学术活动中的具体体现，它与学术事业的内在特征有关，并随着学术本身的发展和学术与社会关系的变迁而不断充实和丰富。就学术诚信的本真含义看，主要有两层含义：学术行为主体对待科学要讲求"诚"，对待其他研究者及其劳动成果要讲求"信"。学术诚信的"诚"，是指学术行为主体要真诚、真实、不自欺、不欺心，强调内心的自我道德修养和操守，要做到"诚"，那就要求真，追求真理，尊重客观事实，不媚俗、不空谈、不编造数据、不捏造事实。学术诚信的"信"，主要是指学术行为主体对其他研究者及其科研成果要讲求信用、信誉。研究者之间要互相信任、互相学习、团结合作、共同进步，不能搞学术垄断和学术霸权，也不能互相猜忌。要尊重他人的劳动成果，引用了他人的观点和资料，就要标明出处，这也是对读者的尊重和讲求信用、信誉。诚实守信是学术行为主体最基本的科学素养和最重要的学术行为准则。

（二）学术诚信育人的基本内涵

学术诚信育人是指通过学生参加学术活动，学习学术研究方法，培育学术诚信理念，内化为学生诚实信用品格的教育过程。简单说，就是培养学生学术诚信的教育过程。学术诚信不是小节，不是可有可无，不是吹毛求疵。学术诚信代表了一个人最根本的品德和人格，代表了一个求学为学的人之最初的动机和目标。大学生的学术诚信教育，既保障了学术环境的公正严明，又保障了其作为社会主义建设者和接班人的基本道德修养，意义重大，不可不为。

关于学术诚信教育的意义，我们可以借鉴普林斯顿大学的做法。普林斯顿大学经过 100 多年的发展，是美国最著名的常春藤联盟校之一，享有极高的学术声誉。其在学术研究和教学方面的成就与其悠久而富有特色的院校传统密不可分。其中，对学术诚信的严格遵从和因此而创设并不断完善的学术规范管理制度堪称其院校传统中的精髓。普林斯顿大学的学术章程《前言》中写道：普林斯顿大学是一个知识分子的社区……我们承诺，你将能表达自己的观点而丝毫不必担心他人窃取此观点的原创性。你也必须承诺，你所出示的文字、数据、观点肯定是你自己所原创的。对原创性学术成果的声称权，是与大学的生命具有相同重要性的个人对自我财产的所有权……我们中的所有人——从新生到饱学的教授都应遵守学术诚信道德，将学术成果归之于原创者。

二、大学生中存在的学术诚信问题

（一）学术诚信的表现

一般而言，学术诚信主要表现在以下方面：

第一，学术行为主体要对研究的准确真实性负责。学术研究中需要大量的信息资料，需要应用相应的研究方法执行完整的研究过程，需要产出研究成果、得到研究结论。这些环节和要素都要确保其真实性，不夸大、不缩小、不歪曲、不篡改、不抄袭、不偷懒，真正做到严谨认真、实事求是。

第二，对文献引证的真实准确性负责。美国芝加哥大学的利普森教授写了一本学术规范的论著——《正确引用》，专门讲述了引用的各种规范，其中包括：无论你是否同意他人的著作和思想，当你运用他人的话时，你就必须使用引号和引注，从而使你的表述令人信服；当你要把你分析、叙述和得出结论的基础材料介绍给读者时，你就必须使用引号和引注；当你要引导读者查找你所引用的资料而有利于他们自己的检查时，你就必须使用引号和引注，他们可能有兴趣来确认你的作品和成果，或者向你的研究提出挑战或者只是为了对你的研究做更深的研究。真正的学者，都会出于尊重他人的劳动、尊重自己的研究、尊重读者的时间，全面、规范、认真地把引证做好，决不会将他人贡献据为己有。

第三，对署名的准确真实性负责。学术成果如论文、获奖等的署名，代表着每个参与人的贡献大小，也显示了责任强弱，必须真实反映成果形成过程中的劳动和角色。署名要实事求是，署名的排序应经过合作者同意，未参与者不得署名，不得故意遗漏具备署名资格的合作者。

第四，信守约定和承诺。学术活动一般要基于某种个体或集体之间的合作、协作，既有一般意义上的学术交流，也有比较严格的契约合作。学术约定和承诺存在于学术交流和合作的多个方面、多个阶段，形式表现也较为多样。无论何种交流合作，学术主体都应当遵守约定、信守承诺、履行合同，不可为了一己之私而丧失了个人品格，失去了个人声誉。

（二）大学生学术诚信存在的问题

学术诚信的问题，一般归于学术不端行为。学术不端行为是指违反学术规范、学术道德的行为，国际上一般用来指捏造数据（fabrication）、篡改数据（falsification）和剽窃（plagiarism）三种行为。但是一稿多投、侵占学术成果、伪造学术履历等行为也可包括进去。

在我国，大学生属于初涉学术的群体，学术不端行为较其他学术群体来说有着一定的特殊性。对于大多数还不能完全独立地完成科学研究的学生来说，其日常的作业和课堂行为成为学术不端的易发、高发领域。一份调查显示，明确有学术不端意识或者潜意识中想要参与学术造假活动以及曾有过学术不端行为的大学生占了将近 80%。对于高校制定的针对学术不端行为的各项惩戒措施，有 11% 的学生表示非常了解，有 53% 的学生表示一般了解，有 36%

的学生表示略有耳闻和毫不知情。可见，大学生学术诚信问题既表现为作业、论文等方面的直接不端问题，也表现为大学学术诚信教育的不到位、不充分的问题。

三、学术诚信育人的路径

深化高等教育中的学术诚信培养，避免学生的学术不端，可遵循以下路径：

（一）建立学术诚信制度

首先，应建立教师学术诚信制度。俗话说，正人先正己。习近平总书记在视察北大时指出：要坚持教育者先受教育，让教师更好地担当起学生健康成长的指导者和引路人。很难想象有学术不端行为的教师能够教出学术诚信的学生。因此，必须建立教师学术诚信制度，明确其适用范围、适用情形、奖励制度和惩罚制度，对于实践中存在的学术失信行为必须坚决处理并公之于众。建立风清气正的教师学术环境，这个过程本身就是对大学生学术诚信教育的重要体现。

其次，应建立并执行有效的大学生学术诚信制度。大学生已经是成年人，已经能够为自己的行为负责，包括学术诚信或不端行为。同时，大学生又处于走上社会之前的诚信养成关键时期。大学生的学术诚信制度，既着眼于学术不端的惩戒，更着眼于学术诚信的培养。学生是学术诚信的利益相关者，在制度制定过程中，对学术不端行为的界定、处理程序、处理类别和申诉办法等应进行充分广泛讨论，便于制度得到良好执行。

（二）学术诚信素质养成

诚信制度的执行体现了行为结果的负责制。大学生学术诚信应该在培养过程中立于心、成于行，通过细致的机制设计和行为指导，从根源上坚定大学生学术诚信的信念，建立起学术诚信的行为模式，外化于学术诚信的成果形式。

教师指导学生参与学术研究活动，全过程进行相应的学术诚信教育。

（1）自主组建团队——学术诚信理念教育。以导师制和教师承担的科研项目为抓手，吸收有兴趣的学生参与，选择感兴趣的相关课题作为毕业论文或实务专题、实培项目、校级和市级启明星计划项目等。这个阶段对学生要进行正直诚实的学术诚信理念教育，灌输学术研究的基本方法、遵循的基本理念。

（2）组长经验传授——学术诚信价值教育。以自主形成的团队小组为中心，确定组长，从前期的资料收集、问题聚焦、开题报告撰写到研究计划制订与实施，教师参与小组讨论，对学术研究过程按照学术规范进行点拨与指正。这个阶段要开展学术诚信价值教育，让学生理解学术诚信对个人品格形成的重要意义。

（3）过程监控实施——学术信任感教育。团队要有合作分工计划，成员之间分工合作，以在学术研究过程中的独创性劳动为标准，既尊重单独作品作者的著作权，对合作作品的合作作者著作权也应予以尊重。教师有意识地引导和正确评价，对学生相互之间、师生之间进行学术信任感教育。

（4）答辩双向回避——学术公平正义感教育。毕业论文或项目答辩采取学生与教师的双向回避制度，坚持公开、公平、公正原则，有争议的成果要经过公开答辩，确实做到事实清楚，证据确凿，类似于“办成铁案”。目标是向学生传达一种职业理念，内化为个体的职业信仰，外化于自己的职业行为之中。回避制度的建立和实施可以向学生传递学术公平正义感的教育目标。

（5）成果多方评价——学术敬畏感教育。从事学术活动形成的成果要经过多方评价：自我评价、同学评价、教师评价。同学评价既包括了团队内部的同学对论文的评价，又是建立在其他团队的同学的各种评价基础之上，相对来说更为客观。教师评价是指在最后进行总结性评价，目的是培养学生善始善终、知其然并知其所以然的做事习惯，实现育人目标的回归。这个过程实质是一种学术敬畏感教育。

（三）同辈协同下的诚信教育

大学生活有时存在师生关系疏远、同辈关系相对紧密的特点，那么就可以毕业论文、学生科研立项、参与教师科研项目为抓手，采取师徒式指导，以同辈教育为中心展开学术诚信教育。同辈教育是指由年龄、兴趣、爱好、态度、价值观等方面相对趋同的大学生形成关系密切的非正式群体，在教师指导下，在完成特定任务过程中，发挥团队合作与个体竞争的双重功能，形成团队成员共同尊崇的价值观和行为导向的一种教育模式。该模式尊重了同辈群体的平等性，强调了群体内成员的互动性，突出了团体中典型人物的示范引领功能，利于在合作中形成较强的团队凝聚力。以同辈教育为中心的学术诚信教育，贯穿于本科教育的全过程，具有三方面的育人功能。

第一，弥补了专业课程教学中教师育人功能的不足。充分发挥杰出同辈的引领作用，通过教师引导、学生互动强化传帮带，以教师个体的学术诚信行为带动学生，实现知识传授、方法引导与育人功能的统一。

第二，弥补了大班教学强调共性教育、忽视个性化教育的不足。同辈学习以团队为基本组织形式，个体之间优势互补、协同学习，在学术活动中为每个人个性优势的发挥提供充足空间和机会，达到同辈同学相互认同、相互学习、个体提高的目的。

第三，弥补了学校专业课程教育与职业伦理教育之间衔接的缺失。团队学习能够有效提升职业伦理，通过完成特定任务期间的合作，以教师言传身教完成特定的科研任务，掌握了大胆探索、小心求证的学术方法，研究过程中形成互相教育、共同提升的诚信氛围。

四、学术诚信教育的主要机制

学术诚信教育需要全方位、全过程贯彻，建立有效的实施机制，才能收到良好的效果。具体包括：

（一）榜样机制——教师以身作则，扎实做好科研工作

从学生入学开始，以学生自主选择为前提，以教师承担科研项目为依托，以学生毕业论文、人文北京、科技立项等为抓手，以研究生培养与本科生培养相结合，树立教师和学生诚信学术的榜样。

（二）督促机制——被动的查重检测，督促学生及时纠正

教师主持高级别科研项目在一定程度上反映出教师具有较高的科研水平和科研能力，也反映出教师具有严谨的学术研究方法和态度，教师必须有意识地对学生进行及时的监督指正，这是学术诚信教育的方法和载体。

（三）激励机制——吸收优秀成果出版，有效激励学生诚信做人

从事学术研究有助于学生清醒认知，磨炼其耐性，教师的言传身教有助于激发学生学习潜能，恰当的激励有利于培养学生诚信做人的品格。如2012级六位同学参与教师课题，以《北京市典当行经营的法律风险调研报告》为实务专题项目，在大兴、通州、密云、海淀等地实地调查走访了五十余家典当行，完成了调研报告，并收录到正式出版的《普惠金融理念下典当融资理论与实践探讨》著作中，学生表示这一成果是对自己本科学术训练的忠实记录，同时从中学到的扎实做事、诚信做人的品格将受益终身。

（四）惩罚机制——明确学术不端惩戒，有效杜绝侥幸行为

大学生学术诚信虽然以教育为主，但适当的挫折教育和惩戒惩罚可以进一步强化责任担当，既能够挽救个体，又能从反面对多数学生产生警示作用。因此，应当在日常的教学过程中强化诚信教育的理念，在课堂、作业和讨论等过程中明确诚信的评价和评分，在论文和报告中强调学术规范，在考试中杜绝作弊、抄袭，并明示学术不端的个体责任制度，最终直至学位、学历层面的惩罚。

五、学术诚信育人的展望

强调全员、全程、全方位的“三全育人”，对学术诚信教育提出了更高的要求。“诚信”立德、“学术”树人，学术诚信成为人才培养的核心和关键。学术诚信教育蕴含着严谨、踏实、信任、敬畏等诸多理念和内涵，大学生进行学术活动有效改变了教师课堂上的单一灌输知识传授模式，在学术研究过程中有效融入了教师运用知识解决问题的情感、意志和方法。同时，科研活动一般不局限于课堂，学生对教师的认知和知识评判更加具象和丰富，师生之间的交流更为开放和坦然，实现了心灵沟通，形成对知识的认同感，从中体会教师的人格魅力，不失为大学生诚信教育的重要途径。教师的学术诚信是重要的示范，学校应进一步完善学术诚信制度，并将其切实付诸实施。

参考资料

[1] 郭洁，郭宁.美国传统名校是怎样捍卫学术诚信的：普林斯顿大学本科生学术规范管

理制度评述［J］. 比较教育研究，2008（7）：76-80.
［2］岳云强. 学术诚信、学术不端与学术规范：关于高校学术道德建设若干问题的思考［J］. 北京化工大学学报：社科版，2014（2）：72-77.
［3］卜永强，等. 大学生学术诚信教育调查与思考［J］. 赤峰学院学报：汉文哲学社会科学版，2019（6）：127-129.

以特色学位点建设为抓手，培育高素质法律硕士人才

王　平　李倩茹❶

摘要：“三全育人”是高校立德树人、培养社会主义事业接班人和建设者的工作机制和实现路径。我校在持续推动法律硕士学位点建设中，将专业能力培养与“三全育人”有机融合，以课程教学和专业实践为核心，通过对学生的全员、全程、全方位的培养，提升人才培养质效，实现育人目标。“三全育人”还处于试点阶段，学位点建设也在继续探索和实践中前行，法律硕士人才培养质效也在发展中完善和提升。

关键词：“三全育人”；学位点建设；实践；成效

为全面贯彻落实习近平新时代中国特色社会主义思想和党的十九大精神，进一步推动全国高校思想政治工作会议和中共中央、国务院《关于加强和改进新形势下高校思想政治工作的意见》精神落地生根，全面实施《高校思想政治工作质量提升工程实施纲要》，大力提升高校思想政治工作质量，教育部制定发布《“三全育人”综合改革试点工作建设要求和管理办法（试行）》。作为人才培养基层单位的院系，我们对照建设标准（试行）的指标体系，努力做好各方面工作。在硕士研究生培养方面，我们秉持“全员全程全方位”育人的方针，立德树人，以学位点建设为抓手，积极探索实践，以理想信念教育为核心，以社会主义核心价值观为引领，以全面提高人才培养能力为关

❶ 王平（1970—），北京联合大学应用文理学院教授，法律系党支部书记、主任。主要研究领域：经济法、财税法、法理学。李倩茹（1979—），法学博士，北京联合大学应用文理学院讲师，法律系党支部副书记。主要研究方向：物权法、社区治理法治。

键，培养社会主义法治事业高级人才。

一、我校法律硕士学位点概况

北京联合大学法律硕士学位点依托本校的法学本科专业、市级重点建设的经济法学科，自2014年获批招收培养法律硕士的资格，目前已招收5届学生、3届学生已毕业，2018年通过教育部法律硕士点建设专项评估。根据上级规定和学校的实际情况，院系充分发挥现有师资和学科专业以及社会资源，开展学位点建设，培养符合社会需求的复合型高级法律人才。

现有本系专任教师18人、校内系外教师近10人，均来自国内外著名大学，其中教授10人、副教授5人，90%为“双师”型教师。我校为首都高校卓越法治人才培养联盟首批成员单位，建有首都法治研究中心[1]、法律援助研究与服务中心等教学科研平台。北京市法学会金融与财税法学研究会[2]挂靠在我校，由法律系承担研究会主要日常工作，已连续举办十届“首都金融与财税法论坛”，在学界和业界具有较强的影响力。

二、探索并凸显特设的学位点建设实践

学位点建设，是一个“承前启后”的持续过程，在学科专业建设基础上，结合新时期法治发展和师资及人才培养的实际，持续探索实践，形成自身的特色和优势，并不断发展、完善。

（一）目标定位与培养领域

我校法律硕士培养目标定位为：以“学以致用，实践育人”为理念，面向首都、面向基层、面向行业，紧密结合国家、北京社会经济发展需要，培养掌握基本法学理论和法律知识，具有较强的解决法律实务问题的能力，能够承担法律职业、企业法务、社区治理法务、知识产权法务等实务工作，具有良好职业素养的高层次、复合应用型法律人才。

---

[1] 该中心肇始于北京联合大学经济法研究所，其前身为1988年11月成立的北京大学分校经济法研究所，先后更名为“北京联合大学应用文理学院经济法研究所”“北京联合大学经济法研究所”“首都法治研究中心”，刘隆亨教授担任首任所长，现任主任为杨积堂教授。

[2] 研究会是北京市法学会成立较早的研究会，首任会长为刘隆亨教授，现任会长为北京财贸职业学院校长杨宜教授。

基于我校法律硕士培养的目标定位，发挥本校学科优势，设置了符合国家和北京市社会经济发展对法律职业人才需求的三个培养方向，一定程度上弥补了相关领域专门法律人才培养的欠缺，并以课程体系和专业实习实践予以落实。三个培养方向为：（1）企业法务。发挥我校多年来以经济法、财税法、金融法、公司企业法为主体的经济法学科优势，着重培养学生企业法务综合能力，并以合同法实务、公司企业法实务、税法实务、金融法实务等课程予以实现。（2）社区治理法务。充分发挥我校与北京市委社工委合作成立了“社会建设研究院”的平台优势，着重培养学生从事社区治理综合法律实务能力，并以社区治理法务、劳动和社会保障法、婚姻家庭法实务、非诉纠纷解决机制等课程予以实现。（3）知识产权法务。充分发挥我校北土城校区比邻国家知识产权局、地处中关村核心区域的区位优势和我校“首都知识产权研究与教育中心”的平台优势，着重培养学生在商标专利规划、管理、服务等方面的高水平综合法律业务能力，并以知识产权法、商标专利代理文书写作、商标专利案例分析等课程予以实现。

（二）以课程建设为基础，夯实人才培养基础，凸显专业特色

课程设置与教学实施，是人才培养的基础性工作，也是凸显学位点水平与特色的重要衡量因素。本校法律硕士研究生课程设置体现了合规性与校本特色相结合、实践性突出的特点。

一是理论课程设置体现高层次和特色课程相结合。根据全国法律硕士教育教学指导委员会的要求和我校人才培养目标定位，开设法理学、中国法制史、宪法、民法学、刑法学、刑事诉讼法、民事诉讼法、行政法与行政诉讼法、经济法、国际法共10门必修课，商法、国际经济法、国际私法、知识产权法、环境资源法、法律职业伦理、法律方法共7门推荐选修课以及前文所述的各培养方向自主设置的课程。这充分体现了我们既注重法学专业知识的传授，又注重法律专业核心能力的培养，还着力提升学生国际化水平，更是体现了对学生学习思考和运用法律的方法及职业伦理的养成，课程标准对培养高层次复合型的法律人才起到了最基本的保障作用。

二是实践课程设置体现数量多、专业细化的特点。开设法律文书、法律谈判、商标专利代理文书写作、商标专利案例分析、职业模拟训练、法律实践课6门课程。此外，民事诉讼法、刑事诉讼法、法律方法、法律职业伦理

以及合同法实务、金融法实务、税法实务、婚姻家庭法实务等课程也包含大量实务训练的内容。课程实务训练分类细化程度高，法律文书、法律谈判、模拟法庭、职业模拟训练、法律实践课为所有培养方向学生必修课。其中，职业模拟训练则根据培养方向不同，训练内容有所差别，有开展民事模拟法庭的，有模拟企业法务人员、商标专利代理人、社区管理人员等不同的职业群体开展训练活动的；商标专利代理文书写作、商标专利案例分析主要为知识产权法务方向的训练；法律实践课也包括到法院、检察院、律师事务所、企业、知识产权专业公司、社区、政府机关等各类实务单位实习实践。

三是多样化的教学方法。坚持理论联系实际，综合采取多种方法和手段提升学生专业实践能力。其一是案例教学法，每一门课程均采取案例教学法，课堂互动交流，有的课程安排学生进行案例分析展示。其二是学生自主学习，任课教师或者导师布置学习任务，学生自主能动地学习，利用课程微信群等交流互动，提高学习效率。其三是角色模拟、情景教学法，通过模拟合同谈判与订立、模拟法庭、模拟社区管理、模拟商标注册等方式，直观体验不同的工作场景和工作内容，训练法律实践中的谈判、演说、临场反应能力。其四是参与法律实践，承担民事诉讼法、刑事诉讼法课程的校外导师带领学生参与到案件代理与辩护的准备工作，还有的课程是教师带领学生参与公证实务、基层法院速裁调解等。

（三）内联外引，建设包括专任教师与实务专家的师资队伍

本校法律硕士学位点主要依托于法律系，专任教师大多在法律系，我们通过内联外引的方式，加强师资队伍建设。内联是指全面联合本校其他学院、部门的法学教师和研究人员，组建包括11名教授（研究员）、9名副教授（副研究员）为主的专任师资团队（其中21人有博士学位）[1]，其中“双师型”教师占到90%以上。外引是指以校外人才培养基地为依托，聘请基地的律师、法官、企业高管实务专家等为兼职教师，有的专家还担任校外导师，来承担课程教学和人才培养任务。如此，本学位点建成了一支既有深厚的理论功底，也有相当丰富的实践经验的校内专任教师和有着丰富实务经验的资深实务专家相结合的优秀师资队伍，为研究生人才培养奠定了良好基础。

---

[1] 由于人员的流动，数据也处于变动之中，但师资队伍基本稳定。

（四）培养过程中的特色工作

在研究生培养过程中，经过几年的探索和实践，逐渐摸索出一些有特色、可供推广传播的做法，对于培养符合新时代要求的高水平法治人才起到了很好的建设作用。

1. 人才培养链条向前延伸，推行“预培养”

我们将人才培养向前延伸至考生接受录取阶段，对于已经接受本校录取的学生，根据学生的实际情况针对性地予以学习建议和指导。对于非法本的学生，向其提供建议书单、帮助其通过阅读补充法学专业知识；对于法本的学生，未通过法律职业资格考试的，督促并指导其强化复习，争取通过考试，通过考试有实习需求的，我们会根据情况予以恰当处理。采取这样的“预培养”方式，使得学生的目标更明确，学业规划更清晰，对学校也更亲近，我们对入学后的学生采取小规模精心培养，取得了很好的效果，也受到学生的欢迎和肯定，在读学生在向拟报考学生推介说我校学位点“就读体验非常好”。

2. 制度上实行“双导师”制和事实上的“师门”制

根据全国法律硕士教育教学指导委员会的要求，法律硕士培养过程应当采取“双导师”制。我们严格执行此项制度，为每一名学生配备了校内专任教师和校外实务专家同时作为导师，对学生进行从理论到实务、从校内学习到校外实践、从基本道德遵守到职业伦理养成、从学校到社会的全方位立体培养，有利于培养真正符合社会主义法治实践需要的高层次人才。

在培养过程中，基于导师的个性化人才培养工作的持续开展，以导师个人为核心自发地形成“师门”，使得同一导师指导的高低年级的学生们有“归属感”，方便导师培养意图的持续性实现，为导师个性化育人创造了条件，也有利于这部分学生实现“传帮带”的自我成长，甚至还向下延伸作用至导师基于本科生导师制所负责的本科学生，并吸引这部分本科生报考本校法律硕士研究生。

3. 党建引领、课程思政，将学生党建工作与人才培养紧密结合

“培养什么样的人、如何培养人以及为谁培养人”，这是人才培养的立场问题、根本问题，是解决培养社会主义事业建设者和接班人的关键所在。坚持党建引领，立德树人，全面推进课程思政，做到门门课程有思政，探索推

进专业思政，积极推进“三全育人”，在我校已经蔚然成风。在研究生培养过程中，我们始终以此为指导和根本遵循，坚持党建引领，将学生党建工作与人才培养紧密结合。通过党建“红色 1+1”、日常组织活动、主题党日活动等，将学习党的理论和政策与专业服务相结合，为所在社区、结对党支部提供专业咨询服务；深度探访红色遗迹，在思想上接受再洗礼，筑牢宗旨意识，更加努力地学习专业知识、提升专业能力。在党建活动中，注重对非党员学生的带动和影响。通过发挥党支部的战斗堡垒作用和党员学生的模范先锋作用，带动并影响非党员学生；通过一些专业性强、参与性强的党建活动，辐射、吸引非党员学生参与。如此，在严格并创新党建工作的同时，提升党建工作效率，带动研究生团体共同进步。

4. 实务专家授课或者讲座，全程参与培养工作

我校聘请的校外实务专家，都能根据聘任协议的约定和自身实际情况，以各种方式积极参加人才培养。有两位律师专家，自 2015 年来持续给学生们全程开课，并指导学生实习和学位论文，深受学生们喜爱，有学生毕业后就跟着律师专家去了律师事务所就业。有的法官专家以开讲座、指导学生实习、参加毕业论文答辩、为学位点实践基地提供建设方案等方式，帮助学位点建设，助力研究生培养。

5. 吸收学生参与学位点建设工作，助力学生成长

自招生以来，我们申请运营“BUU 法硕”微信公众号，记录和见证学位点的发展，更是见证学生的成长进步。该公众号运营建设以研究生为主体，从最初的简单信息记录，发展到多板块、新闻性与学术性并重，成为学位点的建设阵地。通过公众号运营建设工作，一方面是学生了解参与学位点工作，使其一定程度上了解大学的运行和建设，以便对职业活动形成初步的认知，有利于学生成长。另一方面，虽然公众号的操作性工作主要由学生来完成，但公众号每一期内容大多由系里教师提供，并由系里主管领导和教师严格把关。因而，公众号的运营，有赖于师生之间的紧密互动，系领导和教师对公众号文章的思想内容、意识形态把关以及对工作的严肃认真态度，这些对学生也是一个潜移默化的引导和培育，由此有利于学生感知正能量，自觉地形成积极向上的正确的人生态度。此外，学生参与公众号运营建设，也有利于学生增长见识，在教师、同学们的优秀事迹鼓舞下加快成长，在就业市场上具有一定的优势。

6. 充分利用学术平台和学术资源，培养学生学术能力

专业硕士研究生的培养，要重视专业实务能力的培养，也要重视学生能力的培养。只有具有一定学术能力的法律硕士研究生，才能把专业性很强的法律实务工作做好，其发展才具有持续性。我校法学学科专业建有如下学术平台：北京市级重点建设学科——经济法学，北京市法学会金融与财税法学研究会，首都法治研究中心（北京联合大学金砖国家法律研究中心）等，并向所有学生开放。研究生在导师的带领下，充分利用这些学术平台，参与学科建设、课题研究、学术论坛、课题调研等，得到了很好的学术锻炼，也提升了学术研究能力。

此外，我们还充分利用学校的地理位置优势，鼓励学生积极参加海淀区特别是学院路各著名高校的学术活动，广交学术同道，共同进步。

7. 构建“学校 + 律所 + 法院”的专业实践育人模式

积极探索、创新，以卓越法律人才培养为目标，形成了“学校 + 律所 + 法院”的法律人才培养模式。以校外人才培养基地建设为基础，以联合律师事务所共同参与法院诉前调解工作和应用性学术活动为抓手，创造条件让学生积极参与法律实践和学术训练，着力培养学生法律应用能力和综合素质。我们带领研究生和北京宏健仁和律师事务所共同参与延庆区人民法院（两家单位均为我校法律硕士的实践基地）诉前调解工作，以专业而又柔性的方式化解纠纷、减轻法院诉累，参与的学生得到了很好的锻炼。各律师事务所、人民法院的实务专家以授课、讲座、指导学生论文等方式参与法律硕士的培养，接收法律硕士实习实践，积极支持我校法律硕士的培养。搭建学生自己的学术平台，连续举办“法律硕士学术研讨会”，引导学生做好应用性学术研究，在律师、法官等行业导师与专任教师的共同指导下，精进学业、提升水平。

8. 拓展对外交流合作，提升人才培养国际化水平

新时代对人才的国际化素养要求越来越高，我们在多年的国际化办学基础上进一步开拓，以多种方式和途径满足学生需求，计有来自俄罗斯、我国台湾、美国、英国等地区的大学与我们开展学术交流和人才培养合作。其中，俄罗斯国立乌拉尔法律大学是我们多年的合作伙伴，对方每年都有专家来访，给研究生上课、开讲座，2018 年开始，每年暑期我校都派出学生到对方大学学习、交流；我国台湾地区的高雄大学法学院、“中央警官大学”、桃园市宏

典律师事务所等均有专家来访，给学生授课，并可接收研究生访学和实践；英国博尔顿大学是近年来与我们紧密合作的高校，除了接收本科生申请攻读法律专业硕士学位之外，也接待了我们的研究生做短期交流访问。此外，我校还出台了系列鼓励、支持学生出国交流的政策，资助符合条件的出国访学项目。

三、人才培育成效

突出自身特色，加强建设学位点，最终目的在于培养具有社会主义核心价值观、法律职业伦理、较高法律专业能力的高素质法律人才。

1. 学生三观正、法律职业伦理意识强

无论是在校就读的学生，还是已经毕业的学生，法律人身上特有的追求真理、捍卫正义的特质，都能在他们身上显现。对于专业问题、社会问题，他们大都能够从党的理论、法律制度的角度，进行理性地讨论和分析，不偏激、不盲从。研究生党支部工作也起到很好的带动辐射作用，也有一个发展过程。由于本校各学位点的研究生规模都不大，法律硕士研究生支部 2016 年成立之初，只有 3 名党员，工作局面很难打开；随着学生党员的增加，党建活动更加规范、丰富，党支部建设成效也日益体现，所申报建设的“红色 1+1”项目建设验收时被评为 2019 年度校级优秀项目，也带动了整个研究生团体的思想政治建设。同时，通过课程学习、双导师指导以及专业实践，学生们形成了正确的三观，培养并锻炼了法律职业伦理，为他们走上法律职业道路打下了坚实的思想基础。

2. 专业知识和实践能力得到较大提升

通过“预培养”及入学教育，学生们学业规划意识明显增强，特别是一些非法本的学生，入学后的专业知识和能力比复试时有较大幅度的提升，对于规划司法考试（法律职业资格考试）有非常明确的安排，证明学生们能够充分利用春季复试录取到秋季入学这段时间进行学业提升；进而，对入学后与导师一起规划学业安排时更加自主，内在动力更强，因而执行力也更强。

按照人才培养方案规定，法律硕士研究生有 6 个月的实习实践时间，我们对学生严格要求，并拓展、建设大量的校外人才培养基地，供学生实习实践。在“学校 + 律所 + 法院”的专业实践育人模式下，更是有针对性地要求学生参与人民法院的诉前调解工作，以此为工作着力点，充分了解诉讼案件所涉的相关法律实务，了解法院的工作内容与工作模式、律师事务所的工作内容与工作模式，通过当事人的诉求了解认识社会现实。学生们还参加导师、指导律师安排的其他工作，好多学生能够在导师指导下处理一些法律实务。这为学生毕业走上工作岗位、从事法律实务工作打下了很好的专业基础。

3. 学生养成了较强的科研意识，科研能力得到了锻炼

法律硕士虽然是专业型的学位，更加突出强调专业实践能力的培养和锻炼，但是，要做好法律实务工作，没有深厚的专业理论功底和专业研究能力，还是有欠缺的。因而，我们一方面强化学生专业实践能力的锻炼，另一方面注重对学生进行科研训练。通过课程论文、学生自己的“法律硕士研究生论坛”、我校“首都金融财税法论坛”之青年论坛、海淀区特别是学院路各大学学术讲座与论坛、学科竞赛、导师课题研究、论文写作与发表等学术活动，学生的科研意识有了提升，科研能力有了提高。一些新入学的学生不知何为科研，经过两年或者三年的训练，学生们基本都能够发表学术论文，完成导师指定的课题研究任务，能在学术论坛侃侃而谈，发表自己的学术观点，与他人辩论交流学术问题。

4. 形成一定的就业优势和较好的职业发展基础

我校法律硕士研究生规模小，具有两面性，一方面欠缺规模效应，难以实现招收更多优秀学生予以培养的愿望；另一方面，我们可以有条件对学生进行“二对一”的精心培养，即校内外两位导师培养一名研究生。绝大部分学生三观正，政治素质和法律职业伦理意识强；形象端正干练，善于沟通交流、打开工作局面；谦虚勤奋，善于学习，吃苦耐劳，有扎实的专业知识和理论，职业发展基础和潜力较好；工作中踏实肯干，专业能力强，团结协作，团队合作成效明显；综合能力强，除了法律职业能力之外，因为运营过公众号，具备单位党建文宣工作所需的多项技能，很受用人单位欢迎。从近年来我校法律硕士研究生就业及其发展来看，主要分布在律师事务所、人民法院、人民检察院、事业单位、国有企业等，从事法律职业或者法务、管理工作。我们对用人单位进行回访，都对毕业生们表示较高的满意度，他们的职业发展也很顺利，有的单位希望继续招用我们的毕业生。

5. 学生们对学位点、对老师们感情深厚

同样是因为我们学位点的学生人数少，无论是专业培养，还是日常管理，我们都是“精耕细作”，细心呵护。除了院校管理外，我们在系里组建了由系

主任、学科带头人、分管副主任、支部副书记、班主任、教学秘书、支部书记为成员的管理和服务团队，加上学生导师、任课教师，基本上是举全系之力在培养这 40 来个研究生。因此，学生们能享受到其他好多学校法律硕士研究生所无法企及的“博士生待遇”，所有教师对学生情况基本上知根知底，教师们对他们既严管又厚爱，学生们都说我们学位点、法律系是一个有深度有温度的集体，学生们对我们的感情非常深厚。毕业生经常向学弟学妹推荐实习机会、就业机会，也时常回学校参加活动，一直同教师们保持着非常亲密的关系。教师们也从中获得欣慰和成就感、幸福感，如此良性发展，推动学位点继续向前发展，培养更多高素质的法律硕士人才。

四、结语

学位点建设是一个长期持续的过程，随着时代发展，国家对高素质法律人才的需求也越来越大，要求越来越高，这是我们工作的压力和动力。尽管我们做了上述的探索和实践，也取得了一些成绩，但离学生的期待还有距离，与社会的要求相比还有欠缺，我们自身也存在诸如师资队伍规模小、高水平师资和教学科研成果还不足等问题，这正是我们将来工作努力的方向。希望通过我们不断的努力，能够将我们的学位点建设成为特色更加鲜明、人才培养水平更高的专业学位点，让学生更满意，为社会培养更多高素质法律人才，在立德树人、三全育人方面有更多建树。

参考资料

[1] 马荣夏，向东，唐永忠. 法律硕士素质教育模式探究［J］. 湖北经济学院学报：人文社会科学版，2019（5）：114–116，119.

[2] 董娟，赵威. 从法律人才到法治人才：法律硕士培养目标的新转变［J］. 学位与研究生教育，2019（5）：21–27.

[3] 殷娜，郭建平. 论法律职业伦理教育在法律硕士培养中的作用［J］. 高教论坛，2019（4）：116–118.

[4] 王志勇，何洪奇. 新时代法律硕士思想政治教育与培养管理研究［J］. 教育观察，2019（10）：52–54.

科研反哺教学的探索与实践
——以法学学科专业为例

王　平　李玉红❶

摘要：教学与科研，是现代大学最基础的两项工作，二者既有区别、又有联系，既相融合、又相冲突，但在人才培养这个目标之下，二者又是相辅相成的关系。近年来，法学学科科研反哺教学主要体现在促进培养方案修正专业特色定位、促进专业课程体系建设与完善、提升课堂教学效果、提高学生第二课堂质效等方面。实践中存在科研反哺教学基础不平衡、教师认识有偏差以及学生的接受度不足等问题，可以通过加强研讨和沟通，帮助教师提升科研质效、提高认识，积极主动实践科研反哺教学，帮助学生做好学业规划，积极参与法律实践，在实践中养成探索、创新的科研意识，提升学习质效。

关键词：学科；科研；法学；科研反哺教学

现代大学，有人才培养、科学研究、服务社会、传承知识四大使命，其中最为根本的是人才培养。在这个快速发展、多元需求的新时代，大学如何培养适应乃至引领社会发展的高级人才？作为承担人才培养主体责任的大学教师，如何将教学与科研、人才培养与自身发展的“矛盾”转化为相互促进、并驾齐驱的发展动力？学生如何养成科研的意识，运用科研意识做好学业规划，提高大学生活的“获得感”？带着这些问题，笔者结合所在的法学学科专业近年来的探索与实践，拟对科研反哺教学进行研究，期待与同仁交流互动。

---

❶ 王平（1970—），女，北京联合大学应用文理学院教授，法律系党支部书记、主任；主要研究领域：经济法、财税法、法理学。李玉红，北京联合大学应用文理学院法律系讲师。

一、科研与教学关系的一般理论

科研与教学，连同学科与专业，是大学教师每天都要面对的问题，二者也是“相爱相杀”的“亲密冤家”。在人才培养体系中，二者相辅相成，所谓“学科专业一体化、教学科研两手抓”。为此，有必要厘清两者的关系，探讨科研反哺教学的一般意义。

（一）厘清专业与学科、教学与科研两对关系范畴及相关问题

1. 专业与学科

一般而言，专业主要是指本科专业，重在人才培养，基于人才培养目标，培养单位通过一系列课程设置和教学实施，达到专业人才培养规格，其输出的“产品”是符合社会需求的某一领域 / 专业的毕业生。专业建设主要围绕专业定位、培养目标、课程体系、课程建设、教材建设、教学计划及实施、实验教学、教学研究、教学方法与手段、教学管理制度等开展，其主要目的在于提升人才培养质效和专业发展水平。学科指学术的分类，亦即相对独立的知识体系，学科重在知识、理论的研究，并输出相应的研究成果，同时也产生新的研究方法。学科建设重在队伍 / 梯队建设、课题研究、社会服务和研究生培养。

二者的区别有二：一是目标不一样，专业是以满足职业和社会分工需求为主要目的，在于输出合格的人才，学科是以探索某一知识体系中的人类未知领域为目的，主要输出知识和理论（体系）；二是建设内容亦不同，前文已有表述，不再赘述。但是，二者又是紧密联系、相互支撑的。

首先，学科建设支撑专业发展。专业注重关注社会需求，学科关注未知领域，专业师资一般都是以院系为代表的实体组织，而学科则不一定，可能分散于学校的不同院系。以我校法学为例，应用文理学院的法律系为专业师资组织，而法学学科成员则散见于应用文理学院、商务学院、管理学院、生化学院等学院以及人民代表大会研究所、台湾问题研究院等研究机构。最终，通过法学专业的课程教学将学科和专业联系起来。学科研究、学科建设输出的知识成果成为专业课程的主要内容，成为教学的基础，并广泛应用于教学过程。通过专业这个纽带，学科成为人才培养、科学研究和社会服务、知识传承的具体承担者，也实现了科学研究的价值，支撑了专业发展。

其次，专业需求反作用于学科建设。专业体现着社会分工和社会需求，能够反映社会的职业需求，并将这种需求通过课程予以体现，进而反馈给学科，刺激、引领学科对新的知识予以探索，并形成新的成果运用于专业教学。例如，近年来，娱乐业的发展及其规范与保障的需要，要求法律人才在“娱乐法”方面有较强的积累和应用能力，但在我们的专业教育中并无“娱乐法”这门课程，相关知识和制度散见于经济法、公司企业法、合同法、财税法、商法等课程中。这样的需求，可以引领学科做更深入的探索，建成娱乐法这门课也不是不可以的。诸如此类的某行业或者某领域对专业的需求，可以拓展学科建设的新空间、探索学科研究的新方法，促进法学学科的“领域法学”的新发展❶。

2. 教学与科研

如果说专业与学科是从教师团队与相对静态的角度来讲的话，教学与科研则是从教师个体与动态角度来说的。不管是专业与学科建设，还是教学与科研工作，实施主体都是教师，前一组范畴着重考察的是团队和整体建设成效，后一组范畴则重点关注教师个人在教学与科研方面的工作成效，当然，最终还都是要体现在人才培养上。教师是知识的传授者，也是知识的创造者，因而，教学、科研两个方面都要抓，二者相互融合、相互促进。钱伟长先生在20世纪80年代就提出，“你不上课，就不是老师；你不搞科研就不是好老师。教学是必要的要求，而不是充分的要求，充分的要求是科研”。

首先，教学是第一位的。大学以培养人才为第一要务和中心工作，这是其他任何社会组织都不具备的职能❷；作为大学教师，教学是第一位的工作，是最基本的职业活动，因而重视教学也是教师职业伦理的基本要求。当然，各大学对教师的岗位要求和考核制度，也基本反映这个要求❸。

其次，科研对教学意义重大。教师不是“知识的搬运工”，如果仅仅是单纯的知识传授，在资讯如此发达、课程学习渠道如此丰富的当下，完全可以忽略教学工作。但事实是，课堂教学依然不可取代，其根本原因在于教师

❶ 以前的“房地产法”“金融法”“财税法”，近年来兴起的“娱乐法”“网络法”“人工智能法”突破了一般的法学二级学科范畴，主要以行业或者领域的法律制度与理论为研究对象，属“领域法学”。

❷ 其他如科学研究、社会服务等，专门的研究机构、社会组织和企业也可以完成，唯有人才培养只有大学才能完成。

❸ 但也许正因为教学是教师最为基本的职业活动，很多大学对教师职称晋升设置了更加注重科研绩效的制度安排，一定程度上影响了教师对教学的投入，不得不说这是非常遗憾的导向。

教学中除了传授已有知识之外，最为主要的是创新知识，并随时保持课堂互动交流，学生在第一时间获得了这种新旧知识和思维的训练，这是其他学习方式和手段难以做到的。要做到这些，要求教师不间断地进行科学研究，并充分运用在教学活动中。唯其如此，教师对知识的把握才能更为准确、更能贴近现实需要、更具创新价值，教学更易做到“深入浅出”、有的放矢，更加有助于培养学生的创新意识和创新能力。

（二）科研反哺教学的一般意义

置于学科建设下的教师科研工作，一般情况下没有体系要求，由教师根据学科发展要求和自身实际情况“自由”地进行，更加关注学科发展中“点”的问题，研究内容比较灵活比较新颖，多含价值判断元素，对学科和专业建设都有超前的引领作用。作为专业建设关键环节的教学活动，则在一定的（课程）体系之下进行，有规范性要求，更加注重知识的传授和技能的培养，着重对应社会对人才的需求，具有适应性的特点。教师的科研工作，是教学的“源头活水”，教师充分重视科研、做好科研，将科研的成果、科研的思维与科研的方法恰当融入教学，做到“教学为要、科研为基”，促进教学效果，提升人才培养质效。作为典型的地方高校，我校教师基本上都是从事应用性科研工作，融入教学、反哺教学更是如鱼得水、恰如其分。

1. 科研工作引领专业建设新发展

社会瞬息万变，教师的科研工作对此必将有所体现，特别是对于我校从事应用型法学研究的教师而言，更是如此。比如，我系教师近年来从事的互联网消费者权益保护、农村土地拆迁中的农民权益保护、互联网金融监管问题、京津冀协同地方立法等主题研究，都充分体现了他们着眼于研究和解决社会发展实际问题的科研旨趣。每个专业都有各自的培养目标和培养规格[1]，并且在一定时期内保持稳定。社会对各专业人才的需求却是不断发展变化的，这些新变化和新要求必将对教师的教学产生影响。但囿于教学体系，很难对课程体系、课程内容做制度上的改变，此时，就可以将教师相关的科研工作运用于教学之中，从整体上反映社会的新需求和新要求，通过一定时间的积

[1] 2020 年 4 月，教育部陆续发布了各专业人才培养的国家标准，即专业国标，大学在人才培养中必须作为基本遵循。

累和沉淀，通过一定的程序，将其体现在培养方案、教学计划甚至是课程内容之中。如此循环往复，促进专业不断发展，以适应社会新需求。

2. 科研工作提升教师教学水平

教师有科研做支撑，课堂教学就会有“灵魂”，教师就不仅仅是在传授知识，也是在阐述观点[1]，传授方法。科研意识强、科研水平高的教师，对教学内容思考得更加深刻透彻，对知识的把握更为准确，教学更为得心应手、游刃有余，更有助于提升教学效果。积极开展科研工作，教师能够及时将最前沿的研究成果不断充实到课堂中，将原有课程知识与最新研究进行有机的衔接，弥补课程（内容）自身不能满足社会需求这个缺憾，也能够激发学生对新知识、新制度的学习热情。科研水平高的教师，他们的教研意识会很强，也会积极开展教研工作，申报教研项目、撰写教研论文，形成教研成果，推广教学经验，提升教学的社会效果。

3. 科研运用于教学有助于培养学生的创新意识和创新能力

加强科研工作，教师在其特定的专业领域成为具有原创性的思想者和研究者，对学生具有很强的感染力，激发学生发掘自身的科研素养，养成思考、探索的意识，培养适应社会发展需要和终身学习的毅力和能力。在教学中，科研水平高的学者型教师，他们思考问题的方式、严谨的科研态度和刻苦的钻研精神，对学生影响更加深远。教师将最新最前沿的科研成果和研究方法运用于教学，一方面激发学生对新知识、新制度的学习热情，另一方面也帮助学生获取隐藏在各种知识背后的智慧及其方法，激发和培养学生的创新意识和创新能力，有助于学生成长为创新型人才。

二、法学学科科研反哺教学的探索与实践

法学学科有北大分校法律系、人大第二分校法律系留下的深厚学科基础和浓厚的学术氛围，以经济法学市级重点建设学科为龙头，积极开拓，长期坚持搞好学科建设，教师们坚持教学、科研两手抓。从专业开办之初，法学专业就是一个社会需求大、深受广大高考学生和家长欢迎的专业；历经40年，在建设社会主义法治国家的当下，法学专业的社会需求量再度增加。多年来，我们在如何提高人才培养质量、增强毕业生的社会适应性方面做了大量工作，

[1] 钱伟长先生曾说过，教学没有科研做底蕴，就是没有观点的教育。

秉持"学科专业一体化、教学科研两手抓"的理念，积极推进科研反哺教学。

（一）促进培养方案修正专业特色定位

到2020年，法学专业本科办学40周年，培养方案、教学计划几经调整、修改，但无论时代如何变迁，法学本科专业培养方案、课程体系都以专业规格、社会需求和本学科专业实际为基础进行调整和完善。1996年经济法学学科成为市级重点建设学科，后北京市法学会金融财税法学研究会也挂靠在本学科专业，法学专业也是以经济法学科为重点支撑，发挥金融财税法的研究优势，后来又重点进行民商法（含知识产权法）学科建设。以此为基础，法学本科专业也基本上突出经济法（含金融财税法）、民商法（含知识产权法）以及普通法律职业三个领域的培养特色，培养了5000余名符合社会需求的法学本科毕业生，为国家法治建设做出了应有的贡献。

（二）促进专业课程体系建设与完善

专业培养目标和特色，最终需要以课程体系和课程教学内容予以落实。学科和教师开展的科研活动，为课程体系建设和课程内容的完善起到基础性作用。以经济法这个培养领域为例，我们开设了经济法、金融法、证券法、财税法、环境资源法等系列课程作为支撑来实现培养目标，这就充分发挥了本学科教师团队的科研优势。其中，经济法、财税法、金融法三门课程的开设与我校著名专家——刘隆亨教授作为这三个学科的（联合）奠基人是分不开的，刘教授也围绕这三门课程积极开展课程建设和教材建设，其中财税法为北京市精品课程，出版了不同版本的教材近30部，其中《中国财税法学》为北京市精品教材、《经济法学（第七版）》为北京市经典教材。在北京法律实务部门中，有许多不同年龄段的同志都说自己是读着刘教授的书成长的。现在，即使刘教授已经退休了，但他还是十分关心学科专业的发展。我们也在继续带领法律系经济法学学科团队开展科研工作、课程建设与教材编写工作，财税法[1]课程一直是我校法学专业的特色课程，就是源于多年来深厚的研究基础和与时俱进的科研精神。

---

[1] 据调研，许多学校是不开设财税法这门课的，主要原因是这门课难度大、要求高，也不是核心课程，由于这门课涉及国家治理、企业税务、个人税务等综合领域，如果不开这门课，对学生法学知识体系的构建是一大欠缺，对毕业生的职业发展也会产生一些影响。

（三）搞好科研可以提升课堂教学效果

科研对教学工作的促进作用，是不言而喻的。多年来，本学科的教师们在这方面做了大量的工作，也取得了较好的成绩。从操作层面上看，科研工作对教学的促进，可以从课题申报、申报成功后的课题推进、论文撰写等方面予以体现。以课题申报为例，课题内容可能会涉及教师自己非常熟悉的研究领域，也可能会涉及教师不是很熟悉的领域。课题申报，是一次知识整合、团队整合、梳理思维的过程，教师完全可以将其运用于教学之中。对于自己熟悉的知识领域也属于自己课程的内容，教师专研得更加精、深、新，对教学的促进，确信无疑。对于教师相对不熟悉但课题研究需要，也可能是他人课程的知识，教师要通过学习予以了解，将其部分运用于教学中，可以做到触类旁通、融会贯通，由精、专向博、广转换，打通知识间的“关节”，形成知识网络，有利于学生形成知识体系，帮助学生形成知识间的联系及其多种可能的意识，也更加有利于挖掘学生的学习潜能。这主要体现为知识的传授、创新和思维的训练。课题获批后的实施，则主要着眼于运用理论解决实际问题，因而，可以侧重对学生能力的培养。我系教师还从自己的研究项目中提炼出本科毕业论文题目，通过这种方式带动学生直接参与课题科研，更加锻炼了学生的思维、科研和解决问题的能力，效果非常明显。教师以法治建设中的某些新问题、热点问题为选题写作论文，同样能够较好地促进教学。例如，若要撰写有关环境保护税征管的论文，教师就得充分研究环境保护税制、税收征管制度以及调研环境保护税征管的特点与难点等，教师把这些准备工作以及论文成果分享到财税法课程教学工作中，学生对环境保护税及其征管问题的学习效果就非常好，而且学生也学到了调查研究的治学方法。

（四）提高学生第二课堂质效

第二课堂是培养学生应用能力、社会责任意识、综合素养的渠道和平台，第一、第二课堂共同作用，能够有效提升学生的法律应用能力和综合素质。本专业目前有四类第二课堂的实践平台：一是专业志愿服务团队，从 2011 年起，本专业陆续接受市政府机构、法学会等的委托，先后成立面向中小学生进行法制宣传的“青春船长”团队、首都大学生“保护知识产权志愿服务”团队、首都“青年普法志愿者”团队，积极开展各类专业志愿服务，成为政府部门和法学会组织的好帮手，学生能力也得到了很好的锻炼和提升。二是各类学科竞赛，有基础类的各级英语、计算机大赛/竞赛，有通用专业类从校级的“启明星”“创业大赛”到市级、国家级的“挑战杯”，有专属专业类的模拟法庭、模拟仲裁、法律文书竞赛等，激发了学生的积极性、创造性，开阔了视野，养成了团队意识，也提升了专业能力。三是党建和团建活动，学生的党建和团建工作，既要注重政治性、思想性，同时也要跟专业密切结合，党建和团建工作有抓手，落实效果更好。四是专业社会实践，这里特指教学计划之外学生主动开展的专业实习。法律的生命在于实践，本专业学生对此理解非常深刻，因而，绝大部分学生都能自主做好学业规划，充分利用寒暑假到法律实务部门（多数为本专业的校外人才培养基地）实习，都感到实习收获特别大，对自己后续的学习、职业安排具有积极的影响。

上述学生各类实践活动，都离不开教师全方位的指导，本专业教师也乐于积极参与对学生的指导。以竞赛为例，从吃透竞赛精神和规则、根据竞赛文件选题、组队，到论证选择方案、制作提交文件，再到模拟现场出庭/答辩等，都需要指导教师和竞赛团队有强烈的探索、研究及合作精神，能够准确把握学科专业和行业发展的前沿动态，因此，对教师的科研素养也有较高的要求。如此，对学生的指导效果更好，在上下年级之间也形成了很好的传导机制，形成第二课堂的整体效应。

三、科研反哺教学存在的问题及解决对策

科研反哺教学实质上是将科研的理念、思维、方法和成果具体运用于教学活动及第二课堂的指导，这应该是每一位教师长期坚持的常态工作，但是，在具体实践中，还是存在这样那样的问题，需要我们正视，方能发挥其在人才培养中应有的积极作用。

（一）科研反哺教学实践中存在的问题

其一，教师之间科研意识和水平有差距，科研反哺教学的基础不太均衡。教师队伍中，由于梯队差距、个人意愿与能力的不同，教师们的科研意识强弱、科研水平高低、科研成果丰俭等方面都存在差距，实践科研反哺教学的基础也不一样，因而，教学与课外指导也存在不同的风格和样态。其二，部分教师认识不到位，科研反哺教学的实践不够充分。还有部分教师，科研基

础非常好、成果较为丰富，但在反哺教学方面，还存在认识偏差，认为科研就是科研、教学就是教学，教学投入多了，会挤占做科研的时间和精力，将二者对立起来[1]。因而，反哺教学的意识和实践都不够充分，这是比较可惜的事。其三，学生参与第二课堂参差不齐，科研反哺教学的效率不够高。如前述，完整意义上的教学活动，除了课堂教学之外，第二课堂也是其中非常重要的一部分。法学专业的学生，教学计划内的课业负担相对其他专业来说已经比较重了，再加上还要参加法律职业资格考试、研究生入学考试等，一部分学生参加第二课堂的态度不够积极，致使教师指导的覆盖面不够广，实际上也影响了指导效率。

（二）提高认识、完善措施，提高科研反哺教学质效

其一，求同存异、加大科研投入，打好科研反哺教学的基础。对于非常重视教学投入的教师，要尊重其个性；对于科研意识强但在科研方面存在一定困难的教师，要积极完善科研激励措施，帮助其在科研工作中有所突破，增强科研信心，并引导其将科研成果用于教学。其二，加强研讨和交流，提高认识，引导教师积极实践科研反哺教学。对于认识偏差，固然有制度上的原因，也有部分教师可能是因为想做但又不得法，因此，制度层面外的问题，可以通过加强研讨和交流来改变并提高对科研反哺教学的认识，进而达到思想上认可、行动上践行的效果。其三，加强指导，引导学生平衡课内学习和课外实践的关系，实现法学理论和法律实践共同提高。法学专业学生课业负担重，这是不争的事实，但法律的生命力在于实践，因而，要加强指导，使学生认识法学理论学习和法律实践之间的互动关系，积极参与到第二课堂中，在实践中接受指导教师前沿、严谨的指导，在实践中养成探索、创新的科研意识，为进一步学习和实践打牢基础。

四、结语

教学与科研，是现代大学最基础的两项工作，二者既有区别、又有联系，既相融合、又相冲突，但在人才培养这个目标之下，二者又是相辅相成的关系。在人才培养要求教师在教学中投入更多、个人发展要求教师在科研中投

[1] 这样的认识，在大学里其实是比较普遍的，这跟大学对教师的评价考核机制有关。

入更多的一般认知悖论之下，大学和大学教师还是应该回归教学，就如同陈宝生部长在成都会议❶上说的，大学要“以本为本”，要将教学、人才培养工作放在大学和教师工作的首位。因而，继续探索和实践科研反哺教学，借此提升教学水平和人才培养质量意义更加重大，还有更长的路要走。

参考资料

[1] 李明堂，杨靖民，王维红，等. 环境类专业科研促进教学的必要性和实现途径分析[J]. 才智，2017(1).

[2] 方月善. 探析高校科研促进教学的有效途径[J]. 中国校外教育，2014(12).

[3] 张艳. 应用型人才培养模式下科研促进教学途径分析[J]. 吉林工程技术师范学院学报，2012(9).

[4] 李慈，徐云，蒋西明. 高校科研在促进本科教学质量中的作用和途径[J]. 内江科技，2011(11).

[5] 谢卫红. 科研促进教学的途径[J]. 中国电力教育，2007(4).

❶ 指2018年6月21日在成都召开的新时代全国高等学校本科教育工作会议。

育人成效

学生科研成果展示一：同性婚姻合法化的意义与挑战[1]

何炫萱[2]　白雨凡　孔惟瑜

摘要：随着社会发展越来越多元、包容，同性恋者对于身份的社会认同需求和关于权益保障的需求逐渐提高。同性婚姻在部分国家和地区已经被法律承认，在中国越来越多的社会学者和法学家们把目光聚焦在同性婚姻的法律问题上。本文将通过同性恋群体在中国的社会地位和权益保障情况调查的结果，提出同性婚姻的正当性问题，结合国外同性婚姻合法化的发展，分析中国同性婚姻的法律适用以及涉外同性婚姻的法律选择。

关键词：同性婚姻；同性伴侣；合法化；涉外婚姻

同性婚姻，区别于异性婚姻，是两个性别相同的自然人以亲密关系为基础、以共同生活为目的相互之间进行结合而形成的一种得到社会认可和法律保护的关系。在同性婚姻合法化的支持者看来，其也被视为婚姻平等或平等婚姻权的标志。历史上，“断袖之癖”“龙阳之好”“分桃之礼”等典故的记载，反映出同性恋者在中国早就存在，而从儒家思想的“克己复礼，为仁”来看，孔

---

[1] 本文为北京联合大学应用文理学院导师制下的本科生科研素养提升计划项目支持。课题名称：同性婚姻合法化的研究。

[2] 何炫萱（1999—），女，瑶族，广西南宁人，本科，北京联合大学应用文理学院法律系学生。曾担任院学生会女生部干事，荣获2017年“外研社杯”全国英语阅读大赛三等奖，学院第五届模拟法庭比赛一等奖，2017—2018年度及2018—2019年度校级学风建设先进个人，2018年全国大学生英语竞赛（NECCS）C类三等奖，2018年学校“读书达人”称号。

子不赞成同性恋婚姻。人们出于一种歧视的心理，认为同性恋破坏社会风气，不符合传统价值观。现今，中国改革开放40多年，经济发展已经进入深化改革阶段，而传统的封建伦理道德观念依旧根深蒂固，男女结合这种传统式的婚姻观念仍是大多数中国家长的定式思维。少数情况的同性恋者被当作反常态，同性婚姻被认为是对婚姻制度的不尊重和对基本道德的违背。同性合法婚姻的设立是对传统婚姻模式的一种创新和补充，体现了现代婚姻多元化的发展趋势，保护了同性恋人士的合法权益，具有重要的历史进步意义。

一、问题的提出

同性恋现象在社会上是一个“难言之隐”。不少同性恋者在日常生活中遭受到嘲讽和不公平对待，他们甚至被认为是有心理疾病。这种社会认知一度致使同性恋群体长期生活在阴霾之中。随着现代科学技术的发展，信息资源获取途径的便捷，同性恋作为性少数群体的代表越来越被人们所熟知，尤其获得了年青一代的关注。课题组进行了一次问卷调查，着眼于公众对同性恋群体的了解、认可和关心程度，以及公众对同性婚姻合法化的态度和意见。

（一）同性恋的社会地位和同性婚姻合法化调查

1. 调查问卷设计及回收情况

2018年10月22日至24日，课题组在微信社交网络发放1073份电子问卷，实际有效问卷收回率100%。与现有的文献资料相比，本问卷有两个特点，一是调研对象包括高校师生和其他对议题有兴趣的微信用户，主要是年龄为25周岁以下的大学本科生，男女比例为1∶6.6，女性居多。二是基本内容涉及人们对同性恋者的了解、对同性婚姻合法化趋势的态度、对同性婚姻的理解程度、对同性恋者维权的建议、对同性婚姻合法性的探讨，以及中国实现同性婚姻合法化的阻碍因素等问题。

2. 问卷调查结果描述

此次调查结果揭示出社会对同性婚姻截然不同的态度。其中68.87%的被调查者赞同中国同性婚姻合法化，6.34%的被调查者则对同性婚姻合法化不赞成，20.32%的被调查者不完全赞成，4.47%的被调查者对此无所谓。

对同性恋者及同性婚姻的态度，被调查者中的25周岁以下的年轻人超过半数都是积极且支持的。年青一代的观念更加开放，这与他们的受教育程度有关。全球化背景下，科技发展使得获取信息更便捷且不受地域限制，年轻人更易于接受新生事物，更加包容开放。年龄在40~55周岁之间的被调查者对待同性恋群体的看法大多消极、抵触，甚至带有偏见。受中国传统性观念的影响，他们认为同性之间产生爱恋甚至拥有婚姻都是有违道德伦理的。收集到的被调查者的开放性建议中，有一些极端反对同性恋群体的言论，譬如“怪胎”“反人类”“只有死的同性恋才是好的同性恋”“变态”“应该人道毁灭”；也有支持同性恋群体及其婚姻合法的积极言论，譬如“人生而平等”“爱不分性别”“每个人都有追求爱与幸福的权利”“爱没有什么不同”“反对歧视，尊重包容”。

社会调查显示出，虽然目前人们在对待同性恋问题上有更多元的观点，但同性恋者的社会生存状况并没有从根本上得到彻底地改善。同性恋者的社会权益只能适用法律给予保障。在社会上，媒体和创作者对同性恋文化的加工和解构，一方面使群众更加了解、理解同性恋者的生活，另一方面也难免使同性恋文化成为抓人眼球的获利工具和主观化的营销产品。在这个信息爆炸的网络时代，很多年轻人对同性恋可能都抱着一种浪漫的、时髦的心态，将同性恋现象作为一种离经叛道、与众不同的个性，他们通过各种方式观摩、交流甚至模仿，把同性恋现象置于一个理想化的神坛。这种理想化的认知造就了一定的认识落差，可能会在遭遇各种社会现实后转变成批评和排斥的态度。不管是营利还是追求个性，群众的复杂百态给推动合法化掺杂了不少不利动机。在一浪更比一浪高的“自由”的呼声当中，真诚维权的声音弥足珍贵。

（二）同性恋群体的权利保障

1. 政治因素对同性恋群体的影响

在推动同性婚姻合法化的过程中，要真正了解同性恋群体的需求，而不是过度消费他们的存在。美国总统竞选时曾利用妇女堕胎权作为政治噱头和拉票工具，那么推动同性婚姻合法化是否也会因其所具有的政治用途而失去它维权的初衷和目的？民主制度下不同的政治立场之间的斗争异常激烈，经过各种平权运动的争取，同性婚姻合法的权利更容易得到大众重视，经此美国全境已通过同性婚姻合法的法律文件，这表明政治宣传对同性恋群体维权又产生了积极影响。

2. 同性恋去罪化

中国在 1997 年的《刑法》修订当中就已经明确废除了发生在同性之间的“鸡奸罪”“流氓罪”等罪名，实现了中国的同性性行为的非罪化。[1]立法领域的这些举措为中国同性恋者创造了一个相对平和的环境。

3. 同性恋去病理化

经过时代的检验和修正，我们可以科学地认识到同性恋不是罪也不是病，2001 年出版的《中国精神障碍分类与诊断标准第 3 版（CCMD-3）》不再将同性恋视为一种精神疾病。

4. 推进同性婚姻合法化

尽管同性恋者作为国家公民，可以得到自身合法权益的保护，但在婚姻方面，由于法律规定的缺失，作为同性伴侣，他们无法享受婚姻适格主体的权利保障。因此，同性恋的去罪化和去病理化并不能满足同性恋者全部权益的保障需求，我们需要通过推进同性婚姻合法化进一步扩大对同性恋者权益的保护范围。

（三）社会保守观念的束缚

禁止同性婚姻是一种性取向歧视，同性恋者因为这种歧视而久居“深柜”之中。而法律对于同性婚姻相关问题的逃避，更会成为束缚同性恋者的“柜子”——心理和权利的双重束缚。由于得不到相应的尊重，同性恋者会把自己的真实感情隐蔽于心，迫于压力的同性恋者就很难公开性取向，即很难“出柜”。很多人选择“深柜”其中单身不婚，或选择同异性结婚，造成了男大当婚、女大当嫁的社会压力下同妻或者同夫的悲剧。思想保守和封建伦理道德观念成为阻碍同性恋者公开恋情的主要原因。为了让同性恋群体出现在大众视野，影视作品中腐向元素逐渐增多，其结果一方面让同性群体增加曝光度以寻求社会的了解和认同，但另一方面也可能激发部分人的恐同心理。

推动同性婚姻合法化意味着同性恋者需要得到进一步的社会认同。在中国，消极的自由思想和传统的伦理道德观念成为同性婚姻合法化的阻碍。君

[1]《中华人民共和国刑法（修订）》由 1997 年 3 月 14 日第八届全国人民代表大会第五次会议修订，1997 年 3 月 14 日中华人民共和国主席令第 83 号公布，自 1997 年 10 月 1 日起施行。

主专制的历史和封建传统给中国创造了一个并不理想的思想环境，活在传统思想中的中国人对同性婚姻的接受度并不高；问卷调研结果也显示出，仍有很大一部分民众对同性结合有根深蒂固的反感和排斥，有关同性婚姻自由的法律制定出来之后并不一定会被大众所接纳和遵循。虽然法律具有滞后性，但立法与民众意识之间也存在时间差，待民众意识普遍能够接受同性恋的时机成熟之后再立法，或是积极发挥先进立法对民众意识的引导功能，无疑是政策制定者和立法工作者需要考量的。

二、同性婚姻权利的正当性基础

（一）同性婚姻是公民基本权利保障的要求

1. 同性婚姻与自由权

《宪法》确认公民享有广泛的自由权。其中，人身自由、言论自由、居住自由、婚姻自由等，多项权利都指向“法无禁止即自由”的理念，同性恋者拥有自由选择性倾向和是否婚姻的权利。自由选择性倾向的权利和结婚权一样是私权，是不会因为个人性倾向而对他人权益产生消极影响的自由权利。同性恋者也不应该因传统“耻感文化”和革命禁欲主义余波的影响对“性自由”的诉求遭到指责，对婚姻自由的歌颂是同性恋群体作为公民应有的自由权。《婚姻法》第49条规定禁止破坏婚姻自由，自由的解释应当为意愿的自由，即自己能够决定缔结或解除婚姻，自己能依赖自己的意愿选择与谁缔结婚姻。《婚姻法》作为《宪法》的下位法将婚姻的缔结规定为男女两性的结合，不仅有违宪的嫌疑，也违背了人权理念。同性结合属于私人行为和隐私行为，是个人高度自治的领域，对于大众和他人的婚姻没有危害，不应该限制其自由缔结的权利。法律作为政治目的改革的有力工具，和政治是相辅相成的，但法律权利中的自由权不是达到更高的政治目的的工具。英国剑桥大学历史系教授阿克顿在《自由史论》（译林出版社，2001）书中解释说，自由本身就是最高的政治目的。

2. 同性婚姻与平等权

法律面前人人平等的宪政思想是自由、平等和人权的理念相结合的产物，为同性恋平权运动及其组织化提供了政治文化土壤和良好的社会环境。无论是《世界人权宣言》还是中国《宪法》都强调了人人享有平等权利，中国

《婚姻法》第二条规定：“实行婚姻自由一夫一妻、男女平等的婚姻制度；保护妇女、儿童和老人的合法权益。”同样是弱势群体中的一员，妇女、儿童可以得到法律的保护，同性恋者也不应该被剥夺平等对待的权利。

社会发展日新月异，在全球化的背景下，中国同性恋者的婚姻诉求和对平权的渴望比以往更为强烈。新旧交替，新事物终究取代旧事物，思想的束缚不能一直否定新事物的发展，“人类历史是争取人类平等的历史”。纵观世界发展史，无论在哪个方面，人类从未停止追求他们认为自己应有的平等权利：19世纪中叶俄国进行农奴制改革，解放农奴，恢复奴隶的人身自由，在当时成为发展趋势，世界上绝大多数国家和地区逐渐取消了奴隶制度，步入现代文明社会；英国工业革命时期，资本家对劳动者的剥削雇用使得贫穷的劳动者成为廉价劳动力，资本家的行为使大量劳工受到了严重不平等待遇，多少次工人起义都证明了劳动者在不断努力争取平权的实现，后来许多国家纷纷颁布了保护劳动者合法权益的法令；中国封建社会时期，集权制度下的封建剥削等级分明，大地主手里掌握了大量集中的土地，而穷苦、地位低贱的农民只能忍受繁重的赋税压迫，社会贫富差异日趋拉大，土地革命给农民带来了解放，基本消除了这种阶级矛盾。许多国家和地区，自古以来男性与女性的社会地位悬殊，男权主义受追捧，女人只能作为男人的附庸，而随着人们受教育程度和社会文明程度的普遍提升，“男女平权”运动兴起，越来越多的女性勇敢站出来维护女性的权益，推动了男女社会地位走向平等。推进同性婚姻合法化的进程符合人类对平权愿望的追求，故争取同性婚姻合法化属于争取人类平权的一部分。

（二）同性婚姻立法的可行性

1. 同性婚姻合法化具有宪法基础

《宪法》作为保障公民权利的根本大法，为同性恋者提供最基本也是最重要的法律保护，但是同性伴侣的婚姻诉求却没有在中国现行的《婚姻法》中体现出来，这是由于依据《宪法》制定的基本法的不完善和不健全。在不改变“国家尊重和保障人权”及“法律面前人人平等”的基本精神下，应当以宪法提供合理的法律基础，在法律层面上对同性婚姻给予肯定和公平正义的理解。

2. 同性婚姻合法化具有一定的社会基础

同性婚姻合法化的社会基础可以从两个方面来解释：其一，婚姻的最原始目的并不是生育，而是两情相悦的结合，同时肩负组建家庭、促进社会稳定的责任。婚姻主体双方分享情感和财产的行为与许多无形的权利都相挂钩，一个和谐的家庭是社会安定的重要单位。其二，法院对同性婚姻地位和效力的诉讼上的承认，对于社会道德体系建设也是大有裨益的。合法的婚姻地位和效力能减少欺骗和隐瞒，给了同性恋者坦白和纠错的机会。不少人开始正确理性地看待这个特殊的群体，并给他们送去关怀。年青一代在学习上更多元、开放，不少人了解到这个世界上的不同层面，即使是两个男人或者两个女人之间产生的火花也是爱情的结晶，是婚姻缔结的基础，更是正当的权益，是社会人群中真真切切存在的，是不应该被排斥和歧视的一个部分，所以，法律制定的出发点应该是“以民为本”，与社会实际情况是相符的。

3. 同性婚姻立法具有现行婚姻法律框架中的可行性

《婚姻法》中“一夫一妻”从表述上来看，指的是一男一女为婚姻的合理匹配，对于同性恋者的婚姻诉求呈现出一个忽略的态度。在现行《婚姻法》的基础上，不少人提议在《民法典（草案）》婚姻家庭编进行性别中立以及婚姻的不完备条文的修改，在现有法律的基础上修改一个更加包容的符合同性恋者和异性恋者婚姻的法律。现行法律制度下限定“一男一女”的婚姻模式也确实存在一些漏洞和弊端，毁坏了婚姻的纯洁性和本质。

三、涉外同性婚姻的法律冲突及法律选择

（一）国外同性伴侣制度

截至 2019 年 10 月，同性婚姻与民事结合在全球五大洲多个国家和部分地区合法化[1]。不少国家纷纷选择承认同性婚姻或者民事结合的形式来友好面

[1] 包括以下国家与地区：2001 年荷兰，2003 年比利时，2005 年西班牙《西班牙民法典》、加拿大《民事婚姻法案》、英国（北爱尔兰），2006 年南非《同性婚姻合法化法案》，2007 年瑞士，2009 年挪威《同性婚姻法》、瑞典、匈牙利，2010 年葡萄牙《同性婚姻法案》、冰岛、阿根廷，2011 年列支敦士登，2012 年丹麦（含格陵兰岛及法罗群岛），2013 年乌拉圭、新西兰、法国、巴西，2014 年英国（苏格兰、英格兰、威尔士、泽西岛、马恩岛、根西岛、圣赫勒拿岛、英属直布罗陀及央属百慕大）、克罗地亚、安道尔，2015 年卢森堡、爱尔兰、美国（含关岛及波多黎各自治邦）、塞浦路斯、希腊、墨西哥、智利，2016 年爱沙尼亚、意大利、哥伦比亚，2017 年芬兰、斯洛文尼亚、德国、澳大利亚、奥地利、马耳他、中国台湾地区，2018 年捷克、哥斯达黎加、泰国，2019 年厄瓜多尔。

对现代婚姻多元化的发展趋势，满足同性恋者的结婚需求。对于禁止同性婚姻的国家，涉外同性婚姻的承认与否成为国际私法法律适用的重要问题。在各种“同妻”“同夫”、涉外婚姻纠纷案例中，难以确立过错方、难以判断民事法律关系、缺少财产分割法律依据等种种难题都表明，中外差异的婚姻法律制度显然使同性恋者和司法机关处于尴尬境地。

各国国内法针对同性婚姻的规定有三种：立法规定可结婚、给予与婚姻关系相似的规定、禁止同性结婚。承认同性伴侣关系的国家，因法律效力和普及程度不同，可以归总为三种立法模式：民事结合模式、同性婚姻模式、注册伴侣模式。

民事结合模式是一种类似于婚姻模式，但在实际地位作用上位于同性婚姻模式与家庭伙伴模式之间的一种同性结合的方式，“是在丝毫未触动婚姻家庭、亲子和法定继承制度的前提下，在同居和婚姻之间建立了一种新的结合制度”，如智利、法国、英国（北爱尔兰）、瑞士等国家和地区。

同性婚姻模式是同性者之间充分的结合并拥有法律地位的一种方式，与传统的异性婚姻的结合并无名义上的差别，拥有完全一样的权利与义务，如荷兰、比利时、西班牙、挪威、德国等国家和地区。

注册伴侣模式虽然属于同性伙伴不以婚姻制度为结合要件的模式，而是用将同性伴侣关系法单列为一部法律的方式来调整同性之间的“结合”关系的立法模式。“同性伴侣关系法”在名称上不同于《婚姻法》，但同性之间结婚所享有的权利和承担的义务与《婚姻法》中相差无几，如英国、中国台湾、丹麦等国家和地区。

在英美地区，以鲍威尔斯诉哈德威克案、美国诉温莎案为代表的典型案例中，维护同性伴侣作为公民的合法权利顺应了同性婚姻合法化的潮流。在东亚地区，日本涩谷区政府首先颁布《推动男女平等及尊重多样化社会条例》，承认了同性民事伴侣关系。

（二）中国对涉外同性伴侣法律适用

中国大陆与外国对待同性伴侣关系的态度有所差异，中国《涉外民事关系法律适用法》第二十一条规定，双方当事人结婚的条件包括适用当事人共同经常居所地的法律，如果没有共同经常居住地，则以共同国籍国法律为条件；如果没有共同国籍，又在一方当事人经常居住地或者国籍国来缔结婚姻的，适用婚姻缔结地的法律。

当两个中国女子明知中国不承认同性婚姻，故意去美国加州办理同性婚姻登记，回到中国以配偶身份同居，后来感情破裂，产生财产纠纷，至法院起诉离婚，请求分割共同财产；再当一名中国男子和荷兰男子在荷兰留学期间相爱，并在荷兰合法缔结同性婚姻，之后两人回到中国，感情破裂，请求中国法院判决离婚。上述第一种情况，当事人确实存在恶意规避中国法律的行为，所以中国大陆法院可能会因此拒绝承认其伴侣关系。而第二种情况中，由于荷兰已实现同性婚姻合法化，因此两名当事人在荷兰缔结婚姻的行为只是顺其自然，而非故意规避中国的法律，即便如此，对公共秩序也造成了直接的冲撞。由于中国立法和司法实践的空白，中国的法官在处理此类问题时拥有较大的自由裁量权，这样是否会造成自由裁量权的滥用，从而有损中国法律权威？

四、结语

一切法律都将在实践中得到完善，不同的性倾向人群之间的平等有待立法予以保障，这也是一种时代的趋势。希望每一个人都可以用包容开放的心态对待性少数群体，每一个人在为性少数群体争取平权的道路上哪怕付出一点点努力和贡献都在推动着这个社会文明的进步。同性婚姻合法化，应当如蹒跚学步、循序渐进，不是揠苗助长，更不是因噎废食、止步不前。这个艰难漫长和循序渐进的过程，不论是从公民权利意识、自由精神上来加强引导和社会道德观念上进行多元化的培养，还是从对国家立法者的期望上来看，同性婚姻合法化有着它的正当性，即便道阻且长。希望我们能够冷静地看待这件事，给立法一个合理的时间和空间，在符合国情条件充分时那一天即会到来。

参考资料

[1]黄利金. 从儒家学说来看同性恋婚姻的合法化[J]. 牡丹江大学学报，2015，24（12）：175-177.

[2]何炫萱. 同性恋及其婚姻合法化问题大众调查问卷报告结果[EB/OL].[2018 10-16]. https：//www.wjx.cn/mobile/statnew.aspx？ activity=29254329&reportid=.

[3]李银河，郑宏霞. 公众对同性恋的态度及影响因素[J]. 华南师范大学学报：社会科学

版，2013（6）：31-36.
［4］王钦，张熙. 我国同性婚姻合法化探究［J］. 文化创新比较研究，2017，1（30）：119-120.
［5］郭晓飞. 同性婚姻的宪法之纬：*Same-sex Marriage and the Constitution* 述评［J］. 开放时代，2005（4）：139-153.
［6］纪红心. 自由视域下的同性恋及同性婚姻［J］. 法学杂志，2015，36（3）：86-94.
［7］刘秀. 展望同性婚姻［J］. 现代预防医学，2007（4）：800-802.
［8］阚凯. 性自由权与婚姻自由的冲突与调和［J］. 学术交流，2010（5）：39-42.
［9］李晨，杨晓萍. 性少数群体婚姻问题的现状调查与法律保护［J］. 法制与社会，2017（14）.
［10］阿克顿. 自由史论［M］. 胡传胜，译. 北京：译林出版社，2011.
［11］褚宸舸. 自由与枷锁：性倾向和同性婚姻的法律问题研究［M］. 北京：清华大学出版社，2014.
［12］郑广淼. 同性婚姻：历史、争论以及合法化［J］. 济南大学学报：社会科学版，2009，19（3）：64-69，92.
［13］魏盈君. 同性恋婚姻立法模式及典型国家的立法例［J］. 学理论，2013（20）：127-128.
［14］刘晗. 美国同性婚姻权裁决的三重语境：平权运动、美国宪法与西方文明［J］. 中外法学，2018，30（1）：150-169.

指导评语：

《同性婚姻合法化的意义与挑战》是学生何炫萱、白雨凡、孔惟瑜申请本科生科研素养提升计划项目的选题。题目涉及国际私法领域中涉外婚姻的法律适用，以及冲突规范法律选择中公共秩序保留和法律规避排除外国法适用中存在的问题。在深化改革开放和“一带一路”倡议的新形势下，中国与国外的民商事交往逐渐增多，涉外民商事纠纷也大量出现，利用国际私法知识，提高解决涉外民商事争议的能力是正常开展国际交往的前提。中外法律差异较大的民商事领域，是国际私法利用冲突规范解决法律冲突的重点和难点。

同性婚姻合法化研究是一个讨论少数群体权利保障的具有人文关怀的选题。调研持续了一年，法学理论研究基础薄弱，现行法中相关法律依据不足，被调查对象对于同性婚姻态度的两极分化等问题，是计划实施的主要困难。在形成项目成果的过程中，学生们利用法学与社会学等领域的研究基础，对比各国相关制度的规范类型，将回收调查问卷与个案调查相结合，针对同性婚姻合法与少数群体权利保护，分析公共秩序保留制度下存在的法律适用问题，通过调查反映出的立法社会基础现状，直面现阶段法律实践中的挑战，提出期待。

指导老师：吴梅

学生科研成果展示二：北京市离婚损害赔偿案件调查研究[1]

段　瑜　于　瑞　吾仁古丽·热合木江[2]

摘要：近年来我国离婚率处于不断上升趋势，1979 年我国的离婚率为 0.3%，此后持续递增。1990 年我国的离婚率上升到 0.7%，2000 年离婚率近 1.0%，约是 1979 年的 3 倍。2017 年离婚率达到 3.2%[3]。近年来我国结婚率不断下降，离婚率呈逐年上升趋势已是不争的事实，随之出现一个突出的问题是，因夫妻一方与他人通奸、姘居、重婚或虐待、遗弃对方导致婚姻破裂而离婚的案件增多，不少离婚无过错方当事人因离婚过错方的违法行为导致婚姻关系破裂而身心受到严重摧残。离婚率攀升，离婚数量不断增多，作为离婚纠纷中的附随性请求，损害赔偿诉求愈加突出。为了更好地贯彻保护婚姻家庭的宪法原则，更好地维护公民尤其是女性公民在婚姻家庭方面的合法权益，《婚姻法》规定了相关离婚过错损害赔偿的原则规定，最高人民法院在相关司法解释中做了必要说明，构筑了我国的离婚损害赔偿制度。

关键词：婚姻家庭法；离婚损害赔偿；纠纷；女性保护；司法解释

一、离婚损害赔偿问题

（一）研究现状

该主题研究在我国学术论文中，存在许多值得争议的问题，在实务的操

---

[1] 本文为 2019 年北京联合大学首届“致用杯”大学生创新创业大赛参赛作品，荣获校级二等奖。

[2] 段瑜，女，北京联合大学应用文理学院 2017 级法学专业本科生。于瑞，女，北京联合大学应用文理学院 2017 级法学专业本科生。吾仁古丽·热合木江，女，北京联合大学应用文理学院 2017 级法学专业本科生。

[3] 数据来源于民政部 1990—2019 年每年发布的“民政事业发展统计公报”。

作过程中同样暴露出诸多问题，国内外对于离婚损害赔偿相关问题研究的学术论文也很多，在CSSCI期刊搜索关键词“离婚损害赔偿”查出有关论文21篇；在中国知网上输入关键词“离婚损害赔偿”得出有关论文1252篇。关于“离婚损害赔偿”相关研究的文章，近5年发文总量为231篇，内容大多是离婚损害赔偿制度探析、思考，制度的完善、若干问题、重建，等等。这些都是关于离婚损害赔偿制度的有关学术论文，可见离婚损害赔偿制度在学术中有很多值得研究的地方，因此学术论文有一定数量。本作品通过对北京市各级人民法院中离婚损害赔偿案例的判决文书检索、数据统计分析得出调查报告，主要从实务方面结合数据分析得出司法实务中的一些问题，并针对问题提出建议。本作品选取北京为研究地区，得出北京地区的离婚损害赔偿案件各方面的数据，以及北京市的离婚损害赔偿纠纷在实际审判中的突出问题，并对北京市的离婚损害赔偿纠纷在举证方面、法定情形适用范围方面、当事人理解方面以及北京市的离婚损害赔偿标准方面提出建议。

（二）离婚损害赔偿法律依据

《中华人民共和国婚姻法》（以下简称《婚姻法》）第四十六条明确规定：“有下列情形之一导致离婚的，无过错方有权请求损害赔偿：（一）重婚的；（二）有配偶者与他人同居的；（三）实施家庭暴力的；（四）虐待、遗弃家庭成员的。”《最高人民法院关于适用〈中华人民共和国婚姻法〉若干问题的解释（一）》第28~30条，《最高人民法院关于适用〈中华人民共和国婚姻法〉若干问题的解释（二）》第27条，《最高人民法院关于适用〈中华人民共和国婚姻法〉若干问题的解释（三）》第17条都对离婚损害赔偿的赔偿范围、请求的主体与限制、诉讼提起的时间、登记离婚后的损害赔偿诉讼请求权的提起、离婚损害赔偿请求权的认定的相关问题进行了规定。

二、北京市离婚损害赔偿案件审判现状分析

本研究在裁判文书网检索相关案例及判决文书，搜索地区限定为北京市，检索日期截至2019年3月21日。管辖法院为北京市各级人民法院，输入关键词“离婚损害赔偿”，得出370个离婚损害赔偿的案件。对这370个离婚损害赔偿案件的判决文书进行搜索查看，并进行分析，从而对北京地区此类

案件的相关问题进行分类统计。对离婚损害赔偿案件的诉讼理由、判决结果、判决理由、诉讼主体性别比、审理程序、案件审理的法院层级、有无律师、案件的年龄分布、赔偿金额共9个问题进行了分类统计汇总，得出相关统计结论，以及北京市离婚损害赔偿纠纷中存在的若干问题。

（一）诉讼阶段分布

在370份判决中，一审程序有203个，约占55%；二审程序有178个，约占48%；再审的有3个，仅占0.8%。

由以上数据可见，离婚损害赔偿主要适用一审和二审程序。离婚纠纷案件首要诉求为离婚，离婚损害赔偿是附随性诉求，且婚姻家庭案件较为复杂，对于离婚的判定有待审核和调解。法院秉持维护婚姻家庭关系稳定进而维护社会和谐稳定的原则，一审多数判决不予离婚，于是大部分离婚纠纷案件进入二审。随着经济的快速发展，现代家庭的财产也越来越多，离婚纠纷利益牵连范围较广，导致当事人多半会提起上诉。

（二）审判法院审级分布

在370份判决中，基层法院审判的有68%，中级法院审理的占32%，高层法院审判的为0。

这说明类似离婚案件对社会的影响较小，严重程度较低，只是与当事人本身的关系较为密切。且大多案由为家庭琐事，不会涉及其他社会大多数人的利益，故离婚损害赔偿案件很少上升到高级人民法院审理。

（三）诉讼主体的性别比统计

在370件案件中，原告是女方、被告是男方的案件占了77%；原告是男方、被告是女方的占了23%。

由此可知，女性更积极地去争取离婚损害赔偿。随着男女平等意识逐渐深入人心，再加上女性的受教育程度的提高，女性更愿意积极地去争取离婚损害赔偿。女性作为婚姻中处于相对劣势的人群，面对不法侵害，不再“逆来顺受”，而是拿起法律的武器武装保护自己。不过，原告中女性占比较大，从侧面体现出，婚姻中男女双方不平衡的现象仍然存在且十分严峻。尽管女性积极上诉，但举证的困难、证据的不充分以及法律的不完善，都使这些女性绝大多数无法得到合理的赔偿。不过这并没有使在婚姻中受到伤害的女性打“退堂鼓”。据相关数据统计，诉讼主体中的原告大部分为女性，其比例高达 77%，而与之对应的男性被告则只有 23%，这说明了女性对于自身权利的把握和争取更加积极。女方告男方比男方告女方的数量要多，可见在婚姻关系中女方作为弱势一方，更多地提出损害赔偿的诉讼请求，体现了《婚姻法》更好贯彻保护婚姻家庭的宪法原则，更好地维护公民尤其是女性公民在婚姻家庭方面的合法权益。

（四）年龄分布的统计

在 370 件案件中，“30 后”的只有 1 个，“40 后”的有 4 个，“50 后”的有 37 个，“60 后”的有 46 个，“70 后”的有 102 个，80 后的有 202 个，“90 后”的有 3 个。❶

可见，在离婚纠纷中离婚损害赔偿请求的提出主要集中在“70 后”和“80 后”，“70 后”“80 后”的年龄为 31 岁至 50 岁，这个年龄段在当下也是婚姻纠纷最为集中的年龄段，尤其“80 后”比较突出。此年龄段处于婚姻容易出现危机的阶段，此年龄段的男女双方的经济条件也达到一定水平，且“80 后”的受教育程度相对来说也比较高。检索案例为北京市，北京地区经济发达，“70 后”“80 后”现在正是工作岗位的主力，工作太过繁忙，放在婚姻家庭上的精力会有所减少，更容易出现家庭矛盾，再加上“80 后”多以独生子女为主，容易以自我为中心，较少的人会充分为另一半或家庭的整体利益着想，这也导致了离婚率的上升。

（五）委托律师情况

在 370 件案件中，委托律师的有 269 个，无委托律师的有 73 个，其他情况有 24 个❷。

在检索的 370 个判决中，委托律师的比例占绝对优势。可见随着人们法律意识的提高，尽管离婚诉讼在民事案件中较为普遍，诉讼程序和专业技能

❶ 因原告 / 被告可能属于不同年龄阶段，故分别加入计算，实际统计数据为 395。

❷ 因检索案例公开的判决书、裁定书、调解书未载明是否聘请律师，因此实际统计数据为 366。

要求并不是很高，但是在离婚损害赔偿中，对于过错的认定、证据的收集以及权益的争取上，专业的律师无疑比较有优势且利于争取权益。法官对精神损害和其他方面判定具有一定裁量权，对当事人来说专业的律师更有利。针对北京这样经济较发达的地区，聘请律师更成了一种常态化的表现。尽管离婚诉讼在民事诉讼中属于案件较多的一类纠纷，很多离婚关系当事人通常也会自己应诉，但是在复杂的离婚案件中，尤其是有离婚损害赔偿请求的离婚纠纷中，请求多半被驳回，而驳回理由有于法无据，有证据不足，有未能举证，等等。此类案件在实际司法审判中很难界定，法官拥有较大的自由裁量权。若有专业律师提供指导帮助，对于取证以及材料准备和答辩辩词等的解决就更为合法、专业，也更具有说服力。故有无律师对于离婚损害赔偿的请求能否获得法官支持无疑有着一定影响。

（六）案件讼由

在 370 个判决中，因重婚而提起损害赔偿的只有 1 件；因家庭暴力提起损害赔偿的有 130 件，约占 35%；婚外情或出轨而要求损害赔偿的有 99 件，约占 27%；因同居而要求损害赔偿的有 45 件，约占 12%；因配偶对其进行虐待或遗弃而要求损害赔偿的有 11 件，约占 3%；其他原因有 82 件，约占 22%。

因家庭暴力提起损害赔偿的有 130 件，占比超过了 1/3，法官也在此类案件的裁判结果中体现了对加害人的惩罚，从侧面可以看出我国法制在此方面的投入之大。2015 年 12 月 27 日第十二届全国人民代表大会常务委员会第十八次会议通过《中华人民共和国反家庭暴力法》，并于 2016 年 3 月 1 日起开始施行。这是预防和制止家庭暴力，保护家庭成员的合法权益，维护平等、和睦、文明的家庭关系，促进家庭和谐、社会稳定的重要表现。事实上，夫妻一方因另一方对其家庭成员实施家庭暴力或虐待、遗弃行为提起的离婚诉讼，目的就是保护其他家庭成员。如果遭受家庭暴力或被虐待、遗弃的家庭成员就其损害赔偿欲提起诉讼，却因为《最高人民法院关于适用〈中华人民共和国婚姻法〉若干问题的解释（一）》第 29 条之规定而被拒之于法院之外，显然是非常不合理的。

（七）判决结果情况

在 370 个判决中，法院判决“不支持”的比重占 63%，支持的占了 24%，判予不离婚的占 13%。

不支持损害赔偿占离婚损害赔偿判决的绝大部分，尽管法律规定了救济手段，离婚时无过错方有权请求损害赔偿，但在司法实践中，绝对的无过错几乎没有。我们发现在这 370 个判决中法院判决“不支持”的比重达到 63%；判决“支持的”仅占 24%。在这之中，法院判决的赔偿金额与受害人上诉时要求的金额相差很大，即便法院判处支持该损害赔偿，也难以做到对受害人的实质保护。故《婚姻法》中列举的四种过错，无法涵盖复杂多样的现实生活，妇女在婚姻生活中受到的不公正待遇，也不足以教育过错方。另外，在审判实践中，对这些事实的认定很难，书面证据难以取得。譬如，我国《婚姻法》中离婚法律救济制度不完善，会导致婚姻案件审理中对受害者过错损害赔偿权利的保护困难；一旦出现一方坚决不同意离婚的情况，受我国自古就形成的“以和为贵”价值观念的影响，一些法官可能会做出驳回诉讼的判决。370 个判决中“判予不离婚”的占到了 13%，这也说明了在这 13% 中有一部分受害者没有得到应有的保护。

（八）不予支持的判决事由统计情况

在 370 个判决中，法院不予支持的事由中缺乏法律事实和依据的有 100 件，证据不足的有 98 件，不符合《婚姻法》规定之情形的有 77 件，未能举证的有 66 件，其他原因的有 29 件。

判决事由以证据的证明力为主要依据，我们对这 370 个判决进行整理分析，发现法院不予支持的事由主要有四点，分别是不符合《婚姻法》之法定情形、证据不足、未能举证以及缺乏法律事实和依据。在这四种事由中，其中占比最大的是缺乏法律事实和依据，占比为 27%；另外三种判决事由与“缺乏法律事实和依据”这一事由有一个最大的共同点，是它们都以证据的证明力为主要依据。现实情况下，并不是每一个当事人都有充分的法律知识，一部分当事人认为只要法院立案受理了，剩下的工作都应由法院完成，导致有些当事人不积极主动地收集证据，或者由于当事人自身的限制，无法收集到有效的证据。

（九）予以支持的赔偿金额统计情况

在 370 个判决中，法院予以支持离婚损害赔偿的案件有 91 个。在支持赔偿请求的案件中，判决给付金额为500~1 000元的有1个，2 000元的有5个，3 000元的有1个，5 000元的8个，7 000元的1个，10 000元的有16个，15 000元的有2个，20 000元的有10个，25 000元的有1个，30 000元的有7个，50 000元的有25个，80 000元的有2个，90 000元的有1个，100 000元的有6个，120 000元的有2个，其他方式的有3个（在分割住房公积金予以多分、分割共同财产时予以多分等形式）。

在本次调查中有91个请求离婚损害赔偿的案例得到法院支持，而在支持损害赔偿请求的案例中赔偿金额的数量不等，主要集中在5 000元至50 000元，在所调查案例中最高赔偿数额为12万元，但是能判决给付这么高的赔偿金额一般非常少见。在现行婚姻法以及最高人民法院的精神损害赔偿的司法解释下，离婚纠纷中请求精神损害赔偿的情况虽很常见，但是很多法院不予支持，且大多数情况下赔偿的数额由法官根据具体情况而定，一般与当事人请求的数额是不一致的。从检索的北京市的案件来看，赔偿数额为5 000元至5万元。虽然极少部分也得到一些赔偿，但是在实际婚姻生活中，尤其作为女性一方，通常在婚姻家庭中的付出和牺牲较大，一些人甚至还遭受家暴、丈夫出轨等，其身体和精神无疑遭到较大伤害。精神损害与金钱赔偿并不是商品货币领域里的等价交换。因此，女性在婚姻家庭关系里的付出是无法用金钱数额来衡量的。司法实践中对于精神损害赔偿的数额与实际受损害的程度不对应，数额通常较少，只是作为对其在婚姻关系中受到损害的一种补偿。当然，损害赔偿的数额也受双方当事人共同财产数额、双方收入水平、受侵害的严重程度等因素的影响。

三、北京市离婚损害赔偿案件中存在的问题

（一）婚姻内损害情形举证存在困难

在我们所检索的北京市各区离婚损害赔偿案例中，有近65%的案子，法官判决不支持损害赔偿请求。主要原因是未能举证、提供的证据不足、不符合婚姻法对于损害赔偿之规定、缺乏法律事实和法律依据、不符合法定条件等。这也反映出在我国审判过程中对于离婚损害赔偿的举证相当困难。

根据《最高人民法院关于适用〈中华人民共和国婚姻法〉若干问题的解释（一）》第2条，其实际给出了界定“有配偶者与他人同居”的三个方面：

一是在主体上必须是有配偶者与婚外异性之间的同居，这是与未婚同居的主要区别；二是名分上不以夫妻名义，即没有名义或以夫妻以外其他名义，这就明确了其与事实重婚的界限；三是行为上持续、稳定地共同居住。目前来说，对同居的事实进行证明的证据无非以下四种：（1）有过错方，即与他人同居的配偶一方的自认。（2）社会管理基础组织的相关部门出具的证明或邻居的证人证言。（3）配偶一方与第三者的购房情况证明。（4）通过跟踪、拍照、捉奸等方法掌握的一些证据和线索。实际上，有过错方对与人同居的事实进行自认的概率极低，这种证据最终被采信的概率极少。在现代社会同一小区邻里之间没有义务提供证明。这就使得这类证明的取得极其困难，证明力相对较弱。跟踪、照片之类的证据，一方面与配偶方及第三者的隐私权存在冲突，另一方面由于缺乏时间上的持续性，难以形成有效的证据链，最终难以被采信，即便被采信其作为证据的证明力也不强。

反之，一个人瞒住其配偶，以共同居住为目的购买商品房是一件比较容易的事情。在法制社会，出于对隐私权和财产权的保护，想要查明并以证据形式固定某人的购房情况，对于普通公民来说是极为困难的。离婚损害赔偿制度的构成要件主要有这几点：第一，须有法定违法行为，具体指《婚姻法》中明确规定的四种情形。第二，须有损害事实，即因配偶一方实施了法定违法行为导致离婚，无过错配偶由此受到财产损害和非财产损害。第三，须有因果关系，无过错一方的财产损害和非财产损害是由过错一方的违法行为所造成并导致婚姻破裂的。第四，须有主观过错，离婚损害赔偿中适用过错责任原则，即要求配偶一方在实施《婚姻法》第四十六条规定的行为时主观上具有过错。通过对北京市离婚损害赔偿的案件搜索整理分析和对比，发现法院支持损害赔偿的有 91 个，比重约占 23.9%，而不支持损害赔偿的有 239 个，约占 62.9%，其中判决不予离婚的有 50 个，约占 13.2%。从这些数据可以看出，在实际司法实践中，法院对于离婚损害赔偿的认定较为严格。

同时，调查中因为家暴而请求离婚损害赔偿的数量最多，约占 35%，但是，在家暴方面的举证现依据 2016 年施行的《中华人民共和国反家庭暴力法》，其中虽然增加了关于家庭暴力的情形方面的定义，加大了对受暴力者的保护力度，但在司法实例中，亦可看出对于存在暴力的离婚案件中由于证据不足或未能举证而无法得到损害赔偿的有很多。因此举证困难使得离婚损害赔偿得不到支持，这样的情况占有很大部分。

（二）当事人对离婚损害赔偿理解存在偏差

通过对北京市各区法院的此类案例进行检索，结合前文法院判决理由的统计情况可以归纳出，法院驳回精神损害赔偿诉讼请求的原因主要有四类，分别是不符合《婚姻法》规定之情形、证据不足、缺乏法律事实和依据、未能举证。基于此四种归类出的法院判决事由也可看出，不符合《婚姻法》法定情形的比重达 21%，而缺乏事实和法律依据的则达 27%，之所以法官会以此类理由驳回损害赔偿的请求是因为当事人对于离婚损害赔偿制度以及法律适用的理解存在偏差，一些离婚纠纷中的事由并不是法律规定的可以请求离婚损害赔偿的法定事由，比如结婚时隐瞒疾病史、侵犯对方著作权、侵害生育权、一方有吸毒赌博恶习、实施冷暴力等。在北京市相关案件的离婚事由中，以上这些会被当事人作为请求离婚损害赔偿的理由，但是在审判中大部分会被法官予以驳回。我国的离婚损害赔偿的实质就是一般侵权损害赔偿，而且是在特定情形下（限于《婚姻法》第四十六条列举的四种情形）的损害赔偿。因此，当事人对离婚损害赔偿制度的法定情形和适用范围理解存在偏差。

根据我国《婚姻法》中的第四十六条规定，婚姻中无过错的一方是离婚损害赔偿请求权中的唯一权利主体。这一项规定，容易引发争议。婚姻关系有其自身具备的特殊性，任何一个离婚案件中，婚姻中的丈夫与妻子作为当事人，对于“无过错方”与“过错方”没有一个绝对的定义，只有过错少与过错多之分，因为从某一个角度来看，双方在离婚这件事上都负有一定的责任。确立离婚损害赔偿标准，目的是谴责和惩戒严重违反配偶义务造成无过错方精神损害的违法行为，判其承担一定数额的财产以弥补受害人遭受的身心伤害。在婚姻存续期间，因另一方的过错致使无过错方精神遭受严重损害的，请求精神损害赔偿的方式可以是令侵权人以停止侵害、恢复名誉、消除影响、赔礼道歉等方式承担民事责任，也可以请求判令侵权人赔偿其相应的精神损害抚慰金。在具体实务中，离婚损害赔偿的判定是结合《最高人民法院关于确定民事侵权精神损害赔偿责任若干问题的解释》具体判定，即使在一般侵权纠纷中，能够获得的精神损害赔偿的数额也较少，作为一种对于婚姻中无过错方以一定赔偿金的补偿，又因离婚纠纷都涉及共同财产的分割，结合过错程度已经对财产分割的比重进行判定，因此精神损害赔偿金数额无疑较少。在司法实务中，当事人对于精神损害赔偿的适用范围、赔偿决定因素以及精神损害赔偿的排除情形等专业法律问题不了解，也是导致其提出的损害赔偿诉求多半被驳回的原因。

（三）法定赔偿情形适用范围有限

首先，根据《婚姻法》及相关司法解释的规定，享有离婚损害赔偿请求权的主体，仅限于无过错配偶方。而《婚姻法》第四十六条的第（三）和第（四）两项中遭受家庭暴力和虐待甚至被遗弃的受害人不限于夫或妻，还应包括子女及其他家庭成员。因此，只将夫妻列为享有损害赔偿请求权的主体，范围十分有限，家庭中的其他弱势群体的利益就难以得到充分保障和救济。其次，对于很多案件中的情形，如一方因赌博、吸毒等不具备损害赔偿的请求权，多数法院都不会支持其请求，而且很多家庭暴力的情况，法院也不支持其请求，原因是证据不足还是对暴力界定的标准太过于严格，值得商榷。根据前文所述在实际案例中婚外情或出轨的比重达 27%，且其他原因的比重占 22%，可见离婚损害赔偿的情形远不止《婚姻法》第四十六条规定的四种情形，比如一方隐瞒疾病、一方有吸毒赌博恶习、侵害生育权等情形都要求离婚损害赔偿，对于不符合法定的四种情形外的情形法院予以支持赔偿请求就更是不易，因此离婚损害赔偿的适用范围有限。现实中，很多婚内发生的事情远远不止法律规定的四种情形。

此外，根据司法解释的相关规定，离婚案件中的原告必须在提出离婚诉讼的同时，提出离婚损害赔偿请求，不然就会失去离婚损害请求权。离婚案件中的被告却可以在离婚之后的一段时间内，作为单独的诉讼提出。此规定存在不合理之处：破坏了原告和被告权利的平等性，过错方和无过错方没有绝对的定义，只有过错多少之分，因此若规定被告在离婚后仍可提起损害赔偿诉讼请求，没有对损害赔偿提出的期限予以规定，实际上会损害双方当事人的利益。例如：有一些离婚案件中的原告，在提出离婚诉讼请求的时候，并不知道被告承担着离婚损害赔偿责任。离婚之后才知道，并且也获取了相关的证据。因为像司法解释中规定的“与他人同居现象”等一些情形，大多数只能在离婚之后才显现出来。如果规定原告在离婚之后不能再提出离婚损害赔偿请求，那么就会导致婚姻中有过错一方逃脱法律的制裁。因此损害赔偿的适用范围有限，很多规定不明确。同时由于离婚之后再次提起诉讼时出现的执行难、取证难等一系列问题属于诉讼风险的正常范围，不应当将其作为限制当事人行使诉讼权利的理由。

（四）离婚损害赔偿缺乏统一标准

通过对检索的案例数据和裁判文书进行分析，得出争议的焦点有以下几个，分别是：与人同居的标准是什么，限度是什么；家暴的标准是什么；该怎样举证和分配举证责任；证据不足的原因是什么，私人侦探取得的证据是否合法。因此，在离婚损害赔偿中对于出轨情形、侵害程度、家暴的严重程度、同居的标准、虐待遗弃的判断、证据证明力以及是否满足判予离婚的情形等问题都是此类案件难以判断和争议较多的点。

影响损害赔偿是否获得支持以及赔偿数额的确定的因素有很多，如过错方的过错程度、过错方的事后认错态度、过错方的经济能力、受害人的精神伤害程度、家庭经济状况、诉讼地当时的经济状况等。各种因素综合考量，造成了在实际审判过程中，多数离婚损害的赔偿请求得不到法院的支持。此外精神损害与金钱赔偿之间并不是商品货币领域里等价交换的对应关系。离婚损害赔偿的标准应当按照过错方的过错程度，侵害的手段、场合、行为方式等具体情节，侵权行为所造成的后果，侵权人承担责任的经济能力，以及受理法院所在地的平均生活水平，综合判决和合理确定数额。

由相关数据可知，请求赔偿的数额在 1 万至 10 万之间，最多为 100 万左右，但多数法院不予支持。在法院支持离婚损害赔偿请求的案件中，其数额也是法院根据请求权人提出的请求以及构成要件的满足条件、损害严重程度、过错方的经济能力等各种方面综合考虑进行判定。对于精神损害赔偿金额的判定及具体落实也存在一定问题。对于精神损害赔偿，我国采取的是抚慰金的救济方式。至于受害配偶向人民法院提出精神损害赔偿的请求后，过错方是否承担责任以及精神损害抚慰金的具体数额，则由人民法院依案情而定。这在一定程度上给予了法官极大的自由裁量权，这既是法律规定的不足，也是对法官素质的挑战。

离婚损害赔偿的金额主要是依据《民法总则》《婚姻法》及相关司法解释和《最高人民法院关于确定民事侵权精神损害赔偿责任若干问题的解释》等来计算。主要根据：（1）侵权人的过错程度；（2）侵权行为的手段、场合、行为方式等具体情节；（3）侵权行为所造成的后果；（4）侵权人的获利情况及其承担责任的经济能力；（5）受诉法院所在地的平均水平。明确确立离婚损害赔偿标准，目的是谴责和惩戒严重违反配偶义务造成无过错方精神损害的违法行为。只有造成严重精神损害的，才能请求精神损害赔偿，而对于精神损害的认定标准则并不明确，对于精神损害的赔偿数额应如何确定，《最高人民法院关于确定民事侵权精神损害赔偿责任若干问题的解释》第10条只是规定了确定精神损害赔偿金时参考的标准因素，其比较原则并不具体，并未形成统一的计算方法或标准。

四、完善离婚损害赔偿制度的建议

（一）为当事人取证提供支持

1. 在取证制度方面

为了限制公权力的介入，以平衡双方当事人的举证能力，应使私人侦探合法化。对于婚外情、婚内同居等的取证较为困难，具有私密性，所以是否可以在离婚损害赔偿纠纷中使得私人侦探合法化，以更好帮助无过错一方当事人获取对自己有利的证据，值得研究。根据前文所述，因为证据不足和未能举证而被法院驳回判决的分别占26%、18%，若能使获取证据的渠道增加，则当事人更容易举证。本研究认为，应予以代理律师调查取证的权利，使当事人的代理律师可以直接调查取证。

2. 在收集证据方面

当事人可以收集固定易失的证据，如婚姻一方与外遇对象的手机短信内容、聊天记录等，因为收集到重要的证据才能帮助自己得到相应的保障。也可以收集文字证据，其中包括一方当事人在情急之下写下的保证书、忏悔书等。收集视听证据如与第三者在公共场所的亲密照片、录音等。现场证据的证明力较强。对于发生家庭暴力的情形，受害方应及时到医院检查，并请医院出具伤害情况说明，以及保留身体伤处照片等。

3. 在举证责任方面

减轻无过错方的举证责任，适当采用举证责任倒置。婚姻关系的存在，使得相关的财产关系和人身关系的举证难度较大，因此在离婚损害赔偿诉讼中，应适当降低证明要求和证明标准，多从受害配偶权益保障和弱者的立场出发，维护其利益。适当减轻无过错方的举证责任，从某种意义上说就是实行举证责任倒置，使得不予赔偿损害赔偿金的抗辩一方承担举证责任，这样有利于限制过错方的行为，有利于保障无过错配偶方的求偿权。此外，不应一味地适用当事人举证责任规则，而应根据过错的性质区别对待，对于像家庭暴力、虐待、重婚等由无过错方承担举证责任，而对于在婚姻家庭领域中构成犯罪的案件，如暴力干涉婚姻自由罪、遗弃罪等，举证责任由检察机关承担。

（二）对当事人给予法律帮助

1. 提高个人的法律意识

鉴于上述存在的当事人对离婚损害赔偿制度的理解存在偏差，从而导致损害赔偿的诉讼被驳回的结果，当事人应增强法律意识。婚姻家庭关系是大多数人都存在的关系，随着现在人们婚姻家庭观念的变化，人们的法律意识也要不断提高，多了解有关婚姻法方面的法律知识，才能更好地维护自己的权益，特别是处于弱势一方和无过错配偶一方的权益，如可以签订相关婚前协议。在婚姻关系破裂时，如因有侵害事实要求损害赔偿，则可以咨询律师，得到专业性的法律帮助，以更好地获取证据，争取自己的权益。

2. 委托律师提供法律服务

在离婚纠纷诉讼中，聘请律师为自己提供法律服务，有利于在诉讼中争取自己的利益，根据前文所述可看出随着人们法律意识的提高，越来越多的当事人选择委托律师。如前所述，在离婚损害赔偿中，对于过错的认定、证据的收集以及权益争取上，专业的律师无疑是比较有优势且利于争取权益。在法官对精神损害和其他方面判定具有一定裁量权的情形下，专业的律师更有利于当事人。在此类案件中，委托专业律师代理，对于材料的准备、证据的收集和提交、诉讼程序的履行等都比没有委托律师更容易保障自己的权利，材料证据的收集等也更规范。这些也是影响法官对于案件判断的因素。从前文所述判决理由中得出，法院以证据不足、未能举证为由驳回损害赔偿的诉讼请求的比重较大。如果有专业律师的法律帮助和指导，则更容易举证，也更容易说服法官，对于纠纷的解决也更容易，如对财产分割、抚养权的确认以及其他权利的获得都更有利。此外，在调解阶段，当事人有律师的指导或谈判，也更有利于获得自身权益。可见有无律师代理对于法官判断案件也有着重要影响。

3. 为弱势一方提供法律援助

在婚姻关系中，很多女性为了婚姻家庭选择放弃工作，无独立的收入来源，牺牲较大。从公平原则出发，可为弱势一方提供法律援助，指派律师提供法律帮助。当然也要兼顾另一方当事人的实际情况，对于要给予损害赔偿的一方当事人来说，若支付损害赔偿金有困难的，可以允许其分期支付，这样有利于离婚损害制度的落实。

4. 成立离婚损害赔偿基金

基金可由相关协会出资小部分，其他由每对夫妻婚前缴纳一定金额作为基金来源。在婚姻破裂时，有过错配偶方确实无力承担损害赔偿金或者受损害一方基于离婚后生活所需而又确实无法得到赔偿的情况下，可以申请基金予以补助。

（三）适当扩大离婚损害赔偿的适用范围

1. 适当扩大离婚损害赔偿的适用情形

根据我国《婚姻法》第四十六条的规定，能够提出离婚损害赔偿的有四种情形分别是：重婚、家庭暴力、与人同居、虐待和遗弃。现实中除了这四种情形，还有很多案件是由于其他原因对婚姻关系中的无过错一方造成了严重的身体或者精神上的伤害，但法律在此方面的规定并不完善。根据《婚姻法》第四十六条也可看出，我国对于适用离婚损害赔偿的情形属于列举方式，简单明了，易于操作，但是显然不够全面，不足以涵盖所有对婚姻当事人造成严重伤害的行为，不利于保护无过错方的合法权利，应当拓宽离婚损害赔偿的适用范围。可采取概括性规定与列举性规定有机结合在一起的立法方式，如此能够很大程度上增加法官在案件审理过程中的自由裁量权。例如，长期通奸、长期卖淫、姘居且生儿育女等一系列严重的违法行为应当纳入离婚损害赔偿适用范围、情形中。

2. 放宽离婚损害赔偿的权利主体

婚姻关系中，婚姻破裂的原因多种多样，配偶双方有无过错很难有明确界定，只能是相对多或少，应对无过错方合理界定，规定对方有哪些行为时无论其严重程度，都有权请求损害赔偿，明确权利主体。而对于有过错方，可以对离婚损害赔偿提出抗辩。同时，若双方都有过错，则都可以提出离婚损害赔偿，如一方存在家庭暴力，另一方因此出轨与人同居。此时双方都有过错，双方均有权提出损害赔偿，如若对权利人主体资格限定过于严格，那么离婚损害赔偿制度则不易落实，因此，法官应按双方过错程度予以判定，转化为财产分割的多少。根据前文所述，在判决赔偿金时，还有 3 例其他情况未直接判决给付金钱，而是以住房公积金分割的比重或者夫妻双方的共同财产分割的比重来转化为精神损害赔偿。这样也是弥补损害的一种办法，法官可以根据受损害的严重程度和过错方的过错程度等在财产分割中适当对无过错且受损害一方予以多分。

3. 明确离婚损害赔偿的标准

法律应根据过错的严重程度、受侵害的严重程度等规定较为明确的损害赔偿标准。我国对于离婚精神损害赔偿的赔偿范围、赔偿标准、赔偿数额等都没有明确规定。对于离婚损害赔偿的标准是参考《最高人民法院关于确定民事侵权精神损害赔偿责任若干问题的解释》，在司法实践中依然没有明确的标准。其他大多数国家关于离婚损害赔偿的赔偿范围、赔偿标准和数额等都有明确的规定，因此应完善相关立法、法院判决决定赔偿数额的依据以及法官应特别考虑的情形，赔偿金的确定应根据被给予的夫、妻一方的需要和他方的财力，并考虑到离婚时的情况，以及将来可预见的情况的变化，平衡好夫妻双方的权利义务，不造成显失公平的情况。基于此研究报告，离婚损害赔偿应根据北京地区受诉法院所在地的平均生活水平确立赔偿金的计算方法、上限以及根据侵权人承担责任的经济能力和受损害方的损害严重程度予以确定具体金额的标准。明确在离婚后是否可以将离婚损害赔偿作为一个独立的诉讼提出，以及在离婚后多长时间内可以提出损害赔偿之诉。

参考资料

[1] 陈苇. 中国婚姻家庭法立法研究［M］. 北京：群众出版社，2009.

[2] 张伟，叶名怡. 离婚时夫妻所持公司股权分割问题研究［J］. 法商研究，2009，26(3)：88-93.

[3] 贺欣，冯晓川. 离婚法实践的常规化：体制制约对司法行为的影响［J］. 北大法律评论，2008（2）：456-477.

[4] 陈飏. 家事事件：从家、婚姻家庭到家庭纠纷的本源追溯［J］. 西南民族大学学报：人文社会科学版，2014，35（6）：92-96.

[5] 王圆圆. 离婚损害赔偿制度研究［J］. 法制博览，2019（26）：113，115.

[6] 陈尧. 离婚案件中未成年子女抚养问题研究［D］. 石家庄：河北经贸大学，2019.

[7] 李思颖. 离婚案件财产分割制度中情理因素分析［D］. 长春：东北师范大学，2019.

［8］王艺桦．浅析我国的离婚诉讼调解制度［J］．法制博览，2019（15）：213.
［9］苑霄峰．离婚时的经济补偿制度［J］．法制博览，2019（5）：229.
［10］许月．中国离婚率因素分析研究：基于2005—2015年五省市面板数据［J］．法制博览，2019（5）：298.

评语

本作品是2019年北京联合大学首届“致用杯”大学生创新创业大赛参赛作品，荣获校级二等奖。作品针对北京市离婚损害赔偿相关诉讼案件的判决书进行了调查分析，采用大数据的研究方式分析司法实践中存在的问题，运用了相关民事法律的相关知识，对于深入研究和了解北京市离婚损害赔偿相关案件的具体情况具有一定现实意义。作者作为法学专业大二年级的学生，通过完成作品掌握了法学专业基本的研究方法，也对我国的婚姻家庭案件的现实情况有了深入的认识，加深了对社会主义婚姻家庭制度的认识。

指导老师：李倩茹

不忘初心，扬帆起航

郑　帅[1]

坐在图书馆的自习室里，敲打着键盘，一缕阳光从窗户照射进来，冬日的太阳经历了又一年光阴的洗礼，收敛了夏日的耀眼光芒，温暖又柔和。逆着光线看去，柿子树在北京的寒风中不得已与陪伴自己又一年的树叶告别，如今只剩下零星的果实挂在枝丫。时光荏苒，一年的光阴如同白驹过隙，转瞬即逝。而我，也已经在北京联合大学度过了一年的研究生学习时间。思及此，不由得停下来，回首这一年我在联大的点点滴滴。

一、缘起

人生抉择的魅力不是如愿以偿，而是阴差阳错下的命中注定。

2018 年的 3 月，打开研招网，点击“拟录取”选项，那一刻，我与联大正式结缘。当小时候被大人们问及理想，脱口而出的答案就是“像爸爸一样当法官”或是“成为律师”。儿时的我当然并不清楚这两个职业究竟是做什么的，只是一直在心里憧憬着，能够在长大后成为像电视里所演绎的律师或者法官一般，在法庭上口若悬河、有理有据地阐述自己的观点。即使在本科期间我选择就读北京林业大学观赏园艺专业，开始与植物打交道，在闲暇时间也会不自主地想到儿时的理想职业，希望能有机会真正体验成为法律工作者的感受。因此，在大三选择考研专业时，我放弃继续攻读本科所学专业，选择攻读法律，在日后成为真正的法律人。

因为几分之差，我与报考院校失之交臂，继而申请到北京联合大学法律系的面试。通过查询，我了解到北京联合大学应用文理学院前身是北京大学

---

[1] 郑帅，女，北京联合大学应用文理学院 2018 级法律（非法学）专业研究生。

分校与中国人民大学二分校，法律系作为重点学科之一，具有较长的历史积淀及优质的教学力量。经历笔试和面试考核，2018 年 3 月的一天，我点开研招网看到“拟录取”的选项，用鼠标轻轻点击，我知道，从这一刻起，终于有机会为实现心中的理想而继续攻读学习，充实自我，不断前进。

二、今朝

当回首往事时，不因虚度光阴而悔恨，不因碌碌无为而羞愧。

在今天回顾一年多的研究生学习与生活，将现在的自己与一年前的自己进行比较，我很荣幸能够与联大结缘，并在这里开启自己的法律硕士学位攻读之旅，为实现理想不断努力奋斗。

（一）师与友

结缘联大，享受亦师亦友的教学氛围，“三人行必有我师”。

入学后第一个重要节点就是选择导师，根据自己今后的职业规划与导师的研究方向，以见面会的形式进行沟通与交流，师生双方双向选择，在今后的学习中教学相长，共同学习与进步。在导师见面会上，我们了解到法律系各位导师的主要研究方向，并分别进行自我介绍加深彼此之间的认识。这次的见面会为导师与学生搭建了入学后第一次沟通交流的平台，为我们今后顺利完成课堂教学任务、举办学术论坛会议等活动打下了牢固的基础。在进入研究生第一学期的两周后，我明显感受到研究生与本科生课堂教育的差异。相较于本科生的大班授课，我们研究生的专业课以小班教授为主，同时在课堂上导师更重视了解学生的思考，加强与学生的互动交流，注重对思考路径与研究方法的培养。在课堂上，导师之于学生不单单是传道授业解惑的尊长，在进行课堂讨论过程中，我们更像是朋友，可以针对同一问题发表不同观点，畅所欲言。这种彼此平等、相互尊重对方见解的教学氛围，让我们每个人在课堂上都能够充分提出疑问，阐明想法，在相互的交流中共同学习，共同进步。

（二）学与研

结缘联大，探寻学术殿堂的惊世火花，一步步攀登法学阶梯。

作为非法学本科的学生，我们对课业要求更应当给予重视。在研一的课程安排中，我们主要是对法学基础学科进行学习，从法理学、法制史、宪法学、民法、刑法等基础学科开始，一步步地加深对法学专业知识的掌握，在授课与完成讨论练习中不断夯实基础。在研一期间，我们每个人几乎每周都会针对不同科目的课程要求收集理论资料与实务案例，通过制作 PPT 的形式将个人的观点展示给导师与同学们。为了将相关主题研究得更为透彻，我经常会在图书馆阅读 5~6 本相关的法律著作，收集不同时期不同学派中西方法学家的观点，法学界从不乏百家争鸣的时期，这些学说观点仿佛象征树叶生长轨迹的脉痕凸起，最终都将汇集成根植于法学土壤的参天大树。追溯着主流观点的变迁，一点点整理积累，再结合两大法系实践中的裁判观点，从古至今、从彼国到本国、由理论到实际，将这些智慧结晶整理成 PPT，与大家分享讨论的过程，成为我研一学习记忆中不可或缺的那一笔。课余期间，在导师推荐书单的指引下，我开始阅读国外的法学著作，并将印象深刻的语句记录下来，汇集成文档，成为今后撰写文章的积累；每周会固定安排出一段时间，让自己静下心来，去研读法学期刊的文章，汲取最新的学术观点，在阅读之余开始摸索法学论文的写作框架，渐渐地，我也开始尝试对感兴趣的研究领域的相关问题进行思考，并记录下来。“不积跬步无以至千里”，在联大的校园里以知识为帆，以书为梯，在仰望星空的时候不忘一步步脚踏实地，不断向法学殿堂进发。

（三）知与行

结缘联大，求索职业生涯的规划方向，在摸索中前行，在实践中成长。

选择攻读法律硕士研究生的原因之一，就是希望日后以法律人的身份承担在社会分工中的责任，在学习课程专业知识、完成学业目标之余，希望能有更多的机会去接触法律专业今后可能从事的行业。因此，一方面导师会邀请知名法学教授、各级法官、律师、公证员、公司法务等法律工作者到课堂上向我们讲授相关专业知识，分享各自行业的基本情况与就业前景，这让有意愿从事相关行业的我们身处教室已然有机会了解社会上的法律人士的职业状态。另一方面，在法律职业模拟等课程的学习中，我们自己联系相关行业的师兄师姐，或者提交相关的参观申请材料，有组织地实地参观仲裁委员会、互联网法院、人民检察院、公证处等法律职业环境，通过专业人士的讲解介绍，走进动态工作下的职业法律圈。术业有专攻，法学生尽早确定职业选择方向，就能够先一步进行相关职业规划，更好地利用在学期间汲取相关行业知识，能够更好地把握住有关实习机会，将理论与实践相结合，在选定的职业道路上实现自己的人生目标。在联大，方向既定，下一秒便是征程大海。

（四）梦与逐

结缘联大，开启人生理想的旅途征程，航向既定，定当乘风破浪，舵指前方。

人生路漫漫，在联大度过的研究生学习时光也是上下求索的关键阶段。从刚入学时对未来职业道路的迷惘与期盼，到如今对人生规划的坚守与憧憬，研究生学习让我树立了更为明确的人生目标，更加坚定了自己的前进方向。我喜欢留恋在浩如烟海的法学殿堂，在其中探寻法学先辈们的智慧结晶；我同样徜徉于彰显控辩审关系的模拟法庭，在据理力争中维护当事人的合法权益。法律职业共同体的多样性为法学生的就业提供了更为广阔的选择空间，而作为非法学本科出身的法律专业硕士的我来说，经过一年半的专业知识学习、实习实践与学术研究，我最终决定将公务员作为执业目标，希望可以通过相关考试进入自己向往的领域，进入人生的另一段征程，为实现自我价值继续砥砺前行。

三、可期

你所经历的，世间没有什么力量能从你那里夺走。

回顾进入联大的500多个日夜，脑海中浮现的是同学们论证观点时的激动面庞，耳畔萦绕的是导师们传道授业解惑的谆谆教导。500多个白昼，伴随在我身旁的是亦师亦友的师长，是热情洋溢的伙伴，教室记录了我们汲取知识、攀登学术高峰的每一步脚印，图书馆见证了我们备战法考、全力拼搏的每一道身影，会议室印刻下我们筹备会议、听取讲座的每一张相片。而我在联大收获的关怀与教诲、经验与素养又怎能不镌刻在心中？在今后的人生征程中，在面临挑战与困难时，这一切的一切都将会涌上心头，化作我前行的动力，坚定目标，勇往直前。

联大，你好。未来，请期待着！

以老师们的闪光师德为指引，努力进取

朱博文[1]

“灯塔是守望者，在浩瀚海洋中肆意航行的船，如果没有深夜中忽明忽暗的灯塔守候，就会没有航向，没有目标。”最怕身为研究生的我们如同坐井观天，“茫盲忙”地度过这宝贵的时间。然而倍感荣幸的是，法律系的老师们用自己的热情、知识、经验照亮我们研究生前行的道路，无私地指引我们前行。

作为一名法律系研究生，正如大多数人那样，渴望在知识的海洋里遨游，渴望有着和谐的师生关系，渴望能够在实践中实现自身价值，渴望在学术领域大显身手，渴望丰富多彩的课余生活。每个人生活在这个世界上，都拼命地去实现自己的渴望，希望未来能够给自己多一点的选择。而我也同样带着数不清的渴望走进小而精的法律系中，一点一滴地成长于其中。

梅贻琦先生说：“所谓大学者，非谓有大楼之谓也，有大师之谓也。”何为大师，在这我想把他形容为大先生，不仅学识渊博，在学术上有着较高的造诣，而且能够塑造学生的品格、品行、品味。例如法律系中的朱松岭教授，在课上用自己渊博的学识拓展我们的视野，丰富我们的常识，课下用自己的行动教导我们什么是做人的原则。我依然记得那天，朱老师上午在央视录完节目，要立马赶回学校为我们上课，临近一点上课时，老师还没有吃饭，将一瓶水和一块面包放在一旁。我们曾劝老师先吃一点再继续讲课，老师说：“咱们做人得有原则，上课吃东西不合适，我老师许崇德先生（著名法学家，政治学家，中国宪法学泰斗）对我们要求很严格，什么时候该做啥不该做啥，心里都得晓得。”接下来近 4 小时的授课，朱老师依然未饮食，我们十几位

[1] 朱博文，男，北京联合大学应用文理学院 2019 级法律硕士研究生。

学生深深地为其敬业的精神所折服。老师的优秀品行让我们更加深知如何为人处事。我也希望得到同龄人的敬佩，得到老师、领导的赏识，而这不仅依赖于能力，更依靠于德行。道德是做人最基本的原则，一个知识不全的人可以用道德去弥补，而一个道德不全的人却无法用知识去弥补。我非常感激法律系老师们的言传身教，让我们在未来学习生活的道路上能够更好地前进。

走进法律系研究生教室，翻转课堂、谈论式课堂、激辩式课堂、学生为主老师点评式课堂等，让我体验到了全新的不同的教学方式。正是这极具风格和特色的教学模式，改变了我的状态，激发了我的学习热情，从被动性接受到主动性汲取。例如在王平教授的课堂上，若我们不去主动阅览、扩展知识，就难以融入谈论的这个环节。马克思有一句话，时间是生命的存在。在课堂这一特定的时空里面，大家之间的互动就是一种生命存在的形式，它对于双方都能产生价值。在对《优化营商环境条例》的解读中，每一个法条都有其内在的逻辑性和价值性，每个人的解读含义、程度都不一致，正是在这种谈论式的环境中，我们才能养成求知的欲望，才能使大脑完成从被动性记录到主动性书写、输出的改变。一个人如果不去主动的思考，将会一直活在影子之下。还有在刘婧娟老师的课上，是学生为主老师点评的方式。记得当时我上讲台对《行政协议诉讼的制度构建》一文进行介绍和解读，面对台下的同学，曾经的怯场都在慢慢地锻炼中消散。这样的形式不仅仅锻炼了学生的表达能力，而且增强了学生对文章的阅读能力。

更令人意想不到的是一对一导师制，这在国内大学中是很不常见的。导师对自己学生的关注是全方位的，二者之间互动式联络，整体师生关系更和谐、融洽，对此我深有体会。2019 年北京初入冬时，阵阵寒意侵袭而来，感冒发烧人数倍增，我的师兄张立超也被这股寒意所袭。崔英楠导师得知后，让我替她去看望下师兄，给师兄带去她的慰问，这让远离家乡的游子在初冬中感受到家人般的关心和温暖。在此让我感受到导师不仅仅是自己的学术指路人，也是在异乡的亲人。在法律系中，师生之间交流，和谐融洽程度我深有体会，除了课堂上那几小时的学术探讨，在课间、课后，师生之间的交流涉及各个方面，导师对我们的生活、最近的困惑、未来的择业等，都有相当多的了解。不可否认，法律系全体师生是一个大家庭，数十人在一起，一起推进我们大家庭的发展。

在研究生阶段，大家肯定关注自己的学术水平和实践能力。然而研究生学习不同于本科学习，研究生的学习是一个理论和实践相互促进的过程，二者紧密结合。在知识层面上，有着太多的平台等着我们去学习利用。老师分享的各种法学学术论坛层出不穷，例如2019年11月16日我参加了北京航空航天大学举办的第九届两岸民商法前沿论坛“民法典编纂的最后冲刺与定型”会议，受益颇多。通过这些讲座和课堂上老师的分享，我了解到各个领域的最新发展概况，充实了多方面的知识，拓宽了眼界，从而能够跟上法学研究的步伐。理论在实践中得以检验，实践又丰富了理论知识。每个老师都会有自己研究的课题，这对于每个学生来说都是一个提升自己的机会。完成一个课题项目不仅仅是一篇简单的学术论文，例如2019年10月我跟随导师前往建国门街道进行调研走访，在长达3小时的采访中，首次对交谈进行记录。事后整理记录文字又锻炼了我的整理归纳能力。这类采访，不仅涉及实地调研，还需要查阅大量的文献，我们要在文献研究中将提炼的重要观点加以分类和分析，这是一个艰难的过程，只有读够了、读懂了，才能建立自己的理论。阅读整理文献考验着一个人的耐心和归纳能力。学术研究和实践探索的道路总是艰难的，在艰难险阻面前，老师的出谋划策，让我们渐渐学会独立处理一系列问题。

相对于本科来说，研究生的自由程度更高，思想意识也更为成熟。作为一名合格的社会主义接班人，政治正确、思想正确这是最基本的要求，系里对我们的政治思想教育也是相当重视的。党组织、团组织活动丰富多彩，不仅提高了政治意识，而且丰富了业余活动，锻炼了身心。例如，党支部组织我们在北京展览馆剧场观看红色经典主题视听音乐会《闪闪的红星》，这对从未去过剧院的我来说是一场意外的惊喜。也许有些人会说，研究生相当于走进了半个社会，得为走上社会做好打算。的确如此，尽管我们不知道未来的工作如何，但我们现在需要掌握一些基础办公、协调能力，为未来的工作做准备。非常荣幸能够作为系里公众号运营成员之一，在对新闻稿的筛选、文字的编辑处理、格式排版的处理、照片拍摄选取的处理工作中，锻炼、提升了我的能力。在我看来，系里对研究生的培养是全方位的，从学术研究、实践探索、政治思想到个人能力等各个方面无不涉及，致力培养出党、国家和人民所认同的研究生。

系里给研究生阶段的学生创造了各种各样的机会，学习、生活变得充实，让学生更有能力应对社会的挑战。在这期间，笔者明白身边的每个人都有自己的追求，系里的老师也从未要求每个人都一样，不希望每个人成为流水线上同质化的产品。身边有的同学毕业之后想从事律师工作，课堂上有从事实务经验的律师为其揭开律师行业的面纱，涉及民事诉讼业务、非诉讼业务、刑事诉讼等，只要想学，应有尽有。有的同学毕业之后想考取法官，一些课堂上也有相应的北京基层法院法官、中院法官前来授课，对法律实务进行讲解。有的想从事学术研究，可以参加各种论坛，接受系里教授的指导。在这过程中能够获得更多的专业性知识，更为重要的是在这求知的过程中我们能够获得来自于专业知识外，令我们终身受益的做人、做事的道理。例如，王洪秦律师在第一节课所说，作为一名律师，德行是首要的，优秀的品德才能使我们在这行上走远。在求知过程中要重视学习的思维、方法、观点，必须与时俱进，不能留存于过去而不改变。一个人若故步自封、原地徘徊，终难有所成就。正如刑法课上讨论“大连 13 岁男孩杀害 10 岁女孩”事件，邵彦铭老师给我们展示了全新的视角看待问题，法律人的讨论要充分展示一名法律人的学术功底。一名法律人若永远只会用普世价值观去看待生活中发生的事件，终将被这个社会所淘汰。对于课堂的讨论，老师给予每个人表达自己观点的机会，也许大家的意见不一致，但倾听别人想法的过程，也是一个学习的过程。曾经的我们可能习惯于以自我为中心，但在这儿每个人都有机会成为主角。若一个人的学习只限于自身狭小的天地，不与外在环境联系起来，就永远不会发现自己所学到的只是冰山一角。在生活中，亦是如此。我们研究生学习的不仅是知识，还有生活。

研究生阶段，处在大学本科和博士之间，在当下对学历要求不断提高的年代里，研究生阶段是在一定程度上决定以后人生高度的一个分水岭。对于研究生而言，要么毕业之后步入社会工作，要么毕业之后继续读博深造。对于这极具转折点的阶段，非常考验学生自身的能力水平和学校对学生的教育，两年后的毕业生如何在激烈的就业环境下占领一席之地，或者如何更进一步踏进学术领域，是值得我们认真思考的问题。以下是笔者这段时间的几点感悟：

（1）固定且良好的学习环境必不可少。融创楼 9 楼法律硕士研修室值得大家好好利用，在那里每个人都有固定的学习空间，不会出现本科时每天背着电脑、书本在图书馆和寝室之间来回折腾。安静的学习环境，适合我们静下心来写点东西。

（2）明确自己感兴趣的研究方向。每个老师都有自己的研究方向，选好自己的方向，紧随导师步伐共同参与相应课题，同时开始大量阅读相关的期刊文献，书写研究结果，到毕业那年毕业论文的选题报告、开题报告书写时就可以得心应手。这是非常具有目标性与系统性的。

（3）多参加学术研讨拓展视野。学术的研究不仅限于书籍，还需积极参与各类学术会议，在会议中认真倾听与记录，形成心得体会报告，这是不可多得的研究成果。系里的各项学术研讨会，都是我们学习的机会。

（4）注意日常文献阅读积累。在法学中，积累极为重要，但大部分学生却不会阅读，不知道看什么类型的书籍，无从下手、看不下去、看了就忘，难以形成读书笔记。2019 年 11 月初，很幸运我们有一个关于读黑格尔《法哲学》的读书会，由毕业于厦门大学的博士生王丰收师兄（硕士师从朱松岭教授）带领我们由浅入深地理解黑格尔的法学思想，分享阅读经验与知识，每次分享后形成书面笔记，加深我们的法学理论功底。此外，我们要加强对中文文献的阅读，并开始进行相关英文文献阅读，阅读之后最好形成读书笔记，做成自己的成果。

（5）制订切实可行的规划。研究生阶段说长不长，说短不短，一个切实可行的规划能够让我们合理地度过这个阶段。在入学的时候，我们每个人都有各自的培养计划，对整个研究生阶段有着清楚的定位，安排好研一和研二的时间，毕业之后是就业还是读博自己得清楚。

（6）加强团队合作、协调的能力。不管在课题组内还是在实践活动中，团队精神必不可缺，如在一个课题组中，每个人参与的部分不同，然而课题是非常系统全面的，只有团队中每个人参与协作，才能使研究的课题全面推进。除此之外，参与团队协作还可以加强与同学和老师之间的交流，拓宽自己的朋友圈。

（7）注重调研活动的总结和分析。参加调研活动，才能获得第一手素材。带着问题去调研，调研成果会事半功倍。在调研中，导师给我们树立了良好的带头作用，记录本上记载有关问题，整个流程充实紧凑。在调研之后形成的书面报告极为重要，甚至可以直接运用于撰写的论文中。这种学习模式培养了我们的文字整理能力，也培养了优秀的习惯，这种优秀的习惯将会一直伴随于以后的学习、生活、工作中。

（8）塑造良好的心态。对于学习要有着积极的态度，多阅读中外文献、多听学术论坛、多思考、多动笔写。研究生阶段让自己充实起来的同时，不要忘记疏解自身的情绪。可以与自己的导师沟通交流，也可以和同学敞开心扉交流。在研究生阶段，不管怎样，良好的生活心态才是最基础的。对于优秀的人我们可以羡慕，但不要嫉妒，我们得去挖掘其优秀的原因，得失心不可过重。端正态度去面对一切，更容易让我们所经历的这一切沉淀到我们的骨子里，细细品味出的内在含义才是我们最宝贵的财富。

以上都是笔者在法律系经历的点点滴滴中的一部分，感悟颇深，所有的情感流于文字之间。感谢法律系给了笔者机会，开阔了视野，增长了见识。愿所有学子在灯塔的指引下都可以扬帆远航。

这是最美好的时光

杨蕙箫[1]

本人于2016年考入北京联合大学法律系法律硕士（法学）专业，虽然只有短短两年的学习时光，但无论是与老师还是与同学都建立了深厚的感情，对于自己今后的工作也有很大帮助，主要体现在以下几个方面。

进入北京联合大学法律系以后，很荣幸从事了教学秘书的工作。一开始有点理不清头绪，后来在各个老师的悉心指导下，慢慢地走上了正轨。这个工作简单来说是“上传下达”，是与各科老师进行协调、沟通后，把需要通知的内容向同学们传达。不论是语言表达还是时间上都需要综合考虑，这增进了我与老师、同学之间的情谊。也让我感受到，法律系不是冷冰冰的，而是一个温暖的大家庭，在这种环境下我是一种完全放松的状态，不仅沟通能力有所加强，而且通过与老师们之间的长时间沟通，提升了自己。更难能可贵的是，法律系给我们提供了展现自己的机会，如法律系的学术论坛，自己先就一个论题进行“演讲式”的发言，然后由老师对发言进行点评，这提升了我们的表达能力和写作能力。

研究生阶段是一个综合知识和能力提升的阶段，虽然我本科也是法学专业，但是对于专业知识的学习仅是基础学习，在研究生阶段，各科的学习都很综合，尤其伴随着各部门法律的不断更改，理论学习加实践学习更是挑战。学校给我们提供了很好的便利条件，给我们请各学科的专家像邹海林教授等，或者资深律师钱烈阳老师、王洪秦老师等来帮助我们学习，这使我们受益匪浅。不仅如此，老师还带我们去律所、北仲等实践基地参观、学习，这不仅对我们的知识水平有所提升，而且扩大了我们的认识范围。此外，老师还创

[1] 杨蕙箫（1993—），女，北京联合大学2016级法律硕士研究生，现在天津市武清区人民法院工作。

新了学习方式，让我们自己去做 PPT 讲课，面对这一挑战，我还是比较兴奋的，通过这种方式不仅学会了分析问题，也学会了独立剖析文章，更学会了从不同的文章中总结不同的理论以及运用不同的分析方法如“小题大做”。法律硕士在我理解本来就是一个实践学习加理论的学习，学校的这种学习方式和学习模式让我的学习和实践能力都有所提高。

说实话，在读研之前，我没怎么参加过大型的会议，更没有做过会议的筹备工作，读研期间参加的各种学术论坛见到了以前只看过人家著作的星级大咖，如江平教授、陈光中教授，更重要的是学习到了国内外的学术理论，拓展了视野。通过参加我们学校组织的各种活动，如金融财税法学会论坛、雄安新区高端论坛以及我们的学术论文答辩等的筹备工作，与专家、老师和同学们进行深入沟通交流，自己收获很多。不仅仅是学习上的，还有他人的努力、认真生活的态度，都是我应该学习的。这都是学校给予的宝贵财富。

现在，作为一名基层的法律工作人员，虽然入职仅一年多，但是研究生期间学到的东西是隐藏在骨子里面的东西，不想忘记，也很难忘记，这对于我的工作有很大的帮助，那是最美好的时光。

在追求梦想的路上奋力奔跑

曹立群[1]

2014 年本科毕业后诸事坎坷，求职与亲属患病两件大事让我心力交悴，再加上司法考试、考研、考公务员的接连失败，我在浑浑噩噩中过了一年，奔波在学校与医院之间，灰暗忧伤是我那段时间人生的主色调，挫败感、无力感与失望感等负面情绪交织一起。如果按照成就定义人生是否成功的话，那么我俨然就是一个人生失败者，对前途是一片茫然，对社会是无所适从。在无数个失眠焦虑的深夜中，对自己对人生不断地思索后，我不想在自己老家“十八线”小县城里就这样度过一生。对于像我这样一个普通而平凡的人来说，考取研究生可能是改变自己命运的唯一机会。于是在 2015 年 9 月参加司法考试后，毅然决定三战考研，终于如愿以偿。

2016 年入学之初，我作为一名法律系研究生跟随导师王平老师学习专业知识，掌握更多的理论是求学时间必须做的事。在联大求学期间，法律系诸位师长在学习、工作和生活等各个方面都给予了我极大的帮助。通过完成一项项挑战自我的学术任务，我有了极大提升和进步。

同时，在紧张的学习之余，在课堂之外的学术空间中，我还积极参与法律系邵彦铭老师的课题“基层法院多元纠纷化解工作情况”，并作为课题组成员为撰写课题结题报告做出自己的贡献，对北京市基层法院多元化纠纷解决方式进行调研和深入理论研究，总结优秀经验，为司法实践做出有价值的参考。2016 年 10 月至 2017 年 7 月期间参与法律系郭娅丽老师主持的与朝阳区农委签署的委托课题“朝阳区农村集体土地上住宅拆迁腾退政策制定相关问题的研究”，作为课题组成员，积极参与课题，搜集资料，归纳案例等，通过

[1] 曹立群（1994—），女，北京联合大学 2018 届法律（法学）硕士，2018 年 7 月就职于北京市延庆区人民法院，现任四级法官助理。

实地走访、调研朝阳区 17 个乡、村，撰写土地腾退研究报告。另外，还参与常敏老师的“民法分论专业核心课建设”课题项目，做案例搜集工作。另因英文水平较高，被文理学院科研处教师选拔为英文课程助教，即 2017 年 2 月至 2017 年 6 月期间，每周六担任学院路共同体全英授课公选课《圣经文学导读》助教。

参与了这么多课题及活动的主要原因不是我有多么优秀，而是联大法律系的导师们对学生的爱护与培养，这是导师给予法律系研究生每一位同学均等的机会。王平老师常常笑称我们 2016 级法律硕士是“黄埔军校第二期”，都是老师的宝贝。千里马常有，而伯乐不常有，可以这么说，法律系教师把每一位法律硕士研究生都视作珍宝，竭尽全力地去培养和帮助我们这些学生。回首自己的研究生生活，恍若昨日，课堂上的争论、烈日下的调研、模拟法庭里的辩论、导师讲课时的慷慨激昂……一切依然历历在目，即使很多年过去，我依然会怀念那时的时光，心怀感激。

这些丰富的学术活动既是锻炼又是考验，面对自己从没有涉足过的领域，“书到用时方恨少”的情形屡屡出现，我认识到了自己在专业素养上的不足。在需要的时候脑海中没有相应知识储备的窘迫，让我化压力为动力，不断地鞭策自己学习进步，不断地通过研读论文资料、勤学苦练英语，努力地提高自己的综合素养。这些事情给我的感悟就是当自己处于舒适区难以走出时，往往得到的进步与成长是最少的。只有当我们走出舒适区，面对忙碌与压力时才能促进自我提高，自我提升。珍惜时间，把握机会，多看书，机会对于任何人都是公平的，只有主动和勤奋才能抓住机会。

在校外实践方面，2017 年 6 月经法律系常敏老师介绍，我进入北京上唐集团有限公司实习，任法务部专员，该公司从事建筑工程业务，而我的工作就是审核合同、制定内部管理文件、负责异地（成都）谈判与收购股权。在公司工作这段时间，一直跟着公司高管兼法律顾问梁平律师学习各种专业内容及为人处事的经验，梁律师毫无保留地倾囊相授，专业律师犀利而敏锐的分析思路和语言，工作方面耐心的指导，工作自律性和做事风格都启迪着我，这些前辈是我初入社会的人生导师。能够在人生中有一段时间与这些前辈相遇，接受指导和教诲，感谢常老师，感谢缘分。更让我觉得巧合的是我的两位老师：一位是梁平律师，另一位是王平老师，名字里都含一个平，都是干练型的、智慧与魅力集于一身的老师。一位教导我学校知识，一位教导我工作知识。这两位老师都是我的人生导师，给予我各方面的帮助，让我得路走得更敞亮、更平坦，感激感恩之心永在。

在校内实践上，笔者担任2016级法硕班班长职务，为同学服务，工作认真负责，获得导师与同学的肯定。在导师指导下，2016年10月我组织筹办应用文理学院“考研学子交流会”；2016年11月我承担北京市法学会金融财税法学会秘书处工作，并组织筹办第六届首都金融财税法学会年会；2017年举办“第一期研究生学术沙龙”；2018年5月组织筹办应用文理学院“就业交流会”等活动，为同学提供考研咨询和帮助、学术研究思路；筹备组织2017年1月的法律硕士学科点建设汇报会及2017年3月第二届法律硕士学术研讨会，为我们法律系研究生搭建了自己的学术展示和交流平台；同时在校研究生会作为外联部成员，于2016年12月组织筹办2016年研究生元旦晚会。这些校内实践活动都极大地锻炼了我的组织能力和表达能力。短短两年时间，让我脱胎换骨，判若两人，由一个忧郁、内向、怯懦、迟钝的人转变成了一个开朗、外向、勇敢、机敏的人。变化最明显的就是我的说话速度，2016年入学时语速极慢却不自知，2018年毕业时王平老师特意表扬我“你现在说话可比刚入学时快多啦！变化真是不小！”我时时想起王平老师这句话，研究生期间的变化是潜移默化的，但也是肉眼可见的。

在开阔视野方面，联大给莘莘学子提供了很多对外交流学习的平台，就拿文理学院法律系来说，给我们法律系学生提供了中国台湾、俄罗斯等地高校的学习与交流机会，不管是从经济补助上、专业学习上，还是生活上，学校及法律系都做了很多努力，以免去学生因经济窘迫而产生的后顾之忧。到现在我心中还遗憾法硕学制时间太短，过于仓促，以致无法去其他高校接受培养。幸而参与了一次国外游学项目，不至于过分遗憾。2017年的暑假是我收获最大的一个暑假。我和其他19位联大学生参与了学校组织的国外游学项目。2017年7月18日至8月4日前往俄罗斯叶卡捷琳堡进行游学，参加乌拉尔国立法律大学（Ural State Law University，USLU）的暑期法律学习项目——Summer Law School Program of Overseas Practice。我们一同去往俄罗斯的飞机，跨越了大半个亚洲，途经哈萨克斯坦首都努尔苏丹转机，辗转来到了著名的叶卡捷琳堡。在这座宁静而美丽的城市中真正地感受到了俄罗斯特有的文化与精神，不只是学习环境，一切都是那么的新奇与不同。我们一行人在叶卡捷琳堡生活了18天，通过衣食住行全面了解俄罗斯的历史、风土人情，体验俄罗斯本土的文化，深入俄罗斯人民的当地生活；通过参观宪法法院、知识产权律师事务所，参加各种法律课程、讲座来了解俄罗斯法律，包括法律英语、俄语和民法、商法、税法、人权保护研讨会，知识产权保护讲座等。优质的课程安排和精彩的讲解，让我有机会对俄罗斯法律进行专业而细致的学习。在这 18 天里感受到的不过是沧海一粟，这个国家的经济可能没有中国繁荣，人口没有我们众多，但是在这里我感受到的是俄罗斯人民对中国人民的友善、和蔼及对其他民族包容的感情。他们的生活方式平和而宁静。这次的出国游学，很有收获，收获了知识，收获了友情，收获了生活。此外，最重要的是我们此次顺利成行离不开在幕后为我们提供各种帮助的、促成中俄两校交流的最大功臣——敬爱的王平老师。在俄罗斯期间，我们法律系的晓丽老师和俄罗斯老师卡佳，给予了我们 18 天的关爱和呵护，真心感谢可爱可敬可亲的老师们为我们的付出，没有老师的帮助与关爱，此行不会如此顺利与圆满。对于出国问题，就是那句很流行的话——“世界那么大，我想出去看看。”出去以后才知道世界原来真的很大，有很多我们不知道、不了解的事情。出国学习的意义在于开阔视野，了解文化的多样性，重塑自己对世界的认知。不出去走一遭，是很难获得这些体验的。不管时光过去多久，这次俄罗斯的出国游学生活必将成为我一生珍贵的回忆。

我幼时爱看武侠小说，醉心于荡气回肠快意恩仇的武侠世界。懵懂少年时是《今日说法》的忠实粉丝，痴迷于曲折离奇鞭辟入里的法律案例，对法院工作充满了憧憬。考入联大是一个偶然，但这个偶然却带给我许多惊喜。从 2016 年 9 月进入联大攻读法律硕士学位至 2018 年 6 月顺利毕业，经过在校期间的努力学习，成功考取北京市公务员，在 2018 年 7 月入职北京市延庆区人民法院任法官助理。在联大，我终于实现了幼时的梦想，把握住了命运给予的机会，如我所愿顺利地成为一名法院人。人生没有白走的路，每一步都算数，它让你站得更高，看得更远。我将会在以后的道路上继续努力奔跑!

回首自己的求学时光，可以说在联大求学的这两年时间是我人生的一大转折点。那些内心燃烧着激情的岁月是珍贵的，奔赴理想的归途虽然有些波折和漫长，却是自己改变命运的唯一途径。考上研究生并不代表自己就如何厉害，甚至读完毕业了也不一定会比之前优秀多少，但是考上研究生绝对是一个通往更广阔平台的转折点，一个再次用实力说话的机会，可以成就更优秀的自己，遇见更美丽的风景。

能够通过联大给予的平台，实现儿时梦想加入延庆法院，能够成为铸造共和国法治群体中的一分子，能够做一个有情怀、有技能的法院人，能够为法官这份崇高的职业而奋斗，我感到莫大的荣幸与骄傲。不甘于平凡，也不畏惧平凡，不丢弃原则，更不放弃规则。敬畏法治，信仰真理，青春不朽，无关年龄，岁月静好，只争朝夕。我只想不忘初心，用不断努力的奋进之笔，写下挥斥方遒的无悔青春。

实践育人

开展专业志愿服务，提升实践育人质效

王　平　王奕博❶

摘要：通过实践育人，培养法学专业学生应用能力来提高法学教育质量是法学教育的重要举措。将专业志愿服务与应用性法律人才的培养相结合，是一种很好的尝试，有利于促进法学专业学生社会责任意识和应用能力的培养，是法学专业提升综合育人质效的有效方式，具有一定的推广价值。

关键词：专业志愿服务；社会责任意识；应用能力；育人质效

2018年9月，在全国教育工作大会上，习近平总书记指出："培养德智体美劳全面发展的社会主义建设者和接班人，加快推进教育现代化、建设教育强国、办好人民满意的教育。"高校要把立德树人作为根本任务，融入思想道德教育、文化知识教育、社会实践教育各环节，把思想政治工作贯穿教育教学全过程，把思想价值引领贯穿教育教学全过程和各环节，形成教书育人、科研育人、实践育人、管理育人、服务育人、文化育人、组织育人长效机制。

法学专业是应用性、操作性很强的专业，法律应用能力和法律素养的培养要通过大量的专业实践来实现，但要保证所有学生都有机会到传统的公检法部门和法律服务机构实习锻炼，现阶段还是存在一些困难。另外，社会各领域对法律服务的需求，特别是对法制宣传教育、一般法律服务的需求日益增加。为此，我们另辟蹊径，利用专业志愿服务平台，开拓第二课堂，在法律志愿服务方面多做工作，既能作为政府的帮手进行法制宣传、提供法律服务，又能满足本专业学生法律实践的需要。在新时代全面推进依法治国，培养应用型、复合型卓越法律人才的大背景下，本专业积极探索并实践将志愿

❶ 王平，北京联合大学应用文理学院法律系教授，法学专业负责人；主要研究领域：经济法、财税法。王奕博，北京联合大学2019级法律硕士研究生。

服务与专业教育相结合的法学专业人才培养模式，借此提升本专业人才的法律应用能力和综合素质，提升育人质效，培养德法兼修的优秀法治人才。

一、法学专业志愿服务实践

自2011年来，本专业陆续与多家政府机构合作成立不同领域的专业志愿服务团队，在各自领域展开形式多样的志愿服务活动。2011年，接受北京市委法宣办、市司法局委托，成立面向中小学生进行法制宣传的“青春船长 法制启航”（以下简称“青春船长”）团队；2013年，受北京市知识产权局、市志愿服务指导中心、市保护知识产权举报投诉服务中心共同委托，建成了北京市第三批首都大学生保护知识产权志愿者校园服务站（以下简称“保护知识产权志愿服务”）；2014年，受北京市法学会委托，依托本专业所在的宪法学研究会建成了首都青年普法志愿者（以下简称“青年普法志愿者”）团队。

自建成志愿服务团队以来，各团队加强自身建设，与相关单位密切合作，以完成政府机关或者专门机构的任务为指引，规划实施了丰富多彩的志愿服务活动，取得了很好的社会效益。

（一）“青春船长”团队

该团队以法制讲堂、模拟法庭、法治漫画、法治短剧等方式为本市中小学生开展了近百场法制宣传活动。该团队积极开展中小学普法宣教工作，服务对象覆盖海淀区、朝阳区、丰台区、房山区的各中小学，服务39场次；接受首都“青春船长”团队的指导，积极参加培训和其他活动，拓展志愿服务领域，取得了丰硕的成绩，团队成员也得到了很好的锻炼。2014年2月，为北京市第三中学开设了以未成年人保护及未成年自律的“开学第一课”，3月至7月，以“彩虹之旅——文物保护”为题，完成了青少年法制宣传教育专项活动的课件制作和课程录制，并作为北京地区优秀课件推送到司法部全国青少年法制宣传“空中课堂”教育专项活动课件库，作为全国青少年法制宣传的网络公开课程资源。2018年策划录制的禁毒宣传片《倒带》，获得北京市禁毒教育基地“首都高校禁毒普法系列活动”好评。2019年5月6日，在纪念五四运动100周年之际，团队成员获邀走进最高人民检察院，参加主题为“弘扬五四精神，建设法治中国”的检察开放日活动，聆听张军检察长的谆谆教诲，做到听党话、跟党走，结合国情和学业实际，树牢“四个意识”，坚定“四个自信”，做到“两个维护”，刻苦学习法律，积极了解社会，勤思考、长见识，为参与法治中国建设打下坚实基础。“青春船长”团队成员注重团队持续建设，将优秀的团队精神一届一届地传承。该团队因为工作出色，2013年、2014年连续两年获得北京市高校“青春船长”优秀工作一等奖，部分同学获得“优秀船长”称号，每一任船长都成为所在年级的优秀学生代表。

（二）“保护知识产权志愿服务”团队

该团队以知识产权讲座、知识产权校园咨询服务、企业知识产权保护宣讲与调查、知识产权辩论赛、“世界知识产权日”咨询宣讲、到知识产权管理部门参观调研等方式开展30多场次活动，将知识产权知识（学校）、管理（政府）、运用（企业）等保护知识产权的各个环节有机地联系起来，强化了校园知识产权保护意识，很好地完成了委托方的任务。该团队项目也被评为我校精品志愿服务项目。近年来，该团队与北京市保护知识产权举报投诉服务中心密切合作，协同组织并积极参与该中心举办的知识产权模拟法庭竞赛、辩论赛、演讲比赛，在活动组织和参赛过程中合作学习、锻炼成长。2017年，团队成员参加“创新创业与知识产权保护——2017年首都大学生保护知识产权志愿者演讲比赛”，荣获二等奖。

（三）“青年普法志愿者”团队

2014年成立伊始，团队就主要以制作宪法及相关法律知识展板、社区宪法宣传、宪法诵读等方式开展首个国家宪法日的宪法宣传活动，特别是与高等教育出版社合作，创新性地录制宪法诵读视频并在网络上推送，强化了国家宪法日的宣传效果，受到各方好评。该团队利用寒假、暑期进行社会实践，与社区、街道合作，加强基层普法宣传，已经成为当地较有影响力的普法队伍。在北京市法学会、各区法学会的组织之下，开展多项国家宪法日活动，团队同学积极参与，为宣传宪法知识、弘扬宪法精神做出了积极贡献。除了日常的普法宣讲之外，该团队还积极参加“学宪法讲宪法”的演讲比赛，自2016年来的4个年度，团队成员连续参加北京市教委、东城区委等单位组织的比赛，并获得多项奖励。

二、法学专业志愿服务实践活动的特点

（一）第一课堂与第二课堂紧密配合

第一课堂是规范完成人才培养方案教育教学任务的基础，重在解决专业基础教育和必要的实践能力训练。第二课堂则可根据专业实际情况和学生的兴趣安排各种实践活动，重在体现实践，即“学以致用”。将二者紧密结合，特别是通过开展专业志愿服务，将专业学习和能力训练延伸至法律实践中，很好地解决理论与实践脱节、专业实习 / 实践不实的问题。

（二）政府指引、教师指导与学生自主完成志愿服务工作相结合

一般情况下，志愿服务实践中，更多的是学生自主完成各项志愿服务活动。但因本专业各志愿服务团队均有与政府机构合作的特殊之处，各政府机构对志愿服务都有特定的要求，因此，各志愿服务团队遵从各相关政府机构的要求，以其为指引，制定志愿服务规划、实施具体项目。同时，志愿服务所涉及的问题专业性很强，需要教师的帮助，本团队教师均在各个阶段予以指导，以提高志愿服务的水平和社会效果，包括：法治漫画的选材，法制讲堂课程规划、讲师遴选与培训、课件制作，模拟法庭训练演示，法治短剧编排，知识产权辩论赛筹备、实施，宪法日宣传、宪法诵读等。

（三）完成交办任务与自主开发志愿服务项目相结合

在志愿服务任务的完成方式上，实行完成政府机构交办任务与志愿服务团队自主开发服务项目相结合的方法。具体而言，如前所述，每个志愿服务团队要在政府机构的指引下，完成其交办的基本服务任务，这是志愿服务的基本遵循。但同时，在具体实施志愿服务时，各团队可以发挥主观能动性，积极创新，开发新项目，以便更加出色地完成各政府机构交办的任务。例如，在“青春船长”团队，学生除采用最常见的法制课堂的方式之外，还积极开发出漫画、短剧、模拟法庭、公开课等方式；“保护知识产权志愿服务”团队，开发出辩论赛、企业访谈、管理官员讲座等方式；“青年普法志愿者”团队则在传统的宪法知识展板、法律咨询服务之外，开创性地采用了将宪法诵读推向网络空间的方式开展活动。

三、专业志愿服务实践育人成效

（一）兴趣导向的专业实践活动，培养学生创新能力

不同于第一课堂的学习和实践在于学生可以根据自己的兴趣自主选择，作为第二课堂活动的志愿服务，一经选择，学生们就最大限度地发挥主观能动性，以各种创新方式实施志愿服务，高质量地完成各项任务。例如“青春船长”团队，2014 年 3 月起，在本市落实司法部“空中课堂”青少年法制宣传教育专项活动中，团队制作、讲授的文物保护法课程“文物保护知多少”因特色鲜明、形式新颖入选“空中课堂”优秀法制宣传课程 / 课件，并参加了之后的录制。在创作中，团队几易其稿，历经 30 余次修改，最终创新性地以中华民族的辉煌历史为引入，采用彩虹之旅的形式，通过红、橙、黄、绿、蓝五种主题色彩逐步展开文物保护法知识的方式，以“彩虹之旅——文物保护”为题，融入了视频、音频、漫画等多种表现形式，还设计了游戏和互动环节，最终从多件参选作品中胜出。“保护知识产权志愿服务”团队则创新性地采用辩论赛的方式，充分地展示了保护知识产权的现实意义。“青年普法志愿者”团队首创以诵读宪法并将诵读视频发布到网络的方式纪念国家首个宪法日，将传统文化与现代科技手段完美结合，既弘扬了传统文化，又最大限度地宣传了宪法，甚至可以满足视觉障碍人士学习宪法的愿望。

（二）以团队形式开展专业志愿服务，培养学生团结协作能力

作为法学专业学生，团结协作能力是必须具备的，无论将来是从事律师、法官或者其他行业，团队都是必不可少的。作为团队中的一员，如何与其他成员分工合作，以及如何处理成员间的人际关系都是不可回避的问题。本专业以团队形式开展专业志愿服务，正是对学生在团队中团结协作能力的培养。例如，在开展“北京联合大学‘青春船长’赴小武基小学开展宪法主题普法活动”中，有负责对学生进行讲解工作的讲解员，有负责对内容进行记录工作的记录员，还有负责拍摄工作的摄影师，团队里的每项任务都由学生自己分配，自主完成，在活动中都发挥出各自的作用，最终经过整理结合，汇成了本次活动的优秀成果。在发挥各自优势的同时，也培养了学生团结协作的能力。团结协作能力是法律专业学生能力和素质的重要体现，学生在参加专

业志愿服务之后，在学习和生活中都更愿意以团队的方式去讨论和解决问题，团队意识和协作水平都取得了显著提升。

（三）提供高质量的志愿服务，培养学生服务社会的意识与能力

法律专业的学生，应该具备较强的社会责任意识和社会服务能力，养成运用所学的法律专业知识为社会服务的情怀和意识。第二课堂的开展，是实现这些培养目标的良好渠道。如前所述，各专业志愿服务团队与相关单位密切合作，积极开拓，规划实施了丰富多彩的志愿服务活动，为十几所中小学开展了近百场法制宣传活动，为十几个社区开展20余次法律咨询和法制宣传，举办的各种知识产权保护活动辐射到近 10 所高校，都得到了合作方与服务方的积极评价，很好地践行了以专业知识和技能服务社会的志愿服务精神，取得了良好的社会效果。

（四）增强专业自信心，提升专业应用能力和法律职业素养

通过广泛开展志愿服务活动，学生的应用能力和自信心得到了极大的提升。一是培养锻炼了自治能力，基于志愿服务自身的要求，各个团队都在沟通的意识与能力、中长期规划与具体项目策划、团队建设与梯队培养、志愿项目实施等方面加强了建设。二是锻炼了（专业）表达能力，在志愿服务活动中，学生们通过绘画、书面策划、讲课、演出、模拟法庭演示等活动，逐渐锻炼了书面和口头表达能力，部分学生可以做到在模拟法庭中侃侃而谈，有律师和检察官的风范；他们录制的“彩虹之旅——文物保护”作为司法部全国青少年法制宣传的“空中课堂”公开课程资源。三是培养了学术研究意识和能力，以志愿服务实践为基础，学生们将其上升到理论的高度，成功申报了校文科中心创新项目、“启明星”国家级项目；积极参加指导教师牵头的社会调研项目，调研成果获得市级二等奖；组队参加北京市模拟法庭竞赛，获得了市级二等奖的好成绩。四是锻炼了社会服务能力，通过宣传、教学、演出、咨询等活动，学生的专业服务能力得到了很大的提升，同时又能很好地推动理论学习，提高学习效率和就业竞争力。

四、结语

专业志愿服务的开展，对学生个人能力的提升起到了巨大的帮助与促进作用，学生在专业志愿服务中表现出来的踏实、勤奋、不怕吃苦、专业精神等，必将极大提升其职业素养，提高其就业竞争力，部分学生还未毕业就受到有关单位的垂青。这些都大大增强了学生的专业自信心，为其长远的职业发展奠定了良好的专业基础。实践只是过程，育人才是关键，本专业通过实践活动提升了学生的应用能力和综合素质，努力为国家培养应用型、复合型卓越法律人才，为国家法治人才培养做出积极贡献。

附：

“青春船长”部分志愿服务活动

1. 北京联合大学“青春船长”普法团队——赴西直河小学普法宣传活动

2017 年 11 月 20 日，北京联合大学“青春船长”普法团队的同学们来到朝阳区西直河小学，为同学们带来一堂关于“未成年人与校园欺凌”的普法课程。课上，我们以具体案例和相关法条为基础，结合小朋友们喜欢的卡通人物，向他们讲述了未成年人的基本概念、享有权利和保护原则，以及如果发生校园暴力事件我们该如何面对，从三个视角带领大家了解校园暴力的危害。

在长达 40 分钟的讲课中，开始时还有同学略显紧张，但随着内容的推进、互动的加深，气氛被调动起来，达到了很好的教学效果。在讲到关于未成年人享有的基本权利时，主讲人向现场同学进行了提问，同学们分别给出了自己的答案，可见同学们对于维护自己的合法权利还是有一定了解的，在随后的讲解中同学们表示学到了很有用的法律知识，知道如何维护自己的合法权益，同时也学会了在发生校园暴力时该怎样应对。在得到了回应后随行讲课的青春船长们也感到了欣慰。

整个普法活动在欢快的氛围中画上了句号，课后很多同学表示欢迎“青春船长”的大哥哥大姐姐们再次来学校进行普法宣传，看着同学们脸上的笑容，我们觉得此次普法课很有意义。

——摘自北京市“青春船长”微信公众号 2017.11.27

2. 弘扬宪法精神，树立法治意识——北京联合大学“青春船长”赴小武基小学开展宪法主题普法活动

结合“12·4”国家宪法日的活动精神，为营造良好的法制教育环境和氛围，增强学校推进法制教育的实效性，提高学生良好的法制观念、树立良好的法律意识，2018年12月4日下午，北京联合大学应用文理学院法律系的五位同学，代表“青春船长”团队来到了北京市朝阳区小武基小学，给五年级四个班的同学进行了一次宪法普及课堂活动。

我校同学从宪法的地位与发展历程、宪法的修改机关与修改程序、修改宪法的原则及公民个人与宪法的关系四个方面，一一为同学们进行了生动有趣的讲解。小武基小学的同学们听讲很认真，并且在互动环节都很活跃。在课堂的最后，普法团队带领同学们进行了庄严的宪法誓词宣誓：“忠于中华人民共和国宪法，维护宪法权威，履行法定职责，忠于祖国、忠于人民，恪尽职守、廉洁奉公，接受人民监督，为建设富强民主文明和谐美丽的社会主义现代化强国努力奋斗！”通过大家的宣誓，同学们进一步了解了宪法日的意义所在。

此次普法课堂很大程度地增强了同学们心中的宪法意识，为同学们积极地做一个知法、懂法、守法的好学生指明了方向。同时，本次活动对于我校学生来说也是一次积极的锻炼。最后希望大家都能树立宪法意识，维护宪法权威，促进我国的法治建设。

——摘自北京市“青春船长”微信公众号 2018.12.5

3. “普法宣传，禁毒有我”——首都高校禁毒普法系列活动之北京联合大学站

为进一步加强我校禁毒宣传教育工作，营造全民禁毒的浓厚氛围，2018年11月1日上午，由北京市禁毒教育基地主办的首都高校禁毒普法系列活动北京联合大学站在联大应用文理学院积极展开。我校青年社团以毒品的危害、毒品发生的高危场所、常见毒品和如何防范毒品四个方面展开对禁毒知识的宣传，旨在提高大学生禁毒意识和对毒品危害的认识。

在此次普法宣传活动中，宣传员积极向同学们介绍毒品的危害性，并通过向同学们发放禁毒宣传手册、问卷调查、禁毒海报展、在禁毒横标上签字

等方式积极宣传禁毒知识和相关的法规禁条，活动引起了我院广大师生的关注和支持。在活动现场，同学们热情参与，宣传员们积极宣传，校园内顿时掀起一股“禁毒”的好风气，来到禁毒标语前签名的同学络绎不绝，许多同学在踊跃参与中学习并了解到了怎样预防毒品、怎样拒绝毒品、毒品的分类、禁毒日以及我国对毒品的相关的法律法规等基础知识，进一步加强了自身对毒品的深刻认识和反思。

——摘自北京市“青春船长”微信公众号 2018.11.5

4.“普法宣传，禁毒有我”——北京联合大学禁毒微视频拍摄全记录

为了全面提升青少年学生识毒拒毒的能力，提升高校禁毒普法队伍的参与度，增强我市高校学生的禁毒意识，为社会培养一支强有力的禁毒普法宣传的青年队伍，使禁毒普法更加深入人心，11 月 1 日上午，由北京市禁毒教育基地主办的首都高校青年社团禁毒普法系列活动在北京联合大学积极展开。北京联合大学法律系“青春船长”普法团队在校 ASTV 学生电视台的积极配合下以纪录片的方式，记录大学生接触毒品的危害，从视觉上让青少年认识到毒品的危害，使其从自身做起拒绝毒品，规劝他人远离毒品，对毒品有基本的认识，从而自觉拒绝毒品。

整个拍摄过程耗时将近一个月，在此期间，大家一起讨论剧本的内容，解决各种设备等基本问题。随后开始确定演员，找寻拍摄场地。为了还原真实场景，我们在校内以及校外多处进行取景拍摄。

通过此次的禁毒宣传拍摄活动，相信参与拍摄的同学和耐心普法的宣传员们都各有收获。视频拍摄完毕后，大家认真地进行后期剪辑，剪辑过程中大家也再次开会讨论如何使呈现的效果达到最优。每一位参与者对于毒品都有了深入的认识，毒品虽厉，但经过大家的不懈努力，相信我们都在内心能筑起一道防毒墙，让毒品无处可窜，让我们的生活环境更加美好，校园生活更加欢乐!

——摘自北京市“青春船长”微信公众号 2018.12.13

5. 法律系“青春船长”团队参加最高人民检察院检察开放日活动——纪念五四运动 100 周年

2019 年 5 月 6 日，在纪念五四运动 100 周年之际，北京市司法局组织本

市“青春船长”代表团队参加最高人民检察院第28个检察开放日活动，我校（法律系学生秦聪、陈全、苏苑、刘锦玲、宋泊周）与北京大学、清华大学、中国人民大学、中国政法大学、首都经贸大学的六支“青春船长”团队获邀参加，本次活动主题为“弘扬五四精神，建设法治中国”。

最高人民检察院党组书记、检察长张军亲自为同学们致欢迎词。他希望同学们弘扬五四精神，听党话、跟党走，结合国情和学业实际，树牢“四个意识”，坚定“四个自信”，做到“两个维护”，刻苦学习法律，积极了解社会，勤思考、长见识，为参与法治中国建设打下坚实基础。最高人民检察院党组副书记、副检察长邱学强出席欢迎仪式。在介绍检察机关职能定位、“四大检察”、内设机构改革以及群众来信“七日内回复”等重点工作后，张军鼓励同学们通过参观交流，进一步弘扬五四精神，把自己的小我融入祖国的大我、人民的大我之中，点燃青春激情、升华人生境界。要坚定理想信念，自觉做习近平新时代中国特色社会主义思想的坚定信仰者；要勇于砥砺奋斗，自觉做走在时代前列的奋进者；要练就过硬本领，自觉做全面依法治国的践行者；要锤炼品德修为，自觉做服务社会和人民的奉献者。

在座谈交流环节中，来自最高人民检察院10个检察厅的10位青年检察官代表来到同学们身边，在检察官们依次介绍自己以及所在检察厅的工作职能后，学生代表们开始积极地向检察官们提问，问题不仅涉及最高检日常的工作，还涉及司法改革的热点问题：比如职务犯罪中，最高检与国家监察委是如何在工作中具体衔接的？“捕诉拆分”或者“捕诉合一”如何具体实施？对于社会矫正机构是如何开展监督的？ 哪些情况需要最高检参与公益诉讼？青年检察官们一一耐心地为大家做了解答。在热烈的提问环节后，中国政法大学法学院院长致辞，此次开放日活动圆满结束。

此次活动让同学们深刻地了解到最高人民检察院的运行机制，切切实实感受到国家对建设法治国家、法治社会的不懈努力，更使同学们认识到，作为一个法律人应该持有怎样的职业素养和职业追求，从而坚定了中国特色社会主义道路自信、理论自信、制度自信、文化自信。

——摘自北京联合大学应用文理学院官网 2019.5.7

“青春船长”，普法永远在路上

秦　聪❶

青春船长，这四个字对于刚进大一的我来说还比较陌生。后来听了完秦泽敏学姐介绍，我初步了解到这个团队是以普法宣传为宗旨，通过给初中以下的学生授课的方式，更好地传播法律知识，让孩子们从小养成守法爱法的好习惯，树立法律权威。记得第一次参加活动是跟着秦学姐去北航附中普法，第一次上讲台多少有点紧张，但看到孩子们，我突然有种自豪感，自己也可以像教师一样去传播法律知识，也算为提高全民法律意识尽了一点绵薄之力。我也第一次体会到这个组织存在的意义是什么。作为当代大学生，这些活动是实现我们人生价值的重要途径。

然后我有幸也成了“船长”的负责人，成为学弟学妹口中的“船长”。刚刚接手，就迎来了禁毒系列活动、宪法日系列活动，在此很感谢配合我开展工作的学弟学妹，天气虽然很冷，但每次去司法局拿活动材料，去参加各高校负责人代表会、禁毒纪录片拍摄、宪法日校内宣传，我都不是一个人，都有大家的陪伴和帮助。2018 年 12 月 4 日，上午刚刚组织完国家宪法日校内宣传，中午直接和大家去朝阳区小武基小学进行宪法日讲座，大家心中都有一颗普法宣传的公益心，不管天气多冷、路途多远，我们最后圆满地完成了任务，这可能是我最难忘的一次普法经历。从这时起，我对“船长”有了更深的认识，任何一个组织都需要团队的配合，都需要有共同的热情去完成一个又一个任务。作为负责人，我可以很自豪地说，团队人员虽然不多，但每个成员都非常热情、积极，从心底里热爱这个活动，热爱这个组织。

从自身的角度讲，作为一名共产党员、学生干部，我希望把这个组织的真正意义发挥出来，当一个传承者的角色，引导大家培养普法宣传的公益意

---

❶ 秦聪，男，北京联合大学应用文理学院 2016 级法学专业学生。

识。虽然有时候会很辛苦，有时候会占用自己时间，但只要内心有一颗公益的心，没有什么困难是可以阻挡大家的，每次活动我都看到了每一个成员的努力，心里非常欣慰，欣慰的是有一群朋友和我一起去普法宣传，欣慰的是可以为普法宣传贡献自己的力量。一个组织的凝聚力非常重要，而是否可以形成凝聚力关键在于负责人如何管理和各个成员如何配合。当初选择了法律专业，然后在这个组织担任了一年的负责人，我明确了法律的真正内涵，明白了普法宣传的真正含义，一个人的作用微乎其微，一个团队的力量是无穷的，“青春船长”在首都的每个高校基本都有，每个组织都在发挥各自的作用，不断地进行普法宣传，各位“船长”带领各自团队共同为我国的法治建设贡献力量。

现已步入大四，“青春船长”负责人也进行了换届，衷心希望“青春船长”可以不忘初心，牢记使命，保持凝聚力，继续普法宣传，发挥积极作用。

最后以一句话总结我的感想：“青春船长”，法治起航，我们永远都在普法宣传的路上！

办好"青春船长"，我们一起成长

周宇晨[1]

我加入"青春船长"的初衷，也是一直想要把法律知识讲给更多的人。无论男女老少，在当今法治社会里都应该了解到一些法律知识来保护自己。

在加入"青春船长"的这一年里，我收获了很多经验。大一的时候，作为一名成员，我积极参加"船长"的每一次例会、活动。2019 年 12 月 4 日第一次到校外普法，伴着北京冬天的寒风，将近两个小时的路程，我们一行五个人去朝阳区小武基小学进行普法宣讲。到后来，2020 年 5 月份的时候我接到一个校外普法的活动，是到一个小学给五年级 100 多名同学讲校园安全和交通安全，这个活动从和"青春船长"的总负责人到和学校老师沟通都挺顺利的。当天是黄福呈同学主讲，他的几个室友做的 PPT。同学们也都很认真地听，很积极地回答问题。有一个小插曲，那天我们都下了地铁，往学校走的路上，发现"船长"的旗子没拿，一名同学又回去拿的。还好不远，只有三站。

秦聪学长作为上一届"青春船长"的负责人，是我学习的榜样。2019 年 11 月有幸和学长去过一个各个高校"青春船长"负责人的交流会，真的很开眼界。不仅是因为看到别的学校活动的多样性，还见识到学长极强的临场发挥能力。因为别的学校有法学院，他们"青春船长"的组织规模很大。给我印象最深的是北京大学。他们的"青春船长"和法律援助协会一起，到社区进行法律咨询和法律知识宣传，活动很多，在校园活动的纪念品是自己设计、制作的帆布袋。还有中央财经大学的"青春船长"组织是只有研究生才可以加入的，还要经过几轮选拔。分工也很明确，有负责宣传的，有做推送的，还有专门负责讲课的。

2020 年，我接下了"船长"的重任，主要负责与"青春船长"总负责人

[1] 周宇晨，女，北京联合大学应用文理学院 2018 级法学专业学生。

的活动衔接以及宣传工作。我们学校的“船长”组织，现在有大一同学加入，还有大二的同学，可以参加校外活动的时间就比 2019 年多。每个人的课表不一样，没有课的时间也不一样。但是，活动的形式仍局限于以前举办过的，我听到别的同学提出建议，作为一个校级组织，禁毒宣传的活动可以和生化学院进行合作，其他校内普法活动可以到本部进行，并且可以在模拟法庭竞赛进行的时候邀请中小学生来旁听，让他们提前了解法院开庭审理的流程。

我要学习的还很多。希望在未来的一年里，把“船长”工作办好。有机会多到校外给中小学生普法，同时也要把握好每一次在校内普法的机会，集思广益，用更新鲜的形式办活动。在每次活动时争取都留下记录，以后招新时也会吸引更多人来加入我们。

“青春船长”部分成员

1. 阿来·巴合提（2018 级学生）

2019 年一开始我没有立马就加入“青春船长”。我参加过一次“青春船长”禁毒日普法活动，这一次活动给我的印象比较深，很简单的几个问题让我受益匪浅，当时我就感觉这个普法活动作用蛮大的。第二次“青春船长”举办了 PPT 比赛兼宪法讲解比赛，我又一次参加了活动，可能因为自己也是比较喜欢讲，所以拿了个一等奖。后来咨询了一下船长，就加入了“青春船长”。

感谢自己做了个正确的选择，加入了“青春船长”；感谢船长，2018 年在船长的带领下学到了许多自己不懂的东西；感谢“青春船长”的其他成员，我们一起互帮互助，相互学习，相互促进。

现代社会，青少年犯罪率不断上升，所有的违法犯罪正是法制观念淡薄、缺乏法律知识所造成的，因此我认为对青少年进行法制教育，对他们进行普法是十分必要的。教育的作用在于育人，法制教育要从娃娃开始抓起。我认为一堂课下来，小孩子可能记不住我们普法宣讲的所有内容，但是我认为只要他们学到一些基础的，例如每年几月几号是宪法日啊，还有他们自己享有的权利是什么，该怎么保护自己等，就是一个好的开始。告诉他们要做一个知法、懂法、守法的孩子，在学校做一个遵纪守法的好孩子，是很有必要的。因此我认为，我们的普法宣讲在一定程度上可以教育他们在将来不做浪费自己美好时光和让自己后悔的事。

对我个人来讲，加入“青春船长”对我帮助最大的就是提高了我的自信，因为我们“青春船长”普法的过程就是一个不断提高自己的过程。现在如果让我上台讲东西我是十分乐意的，人越多，我就会越享受。希望在新的一年能够继续成长，有新的进步。

2. 姚昕铭（2018 级学生）

在选择法学以后我对这门学科进行了浅显的思考，认为法律在群众中的普及程度仍然不够，普法的路还很长，我希望自己能为普法事业奉献一分力量。

高校普法组织主要面向的群体为小学生、中学生和大学生，此外也可以到社区进行普法，针对各行各业的专业人士的普法任务应该由从事法律专业的人士进行，一是能增强说服力，二是有更多实践经验，能更有针对性地进行普法。

参加“青春船长”以来我参加过几次普法活动，如校内禁毒宣传、校内宪法日宣传、小武基小学宪法日普法。这几次活动中同学们参与的积极性都特别高，活动的开展非常顺利。在这几次活动中让我印象最深的是去小武基小学进行宪法日宣传，这个活动不仅让孩子们了解了宪法，也让我感受到了自己的价值。

2018 年 12 月 4 日中午在学院内进行了宪法的普法宣传，我们每人都给自己留了一本红红的《中华人民共和国宪法》。当天我因胃痛，状态很不好，但外出讲课的人员是早都定好的，不能临时更换，我就坚持跟着去了，在走进教室的那一瞬间我看见孩子们惊喜的眼神，忘记了胃痛，虽然普法这节课算是兴趣课，但孩子们还是有笔记任务，每个孩子都非常积极地参与课堂互动，真整理着自己的笔记。有一名小姑娘整场表现都很活跃很认真，在课堂结束时我将自己的那本《中华人民共和国宪法》送给了她。这个行为在她心里留下了一颗学法的种子，也让我更加坚定了参与普法的信念。

到小学普法能让孩子们从小建立法律意识，从小开始规范自己的行为、明确法律界限，对建设法治社会有深远影响。普通群众也希望多了解法律，只是缺少机会，希望更多人能重视普法，加入普法的行列。

3. 李淑文（2018 级学生）

我于 2018 年刚进校时就加入了“青春船长”组织，到现在已经一年有余，在这一年多的学习与活动中，收获颇丰。

2018 年我们主要组织了四场活动：禁毒宣传、宪法日宣传、小武基小学普法和西直河小学普法，前三场活动我都有幸参与其中，受益匪浅。禁毒日与宪法日的宣传让我深深感受到大家对于了解法律的热情以及普及法律知识的重要性，法律帮助我们明理辨是非，知法、懂法可使我们避免误入歧途。在小武基小学普法活动中，我真正站在讲台上作为老师讲课，不仅使孩子们得到法律上的启蒙，又巩固了自己的知识，锻炼了自己的沟通交流能力，也加强了自己的勇气。

通过这几次活动，我不仅丰富了自己的知识，增长了专业见识，而且更加清楚地认识到我是一名法律人，感受到了自己的使命与责任，要做法律的践行者与传播者，让法律真正走近大家。“青春船长”提供了一个良好的平台让我们体验实践的快乐，我们能从实践中汲取营养丰富自己，然后又惠及大家，未来我将在组织内继续学习，我们也将努力策划更多活动帮助大家知法用法。

4. 黄福呈（2018 级学生）

一开始的时候我们都不好意思上讲台，是“青春船长”这个团队给了我第一次登台讲课的机会。在西直河小学我第一次登上了讲台，虽然之前在教室之外我还装作毫无压力的样子，和舍友相互鼓励，给他打气，但真到了登台讲课的时候，我心里慌得不行。没办法，既然来了就得克服心中的紧张，所以我走上讲台用预先准备好的方式带动现场气氛，然后在一片掌声中结束了自己的演讲。我为自己的第一次登台讲课取得圆满成功而高兴。我希望以后老师可以多培养学生上台演讲的能力，因为或许有人会和我一样，第一次登台演讲。我们在平时就应该多锻炼一下自己。俗话说得好：“不打无准备之仗。”这是有一定道理的。

第二次登台演讲，是去朝阳实验中学普法。这次普法虽然比上次轻松，但自我感觉讲的不是那么好。除此之外我还参加了一些其他活动。但感触最深的就是这两次活动。我渴望把我知道的、了解的传授给其他人。同时我很希望老师能给我做一些培训。我希望自己有更大的提升空间。

5. 张泽钊（2018 级学生）

时光荏苒，转眼间从刚入“青春船长”时的新面孔变成了如今的老队友，“青春船长”把许多老队员送到了站，同时又增添了许多新鲜血液，一步步地向前发展着。在过去的一年里，船长带给我的是青春的活力、知识的光芒和成长的欣喜。在这里，我们将所学的法律知识传授给我们的学弟学妹，增长他们的法律知识，为他们的健康成长提供知识保障。

成长来源于对困难的克服，来源于逆流而上的奋斗的心。台上一分钟，台下十年功，我们在台上所讲述的内容，有很多可能是我们在学校里还未涉及的领域，这就更加需要我们去努力学习、翻阅资料、咨询老师，去克服我们知识上的缺陷；站在那里侃侃而谈，是多少次排练、多少次磨合的成果。很难说，谁是天生的成功者，但我们有理由相信，我们可以通过自身的不懈奋斗，变成成功者。

成长来源于付出。每当看到大家对我们成果的肯定，我们顿时感到付出是值得的。只有真正的努力和付出，收获的笑容才是最甜的。我们很欣慰的是能够用自己的努力去帮助更多的人，通过普及法律知识，让大家知道原来法律是这样规定的，告诉大家该做什么、不该做什么，提高大家的法律意识。

新的一年，新起点，新气象，相信在新的一年里“青春船长”定能够扬帆起航，乘风破浪！

基于OBE理念的法学专业实践育人平台建设❶

李倩茹　王　平❷

摘要：新时期应用型法学教育需要深入研究基于OBE理念将思想政治教育更好地融入法学专业实践的教学过程，更好地建设法学专业教育的实践育人平台。基于OBE理念进行法学专业实践育人平台建设需要解决实践育人培养目标的确定、实践育人环节的设计和实践育人平台的建设三个问题。北京联合大学法学专业在基于OBE理念通过发挥党支部在法学专业实践育人平台建设中的引领作用、以学习成果为导向展开法学专业实践育人平台建设、建立“学校+律所+法院”的法学专业实践教学合作模式等方面进行了有益的探索。

关键词：OBE理念；法学专业实践；实践育人平台建设

法学专业是一门实践性较强的专业，我国各法学施教院校对法学专业应用型特点都有较高共识。同时，法学专业也是一门对从业人员道德水准要求极高的专业，对教学过程中开展“专业思政”“课程思政”有较高的要求。在中共中央、国务院《关于加强和改进新形势下高校思想政治工作的意见》提出的坚持全员、全程、全方位育人（简称“三全育人”）要求的背景下，探索如何将思想政治教育更好地融入法学专业实践教学过程，将“学习成果导向教育”（Outcome-based Education，OBE）理念落实，进而与专业实践基地形

---

❶ 本文为北京联合大学2019年校级教育科学研究课题《“学校+律所+法院”的法学专业实践育人平台建设研究》（项目编号：Jk201915）阶段性成果。

❷ 李倩茹（1979—），女，法学博士，北京联合大学应用文理学院讲师，法律系党支部副书记；主要研究方向：物权法、社区治理法治。王平（1970—），女，北京联合大学应用文理学院教授，法律系党支部书记、主任；主要研究方向：经济法、财税法、法理学。

成“专业思政”“课程思政”的共识，共同打造法学专业教育的实践育人平台，成为新时期应用型法学教育需要深入研究的课题。

一、法学专业实践育人平台建设研究现状述评及研究意义

（一）国内研究现状述评

党和国家历来高度重视实践育人工作，坚持教育与生产劳动和社会实践相结合，是党的教育方针的重要内容。2012 年 1 月 10 日发布的《教育部等部门关于进一步加强高校实践育人工作的若干意见》中提出，进一步加强高校实践育人工作，是全面落实党的教育方针，把社会主义核心价值体系贯穿于国民教育全过程，深入实施素质教育，大力提高高等教育质量的必然要求。

长期以来，教育学界对实践育人展开了大量的实践和研究。在中国知网以“实践育人”为关键词进行搜索，共搜索到文献 5110 篇，其中核心期刊论文 986 篇，且核心期刊发文量总体呈不断上升趋势，持续保持较高的研究热度。其中比较有代表性的观点有：申纪云（2012）认为实践育人是要在整个教育过程中突出教育的实践属性，促使学生在接受实践教育的过程中实现自主参与和自主教育，使学生不仅在课堂理论教育中接受现成的知识，更在动态的实践教育过程中实现自主发展。黄荣生（2012）认为构建高校实践育人的长效机制是高校实践育人的核心命题，也是推动高校实践育人科学发展的关键所在。王忠（2015）认为实践育人要从马克思主义哲学实践观点出发，进而建立全方位、立体化、动态调整的大学生思想政治教育实践育人的新机制。刘宏达（2016）认为当前高校实践育人共同体建设就是要加强实践育人整体性制度的设计与推进，促进不同实践育人活动的管理融合和价值提升。杨国欣（2019）认为高校必须采取纳入培养方案、明确主体责任、规划实践途径、统筹组织形式等多种实现路径，加强思想保障、机制保障和物质保障建设，方能推进实践育人工作落实落细，有效发挥实践育人的特殊育人作用。

在“实践育人”研究丰硕的成果中，与法学专业实践育人相关的研究成果严重不足。在中国知网以“实践育人 + 法学”为关键词进行搜索，仅搜索到 15 篇文献，其中核心期刊论文仅有 1 篇。而在中国知网以“实践教学 + 法学”为关键词进行搜索，搜索到 1779 篇文献，其中核心期刊以上文献有 211 篇。搜索结果表明，目前我国的法学教育对实践教学较为重视，相关研究成

果主要是从专业教学的角度切入。

代表性的观点主要有：房文翠（2010）认为法学实践教学是在我国本科法学教育过程中开展的旨在训练法科学生实践技能的教学模式，是与理论教学相互衔接、相互支撑的法学教学体系的一个重要组成部分。蒋梅（2012）认为在法学实践教学设计过程中，应关注法学实践教学起点设计、教学目标设计、实践教学内容设计、实践教学模式设计和法学实践教学评价设计。李喆（2014）认为法学专业的学生通过从事法律工作，为法律的普及、法律观念的渗透以及法律的实践性做出贡献，需要在不断的实践教学中进行锻炼，发展学生的法律逻辑和法律论证能力。蔡立冬（2018）认为法学实践教学的本质是课程的实践化，只有在强化理论教学的基础上，重视法学实践教学并合理配置体验式的、问题导向的教学方法与方式，才能全面实现法学教育的目的。

（二）国外研究现状

我国的法学教育中的实践教学部分较多地受到了美国法学教育模式的影响。美国的法学教育自成体系，其法学教育模式、规模和质量等方面都为世界各国所瞩目，成为许多国家法学教育改革所借鉴的对象。美国的法学教育主要以法律教育为主，其教育目标定位为“培养为法律职业而准备的法律人”。因此，美国的法学教育特别注重学生实践能力的培养，通过多种多样的实践模式来提升学生的法律执业技能。目前我国各法学院系在实践教学中普遍采用的“法律诊所”，就是借鉴了美国法学院的教学方法。

同时，美国的法学教育也非常重视对学生的职业道德和敬业精神的培训，要求从事法律职业的学生做到作风正派、秉公执法、廉洁奉公。法律职业伦理课是美国每个法学院二、三年级学生的必修课之一，目的是培养学生的敬业精神和自律意识。通过学习职业规范内容和形成规范背后的理论和价值，使学生开始谈论职业伦理，为其后的诊所教育提供一个深入探讨实践法律职业伦理问题的机会。即如果法学院毕业的学生没有明确树立公平与正义的观念，没有养成良好的职业道德，就不能视为合格的“产品”。

（三）国内外研究现状述评

研究发现：①学界对实践育人研究保持持续热度，实践育人是教育学界历久弥新的研究领域，然而针对法学专业实践育人的研究展开严重不足；

②从我国目前法学教育的研究现状来看，虽然我国的法学教育对实践教学较为重视，然而对实践教学在社会主义法治精神和法律职业伦理等方面的育人功能认识还不够深刻；③国外法学教育中的职业道德培养，是通过在法律诊所教育的实践教学中实现对法律职业伦理的深刻理解，对我国法学教育实践育人虽有一定借鉴价值，然而由于社会体制和法律制度的显著差异，相关研究的借鉴作用有限。

二、基于OBE理念法学专业实践育人平台建设中亟待解决的问题

在教育部着力"构建一体化育人体系，打通'三全育人'最后一公里"的背景下，我国的法学教育需要适应新时代提出的新要求，深入挖掘法学实践教学中的育人因素，帮助学生在实践中深刻理解社会主义法律职业道德，树立社会主义法治精神。建设法学专业实践育人平台是法学专业建设和实践体系构建的有机组成部分，是在法学专业教学中对学生进行思想政治教育的探索，同样需要遵循OBE理念。

（一）OBE理念下实践育人培养目标的确定

北京联合大学法学专业的培养目标是：培养法学基础知识扎实、法律实践能力强，具有较强的社会责任感、创新创业精神和可持续发展能力的高素质法学应用型人才。法学类专业人才培养要坚持立德树人、德法兼修，适应建设中国特色社会主义法治体系、建设社会主义法治国家的实际需要。培养德才兼备、信念坚定、知行合一，具有扎实的专业理论基础和熟练的职业技能、合理的知识结构，具备依法执政、科学立法、依法行政、公正司法、高效高质量法律服务能力与创新创业能力，具有较强的社会责任感，熟悉和坚持中国特色社会主义法治体系的高素质应用型、复合型、创新型法治人才及后备力量。本专业毕业生能够胜任法律职业共同体的各项工作，包括律师、法官、检察官以及专业的行政执法人员，能够从事党政机关的法务工作、企事业单位和基层社区的法务工作以及基层管理工作等，成为以上各类岗位的骨干人才。

培养目标将专业理论基础、职业技能、知识结构与法律职业道德、社会责任感、社会主义法治道德并列，既重视人才培养的知识技能，又重视受教

育者道德水平的塑造与提升。在法学实践育人平台的建设中，要严格遵循法学人才培养目标，明确实践育人学习成果目标。以此为导向，进行实践环节的设计和实施，建设实践育人平台，为法学专业的人才培养目标服务。

（二）OBE 理念下实践育人环节的设计

OBE 理念下的实践育人环节设计，要紧紧围绕法学人才的培养目标，细化分解形成具体的学习成果要求。通过教学设计，将思想政治教育融入专业实践教学之中。坚持理论教育与实践养成相结合，整合各类实践资源，强化项目管理，丰富实践内容，创新实践形式，拓展实践平台，完善支持机制，教育引导师生在亲身参与中增强实践能力，树立家国情怀。

按照 OBE 理念，要实现上述目标，需要在实践育人环节设计中考虑到以下要素：

（1）帮助学生了解人文社会科学和自然科学的基础知识，具备扎实的法学专业基本知识及基本理论，了解本专业前沿发展现状和趋势，并形成合理的整体性知识结构。

（2）教会学生针对本专业领域的复杂问题，选择、使用适当的技术手段、资源、现代专业工具和信息技术工具，并能够理解各类工具的局限性。

（3）引导学生热爱祖国，拥护中国共产党的领导，掌握中国特色社会主义理论体系，牢固树立正确的世界观、人生观、价值观。具有人文修养与科学素养，养成良好的道德品格、健全的职业人格、强烈的法律职业认同感，具有服务于建设社会主义法治国家的责任感和使命感。指导学生在团队中积极主动地发挥个人作用，具备在不同的团队承担个体、团队成员以及领导者角色的能力。

（4）锻炼学生就法学专业问题与业界同行及社会公众进行有效沟通和交流的能力，包括撰写论文、报告和各类法律文书、陈述发言、清晰表达或回应指令，并具备一定的国际视野和外语能力，能够在跨文化背景下进行沟通与交流。

（三）OBE 理念下实践育人平台的建设

实践育人环节设计的实现，有赖于实践育人平台的建立。要形成全方位、立体化的育人体系，应将理论学习与实践训练相结合，专业知识传授与思想政治教育相结合，校内实训与校外实习相结合。要基于OBE理念对现行实践育人和课程思政相关理论进行深入研究，通过带领学生开展实践教学进行实证研究。在实证研究中，通过调查访谈确立典型样本，深入分析研究；同时建立实践育人平台，保持长期合作，持续跟踪。在规范研究中，通过分析研究调研对象具体个案的法律解决方案，进而归纳总结形成理论体系，完成实践育人平台建设思路。

在加强应用能力的培养的同时，注重社会主义法治意识、职业伦理意识、思想政治教育，培养符合社会主义法治建设事业需要的应用型人才。注重培养学生独立分析问题和解决实际法律问题的能力；在课程安排上，每个学期均开设分散或者集中的实践教学课程，考虑到寒暑假的区别，为确保教学效果，暑期安排集中实践教学，秋季学期安排分散实践教学。同时，在实践平台的建设中，要注意发挥党组织在教学科研工作中的引领作用，以支部活动为引领，以党员教师为表率，积极推进合作共建，建设学校与校外实践基地、用人单位深度融合的育人平台。

三、基于OBE理念进行法学专业实践育人平台建设的具体做法

北京联合大学法学专业以OBE理念为指导，多年来在实践教学中探索了“学校+律所+法院”的实践教学模式，这是应用型、城市型大学服务地方发展的新探索，同时也是以党组织合作共建形式建设学校与校外实践基地、用人单位深度共建的育人平台新尝试。

（一）发挥党支部在法学专业实践育人平台建设中的引领作用

北京联合大学应用文理学院法律系党支部以牵手校外支部和学生支部为重点，以提高人才培养质量、推进课程思政为目标，紧密围绕教育教学展开工作，将党建工作与立德树人的根本任务以及教师的师德建设、课程思政、学生的学风建设与全面发展紧密结合。充分发挥党支部在法学专业实践育人平台建设中的引领作用，发动党员教师主动承担责任，发挥带头作用，带动全体教师积极参与法学专业实践育人平台建设。

法律系党支部在理论教学环节实行提前介入，在制订培养方案、教学大纲等课程设计环节时，就将思想政治教育融入专业教育内容；在理论教学实

施过程中，结合党支部主题党日、集体理论学习开展理论教学“课程思政”具体经验和案例的学习、分享；发挥教师党员的先锋模范作用，带动全体教师深入推进课程思政；将课程思政工作与基层党建工作紧密结合。大力推动以“实践育人”为目标的实践教学改革，优化课程设置，完善教学设计，加强教学管理，梳理法学专业实践所蕴含的思想政治教育元素和所承载的思想政治教育功能，融入实践教学各环节，实现思想政治教育与知识体系教育的有机统一。以法学专业“学校+律所+法院”的实践平台为基础，深入挖掘实践教学项目、校外实践基地和校外行业专家指导中的实践育人元素，在实践教学项目的设计和实施中形成开展课程思政的共识；让学生在社会实践、专业实践的各个环节切实领悟课程思政要素，在深化专业知识应用的同时，受到职业道德教育和理想信念教育。

法律系党支部以党建“七个一”工程和“五牵手”活动为抓手，深入推进与国振律师事务所党支部、延庆区人民法院党组织等校外实习基地的共建工作，在共建中双方以“合作、共建、共享”为合作宗旨，以党建为引领深化了法律系与实习基地的合作，进行实践环节的“三全育人”新探索。坚持理论教育与实践养成相结合，整合各类实践资源，强化项目管理，丰富实践内容，创新实践形式，拓展实践平台，完善支持机制，教育引导师生在亲身参与中增强实践能力、树立家国情怀。

（二）以学习成果为导向展开法学专业实践育人平台建设

北京联合大学法学专业基于OBE理念进行培养方案和教学大纲的编写，将“课程思政”作为人才培育目标和专业实践的学习成果，大力推动以“课程思政”为目标的课堂教学改革，优化课程设置，修订专业教材，完善教学设计，加强教学管理，梳理各门专业课程所蕴含的思想政治教育元素和所承载的思想政治教育功能，融入课堂教学各环节，实现思想政治教育与知识体系教育的有机统一，深入推动习近平新时代中国特色社会主义思想进教材、进课堂、进头脑。

通过将课程思政渗入每门课程的教学大纲、教师提炼撰写课程思政案例、教学例会上交流课程思政经验等，强化课程思政在各门课程中的重要作用。持续深入地进行实务专家进课堂的课堂教学模式改革，在律师事务、商法学、行政法与行政诉讼法、财税法、民法、婚姻家庭法等课程中邀请实务专家进课堂，专家们将实务经验和课程所涉及的理论知识、实务环节有机结合，做到深入浅出、生动鲜活、高度提升，把理论课程中的实务问题阐述得清晰、透彻、易懂，达到了很好的教学效果。2019—2020 学年，还陆续邀请了 10 余名实务专家和其他高校的学者来讲学，通过“学知法律讲堂”发布相关信息，吸引了包括本系学生在内的校内外的 1000 多人次的听众积极参与。讲座之后通过 BUU 法硕、法律系、金融与财税法研究会三个公众号发布讲座简报，进一步扩大宣传力度，提升了“学知法律讲堂”的社会效益和学院与专业的社会影响力。

鼓励党员教师带头积极投身于对学生课外科技活动和实践活动的指导工作，引导学生积极参与各种课外活动，在课外活动中注重以文化育人，深入开展中华优秀传统文化、革命文化、社会主义先进文化教育，推动中国特色社会主义文化繁荣兴盛，践行和弘扬社会主义核心价值观，优化校风学风，繁荣校园文化，培育大学精神，建设优美环境，滋养师生心灵、涵育师生品行、引领社会风尚。

在毕业阶段，引导教师树立全员促进就业的意识，充分利用毕业论文的指导过程，一方面做好对学生专业论文写作的指导，另一方面引导学生树立正确的就业观和职业观。促使学生把个人职业发展与国家、社会的发展充分结合起来，认清就业形势，把握个人追求，结合社会需求；努力学习提高自身知识水平，注重能力培养；敢于推销自己，成功就业，扎实工作，勇于创新与时俱进。

（三）建立“学校 + 律所 + 法院”的法学专业实践教学合作模式

在党支部的积极推进和 OBE 理念的指导下，北京联合大学法学专业通过多年的探索建立了“学校 + 律所 + 法院”的实践教学模式。在实践教学实施过程中，结合党支部共建、集体理论学习开展实践育人具体经验和案例的学习、分享；发挥教师党员的先锋模范作用，带动全体教师和校外实践专家深入推进实践育人；将实践育人平台建设与基层党建工作紧密结合。实行聘请各类实务专家、职业人士进课堂讲学的“嵌入式”教学；注重法律援助、法律诊所、法律咨询、学科竞赛等第二课堂教学；开设双语课程及跨学科选修课程，培养适应国际化发展的复合型人才。

通过支部共建，北京联合大学法学专业与北京市国振律师事务所、延庆区人民法院共同开展“学校＋律所＋法院”的合作模式，开展诉前调解工作，既是法学专业实践平台的新探索，也是一项深化多元化纠纷解决机制的改革，有效化解各类矛盾纠纷，维护当事人合法权益，促进社会公平正义，具有鲜明的新时代社会主义法治特色。在三方联动合作模式下，本科生、研究生在合作单位律师指导下参与法院的诉前调解工作，学生得以广泛接触实际案件，青年律师得以快速成长，法院结案率和办案率得以双提升。

合作中三方共同深入探索如何全面统筹各环节、各方面的育人资源和育人力量，将各项工作的重心和目标落在育人效果上，使高校思想政治工作更好地适应和满足学生成长诉求、时代发展要求、社会进步需求，有效融入法学专业实践平台建设中来，取得了令人满意的工作成果。

参考资料

[1] 杨国欣，蔡昕. 高校实践育人实现路径探析［J］. 学校党建与思想教育，2019（4）：74–75.

[2] 申洋. 高校思政实践育人模式的创新与发展：评《高校思想政治理论课实践育人模式创新研究》［J］. 中国高校科技，2019（Z1）：146.

[3] 董广芝，夏艳霞. 高校实践育人共同体建设研究［J］. 黑龙江高教研究，2018，36（12）：133–135.

[4] 王孝华. 法学专业实践育人体系的探索与实践：河南理工大学“法学梦工厂”实践育人新探索［J］. 文化创新比较研究，2018，2（34）：101–102.

[5] 李支. 协同育人视野下法学实践教学体系的反思与重构［J］. 黑河学刊，2018（6）：144–146.

[6] 秦玉文. 基于协同育人理念下法学专业实践教学的现状及实践教学［J］. 法制博览，2018（2）：247.

[7] 李昌郁. 法学多元化实践育人模式研究：以海南大学法学院为例［J］. 教育现代化，2018，5（3）：32–34.

[8] 蒙柳，许承光. 协同育人视角下的法学专业实践教学研究［J］. 学校党建与思想教育，2017（11）：59–60.

[9] 曹强，王零极. 地方高校与企事业单位全流程协同育人路径探索：以培养法律实践能力为视阈［J］. 课程教育研究，2017（17）：18–19.

[10] 郑毓枫. 完善协同育人机制 培养应用型法律人才：基于广州商学院法律系与九龙人民法庭合作的实践与探索［J］. 黑龙江生态工程职业学院学报，2015，28（2）：94–96.

法学实践课程的课程思政设计探讨
——以专业认识实习课程为例

郑　晶❶

摘要：法学教育除了专业知识教育之外，还包括道德素质、政治素质方面的教育和引导，这构成了法学专业课程思政设计的总体方向。其中，实践课程凭借着学生对社会实践的参与和体验，为培养学生法律职业意识和思想道德品质提供了现实土壤，成为法学教育中重要的一环。北京联合大学法学专业的专业认识实习课程作为给大一年级学生开设的实践课程，通过庭审旁听等实践教学环节设计，使学生加深了专业认同感，形成了自我职业认知，尤其是加深了对社会主义法治的理解和感受。这为同类实践课程的课程思政设计提供了有益的参考。

关键词：实践课程；课程思政；法学教育

在法学的专业教育中加强课程思政设计，具有天然的正确性。法学专业强调应用，因此，在法学的专业教育中有大量的技术性教学环节，对法学应用技术的教学，塑造了学生强烈的专业性特征。但是，驭术必有道。法学专业人才所面向的职业通常是法官、检察官、律师、法律顾问、公证员等法律专业岗位，或代表国家行使权力，或提供专业的法律服务，从事上述职业不仅要求从业者有必要的专业知识，更要求从业者有相应的道德品质。法学类教学质量国家标准就要求：法学类专业人才培养应坚持立德树人、德法兼修，适应建设中国特色社会主义法治体系、建设社会主义法治国家的实际需要。相应的道德素质和职业素质包括热爱社会主义祖国，拥护中国共产党领

---

❶ 郑晶（1973—），女，民法学硕士，北京联合大学应用文理学院副教授。主要研究方向：旅游法、消费者权益保护、市场监管。

导，掌握中国特色社会主义理论体系，牢固树立正确的世界观、人生观、价值观。养成良好的道德品格、健全的职业人格、强烈的法律职业认同感，具有服务于社会主义法治国家的责任感和使命感。因此，强调受教育者应当树立正确的世界观、人生观和价值观，一直是法学专业教育中一个重要的组成部分。而课程思政在法学教育中的探索和实践，则是体系化地、全面性地塑造学生的政治素质和道德品质。因此，有学者指出，思想政治教育是法学教育的根本，是进行法治建设的德性保证。而且，在全面推进依法治国的背景下，高校法学教育面临着法治教育与思政教育的双重任务……法学课程开展课程思政教学是落实好、贯彻好、实现好新时代法学教育工作目标的必由之路和必要之选，也要落实到每门课程、每位教师的教学工作。具体到法学实践类课程，它在课程思政的环节设计、建设路径以及教育效果方面有自身的特点，在法学的课程思政教育中有着不可或缺的作用。

一、法学实践课程的课程思政设计要求

对法学实践课程的课程思政设计，要根据其在法学教学体系中的地位与作用，根据课程的教学特点，来有机融入与设计。

（一）实践课程在法学教学体系中的地位和作用

法学类教学质量国家标准所设计的法学课程体系，包括理论教学课程和实践教学课程两类课程。法学专业所确认的核心课程，在性质上都属于理论教学课程。在现实的教育体系下，教师和学生，包括社会公众都对理论课程更加认同。但是实践课程在培养学生的专业素质方面的作用也是非常重要的，因为法学是世俗的学问，甚至很多是实践性的、技术性的，单靠课堂讲授是不够的。只是实践课程对教师的专业能力有特定的要求，教师要在实践教学的过程中实现理论和实践的有机衔接，教师在此方面的能力不足是目前实践课程认同度较差的主要原因，但是，决不能因此否认实践课程在法学教育中的地位和作用。与理论课程相比，实践课程旨在通过社会实践，让学生了解社会生活，培养其社会责任感，增强其社会活动能力。

目前，在各个法学院校或专业中，普遍开设的实践课程包括法律诊所课、模拟审判课，而各类实习、实训、社会实践，还有毕业论文，都被纳入法学专业的实践课程体系，成为法学专业教育不可或缺的一环。

（二）法学实践课程与课程思政

与理论教学相比，实践性法律教育模式则力图使学生学到各种法律条文以外的实际知识、能力和技巧，其最终目的在于养成法律人的素质、提升法律职业技能，培养学生的创新能力。如果要实现“全课程育人”的格局，必须在实践教学环节中寻找与德育知识体系的“结合点”。从这个意义上讲，法学实践课程必须贯彻课程思政的要求。

此外，法学实践课程无论是在课程内容的设计上，还是从教学场所的设置上，都是要求学生在课堂之外、在实践之中完成教学的全过程。现实情景在法学实践课程中的融入，让课程思政的设计有了现实落脚点，学生对现实的案例、情境的分析和体验是学生不断将自己的法学知识贯彻于现实的过程，也是学生不断形成自己的专业认识和职业情操的过程。和理论课程相比，实践课程落实课程思政的路径更为直接。

（三）法学实践课程的课程思政教学设计

良好的教学效果需要精心的教学设计，课程思政更是如此。生硬的理念灌输不容易取得学生的认同，“润物细无声”才是课程思政的设计要领。因此，要针对教学对象的特点、选择恰当的教学环节、结合适当的教学方法，进行法学实践课程的课程思政教学。

从目前90后、00后大学生的学习习惯和心理接受能力来看，其更喜欢故事式、案例式、互动式的教学方式，而实践课程的教学在这一点上恰恰与教学对象的特点更加契合。关键是在现实情景的设计上，以及教师的教学引导上，教师要有意识地融入课程思政的内容。

在北京联合大学法学专业所开设的实践课程中，专业认识实习课程在学生的专业素质和道德情操的培养上，较好地实现了课程思政的效果，对此类课程的课程思政教学设计，有一定的借鉴作用。

二、专业认识实习课程概述

北京联合大学法学专业的专业认识实习课程，是为法学专业一年级本科学生所开设的实践课程，开设时间在第一学年的暑假。

（一）课程的设置目的

从知识结构上讲，虽然已经经过了两个学期的学习，但是学生所接触的法学专业课程并不多。所以在知识层次上，专业认识实习课程可以让学生对法学专业及其相关的职业领域有初步的认识和了解，并在了解法律职业部门和岗位的基本工作情况的基础上，形成对法律专业、法律职业的整体认识，形成法律职业共同体的认同感，进而养成较强的社会责任感，鲜明的法律正义观和遵纪守法、敬业奉献的职业道德素养。所以，这门实践课程的思政要求，是非常明确的。

（二）课程的开设方式

专业认识实习课程给学生提供的实践环节，包括组织学生集体参观人民法院或者旁听审判，也包括参观人民检察院、律师事务所或者公证处。学生通过集中或者分散的实践环节，最终要撰写实习日志和实习报告，总结自己在实践过程中的心得体会，阐述自己对法学专业的认知。

三、专业认识实习课程思政元素的融入

课程思政元素的融入从来不是单一环节的，而是贯穿于课程教学始终，渗透在教学理念、教学环节、考核环节中的全方位融入。

（一）正确的价值观教育

由于学生的专业知识结构并未建构，所以专业认识实习课程对学生的专业引导并不着眼于具体的知识讲解，而是要引导学生形成对专业的价值认知，进而实现法学专业的整体培养目的。

因此，在课程的进行过程中，教师要根据实际场景和学生的参与情况，不失时机地向学生阐述法律共同体的概念，给学生分析在我国社会主义法治体系下，法官、检察官、律师的职业定位和分工。要求学生在实践过程中，勾勒出自己未来会从事的法律工作并体会其执业要求，从而形成法律职业认同感；并对我国的社会主义法治建设形成自我认知，树立服务于建设社会主义法治国家的责任感和使命感。

（二）恰当的教学环节设计

思政元素在法学类课程中投射的环节包括制度背景与意义环节、制度发展沿革环节、相关制度的中外比较环节以及制度的未来展望环节。毫无疑问，在理论教学过程中，上述每一个环节都可能作为课程思政的教学设计环节，期望学生能够因此形成全面的认知。

但是，实践课程的设置有自己的特点，制度的发展、比较研究和未来展望应当不作为相应的课程思政教学设计环节，课程思政更多的是聚焦在现行制度的架构和意义这样的教学环节。并且，丰富的现实案例，政府层面的政务公开，为专业认识实习课程的开设提供了必要的场景，又为课程思政的开展提供了鲜活的现实基础。

（三）合理的教学方式选择

在教学方式上，思政元素投射至法学课程教学的方式包括直入式、对比式和探索式。其中：直入式适合于讲授制度背景、意义等知识的场景；对比式适合于中外制度比较的内容；探索式则是通过启发学生对制度未来发展的趋势和走向的思考，激发学生对于该制度在实践中存在问题的完善思路和路径的研究兴趣。学生的认真思考有助于课程思政元素入脑入心。

具体到专业认识实习课程，对比式的使用频率可能较小。但是，直入式对学生形成思政思考是很重要的，相当于学生先建立一个思考和讨论的基础。而探索式则是实践课程中最重要的教学方式：引导学生思考，引导学生提出问题，引导学生解决问题。而思考的过程也是学生价值观的形成过程。

（四）适宜的考核方式检验

课程思政的落脚点要落到学生的思想政治素质发展上，引导学生形成正确的世界观、人生观、价值观，形成健康的专业伦理、科学的信仰和良好的行为习惯。具体而言，涉及态度、情感、意志、价值观等方面的评价。这样的检验和评价指标在实践中的建构殊为不易，毕竟最终的物质载体只是学生的书面报告。

所以，这更需要强调参与这门课程的教师具备强烈的责任心。在可能的条件下，给学生创造更多的实践机会，并且注意和学生的沟通、交流和探讨，在与学生的现实接触中把握学生的思想动态。

四、专业认识实习课程思政教学结果检验

通过和学生的交流，以及学生所提交的实习心得和报告，可以反映学生的学习收获和课程思政的教学结果。

（一）加深学生的专业认同感

通过比对专业认识实习课程不同的实践教学环节，可以发现，集中的法庭听审对学生的影响最大，也最容易加深学生的专业认同感。

造成这一现象的主要原因是：当集中组织学生参加法庭庭审的旁听时，由于能够容纳的人数较多，法庭面积较大，从环境因素来看，庄严肃穆的法庭会给学生较强的震撼感，学生对庭审纪律、庭审程序也能形成现实的体验和感受。此外，在旁听环节，法官通常会与学生进行短暂的交流和沟通，学生普遍对法官的专业形象留下了深刻的印象。庭审环节虽然可能不像想象中的那么精彩，因为学生在上课之前，对法律的理解可能更多的来自于影视作品以及自己参加的模拟法庭，但是法官、检察官、律师在法庭上的各司其职，展示给学生一个法律共同体的现实场景。学生的普遍认知是：任何一方的专业能力都很强，专业素质都很高，他们会成为自己未来从业的榜样。学生的专业认同感形成，是专业实习认知课程在基本定位上对学生的思政要求。

（二）明确自我的职业认知

在学生形成专业认同感的同时，教师要及时引导学生思考从事法律专业工作所应当具备的素质。具有完善且系统的法律知识架构，无疑是专业人士必须具备的基本素质。但是，在适用法律，或者提供法律服务的过程中，如果不具备相应的道德素质和政治素质，就会缺乏大局观和正义感，个人的专业道路也走不长远。

（三）加深对社会主义法治国家的现实理解

通过对公开审理案件的观摩，无论学生旁听的是刑事案件还是民事案件，学生最终都能感受到案件审理过程的专业性和公正性。此时，教师再适时地向学生强调近年来我国司法领域的建设情况，包括中国裁判文书网对案件判

决的公开，多元化纠纷解决机制的建立，这都向学生勾勒了我国社会主义法治的建设成就，学生也可以根据教师的讲授，进一步参与实践，以加深个人的认识和体会。

习近平总书记指出，思想政治工作从根本上说是做人的工作，必须围绕学生、关照学生、服务学生，不断提高学生思想水平、政治觉悟、道德品质、文化素养，让学生成为德才兼备、全面发展的人才。而这一工作需要每一位教师对本专业课程的现实投入来加以实现，让学生在各门课程的课程思政教学中不断成长，逐步树立正确的价值观。通过对专业认识实习的课程思政探讨可以发现，法学实践课程的课程思政工作有可扎根的现实土壤，通过教师的努力挖掘和适时引导，学生可以在实践教学中获益良多。

参考资料

［1］陈晓雷. 思想政治教育向法学教育的渗透研究［J］. 国家教育行政学院学报，2012（2）：29.

［2］兰婷婷. “法理学”课程思政教学改革模式初探［J］. 公安学刊：浙江警察学院学报，2019（2）：108.

［3］苏力. 当代中国法学教育的挑战与机遇［J］. 法学，2006（2）：12.

［4］王晨光，陈建民. 实践性法律教学与法学教育改革［J］. 法学，2001（7）：6.

［5］夏利民. 法学实践课程体系建设探索：以北京师范大学法学院的改革为例［J］. 中国大学教学，2010（11）：14.

［6］沃耘. 高校法学“课程思政”教育教学改革路径与对策［N］. 天津日报，2019-03-04（9）.

［7］张峥. 思想政治教育渗透法学本科教学的路径研究［J］. 智库时代，2018（40）：20.

［8］李磊. 法学类课程开展课程思政的进路研究：以民法学中“农村土地承包经营权”的授课为例［J］. 攀枝花学院学报，2019（6）：104-106.

［9］陆道坤. 课程思政推行中若干核心问题及解决思路——基于专业课程思政的探讨［J］. 思想理论教育，2018（3）：67.

［10］把思想政治工作贯穿教育教学全过程 开创我国高等教育事业发展新局面［N］. 人民日报，2016-12-09（1）.

爱首都　学法律　促和谐

——我与北京联合大学普法志愿者基层公益行

张宝贵[1]

摘要：北京市政府购买社会组织法律服务项目“爱首都、学法律、促和谐——首都青年普法志愿者基层公益行”启动仪式在北京联合大学应用文理学院举行。在项目实施过程中，笔者坚持把培养人放在工作首位，组建、培训、带领北京联合大学普法志愿者下农村、到学校、进社区，开展青年普法志愿者基层公益行和参加全国学生“学宪法 讲宪法”演讲大赛等活动，以丰富多彩、喜闻乐见的形式向人民群众宣传宪法法律。笔者和志愿者大胆创新，勇于实践，经受了锻炼与考验，受到人民群众的好评和中共北京市委教育工作委员会等多部门的表彰与嘉奖。

关键词：志愿者；普法；创新；基层公益行

习近平总书记在全国教育大会上指出：培养什么人，是教育的首要问题。他还强调，我国是中国共产党领导的社会主义国家，这就决定了我们的教育必须把培养社会主义建设者和接班人作为根本任务，培养一代又一代拥护中国共产党领导和社会主义制度、立志为中国特色社会主义奋斗终生的有用人才。这是教育工作的根本任务，也是教育现代化的方向目标。

我是北京联合大学的一名老教师，6年来，在学校各级领导的正确领导和热情支持下，我积极投身三全育人教育活动，把培养人放在工作首位。在申报的多项北京市政府购买社会组织法律服务项目（课题）获得立项后，组建、

[1] 张宝贵，中共党员，北京联合大学应用文理学院副教授，学院关心下一代工作委员会副主任，学院教育教学督导，北京市法学会宪法学研究会副会长兼秘书长。

培训并带领北京联合大学近60名大学生普法志愿者组成的团队，下农村、到学校、进社区，深入开展普法志愿者基层公益行和参加了法学法律专家基层公益行，以丰富多彩、喜闻乐见的形式向广大群众宣传了宪法法律。不仅指导、锻炼了大学生志愿者，还为新时代法治北京建设做出了贡献，学院官网、首都法学网多次做过报道，并受到中共北京市委教育工作委员会、中共北京市委社会工作委员会、北京市教育委员会和北京市法学会表彰和嘉奖。

下面就几个我们组织的有代表性、有社会影响的活动，写出来与大家分享。

一、带领志愿者承办首都青年普法志愿者基层公益行启动仪式

为服务首都法治建设，我申报的“爱首都、学法律、促和谐——首都青年普法志愿者基层公益行”项目获得批准立项后，在北京联合大学法律系的大力支持下，在北京市应用法学研究中心的指导下，我们组织了50多人的志愿者服务队，制订了普法志愿者服务队活动方案，成立了项目领导小组，我任组长，挑选责任心强的志愿者任副组长，成立了外联组、编写资料组、咨询培训组，开始了紧张有序的工作。

一天，北京市法学会领导找到我，由我陪同考察了我院文理剧场，并提议由北京联合大学应用文理学院承办首都青年普法志愿者基层公益行启动仪式，邀请学院领导莅临致辞。我感到这是北京市法学会对我院和我们志愿者服务队的极大信任，我立即向张宝秀院长做了汇报。张院长听后非常支持，当即指示相关部门一定要全力做好组织保障、场地保障工作。2014年11月16日上午，阳光明媚，首都青年普法志愿者基层公益行启动仪式如期在北京联合大学应用文理学院报告厅隆重举行。

时任中共北京市委政法委员会副书记贾沫微、北京市法学会党组书记苗林、市司法局副局长吴宝庆、市委社会工作委员会委员陈建领、中国法学会会员部副主任肖育斌、北京联合大学应用文理学院院长张宝秀教授等领导出席启动仪式，并先后发表了热情洋溢的讲话，向志愿者提出了明确的希望和要求。

北京市法学会秘书长邵新莲主持了启动仪式。来自中国人民大学、中国

政法大学、首都经贸大学、北京第二外国语学院、中国劳动关系学院、北京政法职业学院及北京联合大学法律系的共300余名普法志愿者身穿统一的蓝白相间的志愿者马甲，参加了启动仪式。

随后参加启动仪式的领导同志为志愿者服务队授旗，志愿者全体起立举起右手向队旗庄严宣誓：我承诺，尽己所能、不计报酬、帮助他人、服务社会，践行志愿精神，为普法事业贡献自己的力量。

经过选拔培训，我校法律系肖晶、谢雨含等10位大学生普法志愿者，全程参加了启动仪式的服务工作，他们热情、大方、规范、周到的礼仪服务，受到上级领导同志的夸赞。

启动仪式结束后，根据我们确定的普法宣传重点和内容，全体普法志愿者接受了APEC志愿者培训的负责人、北京市志愿者服务联合会王赢副秘书长及北京市法学会信息中心负责人为我队志愿者做的基础知识培训，志愿者从中学到许多专业知识和技能。志愿者还登录首都青年志愿者平台注册，目的是每参加一次志愿服务，都可获得积分和志愿服务的证明。

我们志愿者激动地表示，青年普法志愿者应该以弘扬社会主义法治精神为己任，广泛宣传以宪法为核心的中国特色社会主义法律体系，推动法律进机关、下乡村、进社区、到学校、进企业、进单位，为推进依法治国、在全社会形成良好的法治氛围做出积极贡献。

二、普法志愿者走进学校、社区开展首个国家宪法日暨法制宣传日宣传活动

首个国家宪法日上午，经学院领导同意，在北京联合大学应用文理学院校园内，我组织带领30余位身穿统一的蓝白相间的志愿者马甲的大学生组成的首都青年普法志愿者服务队，在校园内悬挂了“依法治国　建设法治国家”的横幅、张贴了全国首个国家宪法日的海报，在教学楼里摆放宪法法律宣传的16块展板，向该学院师生员工免费发放现行宪法文本和法治教育宣传折页，热情宣传宪法和党的十八届四中全会精神，耐心解答人们提出的问题，师生反应热烈，认为收获很大。

学院张宝秀院长、王彤副院长在我的陪同下饶有兴趣地参观了法制宣传展板，并给予高度评价，指示有关部门要多展示一段时间，让更多师生参观学习。

当天下午，我组织带领30余位大学生普法志愿者身穿统一的蓝白相间的志愿者马甲，手提肩扛宣传展板，走进海淀区北太平庄街道蓟门里社区，向居民和小学生免费发放现行宪法文本和法治教育宣传折页，摆放宪法法律展板，热情宣传宪法和党的十八届四中全会精神，耐心解答人们提出的问题，受到社区居民的欢迎和好评。

在蓟门里社区普法现场，《北京日报》记者专门采访了我。

三、普法志愿者走进工业与信息部邮科社区和蓟门里社区

在我的组织带领下，我校20余名大学生普法志愿者，还来到工业与信息部邮科社区和海淀区蓟门里社区开展“爱首都、学法律、促和谐——首都青年普法志愿者邮科社区公益行”普法宣传法律咨询活动。

为搞好这次活动，志愿者们事先做了充分准备：联系社区领导，主动取得支持；制作了12块展板和4条宣传横幅以及宣传海报，印制了普法调查问卷和最新法律宣传单等；我专门为志愿者做了法律专业培训。

在法制宣传活动中，志愿者热情接待了社区居民、保安员、大唐电信集团员工160余人，回答了有关宪法、环境保护法、老年人权益保障法、人口与计划生育法、劳动合同法、婚姻法、继承法方面的法律问题，发放并回收调查问卷60余份，我代表志愿者向两个社区赠送了法律图书和法制宣传展板，并耐心详细地向退休人员、转业军人、小学教师、工人、工商业者、家属代表等解答了关于养老金发放、转业军人安置、法律溯及力、房屋租赁、法院强制执行以及借贷担保等法律问题并对有的问题，提出了法律建议，受到社区领导和居民的欢迎，当事人表示满意。

在现场，被志愿者们的精神风貌和普法热情所感动，附近宾馆的工作人员主动为志愿者搬来梯子供悬挂横幅使用。社区居委会高度重视这次活动，社区主要领导和工作人员全程参加，专门向社区居民发了通知，为活动提供了场地和桌椅。

活动结束时，居民们仍然意犹未尽，询问志愿者的联系方式，希望我们今后继续来社区开展法律咨询。

志愿者们纷纷表示，这次活动学到了知识，找到了差距，增强了学习动力，收获很大。

四、青年普法志愿者走进北京市中小学校

我组织带领普法志愿者一行，先后走进北京市第三聋人学校、北京十一学校、温泉二中、海淀区清河实验小学、海淀寄读学校开展首都青年普法志愿者中小学校公益行活动。

北京市第三聋人学校是一所特殊教育学校，老一代党和国家领导人周恩来总理、叶剑英委员长和一些外国国家元首都曾到该校参观。

这次法制宣传活动的主题是“爱首都 学法律 促和谐——首都青年普法志愿者北京市第三聋人学校公益行”。我和大学生志愿者结合聋人特点，共同为聋人学生精心制作了10余幅法制宣传展板；和聋人学校领导反复沟通、商讨法制讲座大纲，制作了中学生与法的PPT；在事前组织了志愿者培训。第三聋人学校师生50余人认真参观了展览，聆听了我的主题介绍和大学生志愿者田博主讲的法制讲座，并进行了热烈的互动，学生们踊跃回答志愿者提出的问题。讲座结束后，志愿者与聋人学生合影留念。最后，我向第三聋人学校赠送了宪法文本和法制宣传展板，向聋人学生发放了设计、制作精良的法制宣传单；聋人学校领导和手语老师对我和志愿者的法制宣传活动表示衷心感谢，并欢迎我们下学期再去。

首都青年普法志愿者聋人学校公益行活动，让志愿者们有机会用实际行动为特殊教育做出了贡献。

我们志愿者还应邀跟随北京市法学会领导到北京市十一学校宣传宪法和法律，我们志愿者身穿特制制服，扮演法官、检察官、法警、证人、辩护人、被告人，为十一学校师生汇报演出了预防诈骗的法制短剧，十一学校师生看得聚精会神，给予志愿者演员热烈掌声。志愿者通过查资料、编剧本、背剧本、演角色，在理论联系实际和实际操作上也取得很大收获。当天，海淀教育微信公众号图文并茂地做了详细报道。

我组织带领法律系志愿者一行，还走进距离中关村大约10千米远的北京市温泉二中开展首都青年普法志愿者公益行活动。

温泉二中师生120余人认真参观了我们志愿者设计的展览，聆听了我的主题介绍和大学生志愿者赵友盟主讲的法制讲座，并进行了热烈的互动，高中生们争先回答主讲人提出的问题。讲座结束后，高中生们不愿离去，围着我们志愿者纷纷询问青少年法律保护和预防未成年人犯罪等问题。温泉二中

学生小记者还对志愿者服务队做了现场采访。最后，我向温泉二中赠送了宪法文本和法制宣传展板，温泉二中领导和教师对我们志愿者的法制宣传活动表示衷心感谢。

五、法学法律专家和青年普法志愿者走进西北旺镇、上庄镇、温泉镇

在海淀区人民政府法制办公室，海淀区司法局，西北旺镇、上庄镇、温泉镇党委、政府、镇人大主席团的大力支持下，我们普法志愿者先后与上述三镇共同举行了“讲法制守秩序、普法惠民进万家暨北京市法学会法学法律专家基层公益行启动仪式”和大型法律宣传咨询活动。

我热情邀请了在京高校的12位知名教授和律师以及北京师范大学、中国政法大学的20余位研究生志愿者、我校20余位大学生志愿者来到海淀区西北旺镇举行了“讲法制守秩序、普法惠民进万家暨北京市法学会法学法律专家基层公益行启动仪式”和大型法律宣传咨询活动，北京市法学会秘书长、镇党委书记、镇长、镇人大主席团主席应邀出席启动仪式并讲话，约300多位群众参加咨询宣传活动；我们还冒雨来到当年闻名遐迩的西北旺镇唐家岭村举行了大型法律咨询宣传活动。之后，我们原班志愿者团队又来到海淀区上庄镇，开展了大型法制宣传活动，受到群众的广泛欢迎，北京市法学会和西北旺镇、上庄镇党委及政府对我们的活动给予了充分肯定。

在西北旺镇、上庄镇和温泉镇我们成功组织了三场镇人大代表和“两委”人员培训班，由我和国家行政学院任进教授担任主讲，镇党委、政府、人大主要领导和基层干部约240人一起参加学习。

我们组织志愿者编写完成两个版本培训讲义并制成PPT；设计并制作精致实用的4套共64块涉农法制展板，组织编纂并发放800本法律汇编，涉及土地管理、农村集体经济组织发展、基层群众性自治组织、户籍管理、社会保障；为方便群众查询，我们还附录了居民常用法律法规规章及政策目录和部分海淀区政府文件目录，群众非常欢迎；我和志愿者设计并实际发放800份调查问卷并做了统计，内容涉及：知道多少与群众生活密切的法律，群众了解法律法规政策的渠道有哪些，是否了解《村民委员会组织法》特别是《北京市禁止违法建设若干规定》。调查问卷还涉及食品安全、海淀区新农合

医疗管理办法、五保户、土地承包法、农村分家析产协议书、遗产继承、对坑农害农行为的刑罚、市民文明公约、对海淀区未来的看法等；我们编制并发放200份村镇干部法律知识试卷（附参考答案），涉及《宪法》《村民委员会组织法》《土地管理法》《土地承包法》知识，制作了1000个法制宣传口袋、400张最高法院审判案例DVD，这些都免费发给参加活动的干部和群众学习；当地镇政府非常重视法学法律专家基层公益行，领导亲自过问并指导，上庄镇还组织了村民舞蹈队表演；各镇宣传科还为法制宣传和法律培训拍摄了活动实况视频DVD。

当地干部和群众对我们送法下乡、帮助基层解决问题都很满意，活动取得了很好的社会影响和效果。

鉴于我们志愿者团队的突出表现，2014年北京市法学会授予北京联合大学普法志愿者服务队优秀奖。

2016年6月，经北京市法学会推荐，我被中共北京市委社会工作委员会授予“北京市社会领域优秀共产党员”光荣称号。

六、带领志愿者承办北京市法学会系统“宪法连着你我他”演讲大赛

在第二个国家宪法日前夕，北京市法学会、北京市教育委员会决定在首都12所高校普法志愿者中举办“宪法连着你我他”演讲大赛，邀请北京联合大学应用文理学院承办，邀请我担任大赛评委并参加筹备工作。在学院、法律系领导的大力支持下，经过紧张而有秩序的准备工作，我落实了演讲场地，确定了背景布置，连夜撰写和修改了演讲稿，指导、培训了我系赵友盟、田博、东京、朱辛得等选手。演讲大赛如期在融创大厦报告厅举行，首都高校20余位朝气蓬勃的选手竞相精彩演讲，博得台下一片又一片掌声。北京市法学会、北京市教育委员会领导和法学专家组成的评委们认真评出了一、二、三等奖，最终我校法律系赵友盟、田博同学获得北京市法学会、北京市教育委员会联合颁发的“宪法连着你我他”演讲大赛二等奖，东京、朱辛得同学获得大赛三等奖。首都法学网对此专门做了报道。

之后，北京市法学会邀请我校获奖的四位选手和兄弟院校的获奖选手走进专业摄影录音棚，由专业公司为获奖选手录制了DVD光盘，成为志愿者普

法的优秀教材，我校获奖的四位选手也成为学妹学弟们学习的好榜样。

七、走进新时代，我和志愿者代表学校参加全国学生“学宪法 讲宪法”（北京赛区高校组）演讲大赛

根据教育部办公厅关于举办全国学生“学宪法讲宪法”活动的通知和中共北京市委教育工作委员会、北京市教育委员会关于组织开展全市学生“学宪法讲宪法”活动的通知，我校参加了这一神圣活动。

在校长办公室的领导下，在学院学生处、法律系、新闻系、文科中心的大力支持下，承蒙各级领导的信任，义务担任了这项活动的指导教师，从2017年至2019年连续三年，我指导、培训了文理法学B2014级赵友盟、田博、东京，B2015级秦泽敏、赵家辉，B2015级侯雪菲、刘宇曦等演讲选手。每次活动前，我都亲自撰写、修改演讲稿，帮助选手克服各种困难，反复指导选手从难从严训练，并先后带领他们参加北京市和西城区分别举行的国家宪法日宣传活动中演讲“我和宪法的故事”，帮助选手克服怯场心理，增加他们的演讲经验。

我校法律系的选手很优秀，很努力，很勤奋。经过训练、录像、申报、模拟比赛、正式比赛，我们的选手敢于拼搏，在重点大学众多、强手如林中脱颖而出，在与中国人民大学、中国政法大学等大学的选手同台演讲中，先后获得三个二等奖、两个三等奖，三个优胜奖，共八个奖（秦泽敏获两个奖项）。

获奖者田博同学毕业后就职于中央国家机关工作，赵友盟、东京同学毕业后在律师事务所工作，秦泽敏同学考上国家公务员，赵家辉同学赴英国继续深造，侯雪菲、刘宇曦同学尚未毕业，但他们信心满满、刻苦训练，准备向“学宪法讲宪法”演讲比赛的更好成绩冲刺。

值得一提的是，还有两位优秀的普法志愿者楼瑜航同学、庄元芳同学，他们从我校毕业后考取了中国青年政治学院和北京科技大学的硕士研究生。

我也不辱使命，较好完成了学校交给的任务，连续三年被中共北京市委教育工作委员会、北京市教育委员会评为“学宪法讲宪法”活动优秀指导教师。

最后，我衷心感谢各级领导的热情关怀、支持和鼓励；衷心感谢跟随我

参加“爱首都 学法律 促和谐”——北京联合大学普法志愿者基层公益行和“讲法制守秩序、普法惠民进万家暨北京市法学会法学法律专家基层公益行”以及代表我校参加全国学生“学宪法 讲宪法”（北京赛区高校组）演讲大赛等活动的法律系普法志愿者，他们勤奋、创造性的工作，为首都法治建设做出了贡献。在此，我向普法志愿者服务队的全体队员表示崇高的敬意！

让我们记住这些为新时代首都法治建设做出贡献的可亲可爱的普法志愿者：

谢雨含、肖　晶、兰秀莲、杨建一、楼瑜航、东　京、陈仕楠、刘　彤、梁子丹、孙　鑫、马东亚、史艳茹、刘　艳、于　淼、王静怡、张　坤、谢克拉、张慧娟、张晶晶　习　悦、赵　冉、朱婷秀、赵友盟、周玉玺、田　博、邵子涵、杨　岚、黄静娴、吴雅丽、黄小凤、任　凤、朱辛得、王留芳、李小亚、罗金凤、刘春艳、杨　蕾、赵　丹、庄远芳、马　敬、李倩玉、黄凌思、古新霞、刘淑卫、王礽琴、王鑫蕊、李荣博、秦泽敏、赵家辉、侯雪菲、刘宇曦、邵　鹏、刘　桐等。

育人成效

学以致用，提升学生综合实战能力

胥铁军 ❶

2015年9月我来到北京联合大学法律系，度过了两年法律硕士的学习生涯，也是我校园生涯的最后两年。如今借此机会，能够回顾一下四年前的学习历程，心中是有一些话想要说。如果没有在联大的两年，我现在不会在北京扎根发展；如果没有在联大的两年，我的学习生涯会有很多遗憾。这两年的学习生活最让我难以割舍的是在这里与老师和同学建立的浓浓感情。在此想把在法律系的一些感悟写下来，与大家分享。

联大法律系法律硕士教学给我留下的最深印象是注重实战。在校训“学以致用”的指导下，从实际出发，把握学生特点，教学中更加注重学生专业技能和实务能力的提升。这种培养策略既符合法律硕士这个学科的要求，也能弥补学生缺乏实战经验、对社会认知不足的缺点。从我的学习经历和工作后的感悟来讲，这种培养方式是非常科学和实际的，让我受益匪浅。“师者，所以传道授业解惑也。”作为通过研究生入学考试的学生，自学能力和对法律常识的认识是没有问题的，但缺点在于接触社会较少。所以，“解惑”并不单单指学习理论知识，更要去解答学生社会实践上的疑问。因此，在“学以致用”思想的指导下，法律系一直在探索为学生在理论和实际之间搭建起一座桥梁，既然学习的是人文社科类知识，那么就要学会在人文社科这个江湖上知行合一，执剑闯天涯。

一、双导师模式

北京联合大学法律系在北京市乃至全国建立了多家实践培养基地，包括

❶ 胥铁军，男，北京联合大学应用文理学院2017届法律硕士毕业生，现为北京首源物业管理有限公司总经理助理。

法院、检察院、律师事务所、公证处、仲裁机构等法律职业共同体。在实践培养基地的带动下，法律系拥有大量的客座教授和校外实践导师，构建起了理论与实践“双导师教学模式”。在此框架下，我们的教学内容和教学方式都指向了学生专业技能和实务能力的提升。对于学生来讲，这是一种综合素质的培养，我们接触到了课本以外的世界，课外导师在工作中遇到的难点和疑点或者他认为必要的事项，都会拿到课堂中去讨论。讨论的过程不是理论的阐述和“我觉得”，而是真实地面对问题，让我们自己拿出解决方案和解决思路，培养我们发现问题、解决问题的能力。例如，在民诉法课堂中，校外导师就抛给我们一个他会见当事人的案例，阐述完案件过程后，让我们每个人列出能够支持原告诉请的证据。“谁主张、谁举证”这个原则我们都了解，但是通过这种教学它不再是抽象空洞的原则，而变成了需要我们去分析去思考的问题。在这种实战教学中，导师引导我们举一反三。一是案件分析与法律适用。通过对实体内容进行分析，逐步罗列法律适用，既可以学会如何寻找案例分析的切入点，也对法条有所熟悉和回顾。二是证据“三性”的判断。什么样的材料算作证据？什么样形式的证据有瑕疵？什么样的证据能够得到支持？什么样的事情是我们想不到但是也可以作为证据采纳的？这是一种启发性课堂，是一种对思维的拓展，是对实务的判断。三是学会了如何给法官递交“证据清单”，这个清单应该怎么设计，怎么编辑格式能够更好地表达证据的证明力等，同时还通过案例更加有代入感地对与证据相关的程序业务进行了解，熟悉律师和法官的工作流程。

仅仅通过这一堂课，我们对抽象的法律原则有了具体而理性的认识，原本陌生而好奇的法律实务也变得清晰透明了。两年来接受的这种训练让我们很有收获，学到的既有实体也有程序，既有理论也有实践，大家通过这种课程的培训，毕业以后在工作中上手会非常快。

二、以就业为导向的实践课程

在以往的印象中，实践课程好像就是一个形式。在实习单位工作几天，了解下工作内容，在法院就是帮助装订案卷，在律所就是帮师傅打印，拿着实习补贴，等课程结束后撰写实习报告，就算完成课程任务拿学分毕业。但在北京联合大学法律系，实践课程绝不允许走过场，草草了事。为了避免实践课程流于形式，在课程开设之初老师就给我们明确了实践课程的目的，不是为了凑学分，不是为了必须有而有，而是直接将实践课的目标聚焦在就业上，要让我们带着问题和对未来职业的规划去实习。

实习固然是对理论学习的一种检验和应用，但是它更大的作用是让我们了解自己适合什么，不适合什么。就业是终身大事，而且以应届生身份就业的机会只有一次，一定要把握好，所以这次实习是为就业加分的，把自己先放到社会上转一圈，给我们一个缓冲和容错的机会。可能我们很多人对于自己想从事的职业，更多的理解是源于“道听途说”，但只有真正接触了，了解了其工作内容、工作模式，才可以让自己有一个较为全面的认识，从而真正地知道自己是否适合这一工作。拿我个人为例，之前一直是想去律所的，实习的时候去了律师事务所，在实地了解了律所的工作以及律师的职业生涯后，根据自身情况，我认为目前并不是从事律师职业的最佳时机，所以律师这个选项就被我排除了。这种排除不是一拍脑门，不是一时兴起，而是经过带着问题的实践和对自身的分析而决定的。这一切都得益于在实习前，对实践课程这一过程的清晰定位和认识。我相信如果自己仅仅是抱着完成课业任务的心态去实习，那么可能会在正式入职后才发现不合适。

三、以提升能力为导向的课程内容

联大法律系的培养特点是，在教学之前就设定了培养的目标及学生预期应有的收获和提升，这是一种“以终为始”的方式，这种思路和原则贯穿教学的始终。在课程内容设置上，包括专业技能课程、法律职业伦理、课外实践课程以及与个人自我提升相关的综合课程。

特别值得一提的是，在日常课程之外，老师还给我们“吃小灶”，补充了很多我们法律专业欠缺的管理学、组织行为学、时间管理、目标管理等知识。我在工作后才发现这些课程真的是价值连城，现在线上线下需要付费的知识而我们在学校两年的“晚自习”里学到了很多。晚自习之所以加引号是因为，老师都是牺牲自己的时间与我们一起上晚自习，给我们讲很多“课外知识”。在老师的推动下，我们还有幸学习了很多场德博诺（中国）国际经典版权课程，对于丰富知识内涵、优化知识结构是非常有帮助的。

四、科学的考核方式

介绍过课程教学，接下来说一下教学考核方式。在每门课程的教学考核上，采取的不是试卷考试，而是论文考试。每门课程结束后，要求学生提交一篇论文。这篇论文可以偏理论，也可以重实践，但是经过这种“学以致用”思维的熏陶，我们更多地倾向于从实际问题出发，通过研读判例来分析一个法律问题在实务中的处理方式。王泽鉴老师说：“法律是一份使命，而判决则是法律共同体的沟通与实践基础。”在老师的指导和专业法律检索服务商的培训下，我们学会了不同的案例检索方式，通过案例这个数据库，去挖掘信息，用判例去剖析问题。这种方法无论是在法院还是在律所都是必备的技能，很荣幸我们在入学时就接受了法律系给我们上的这一堂“法律 + 大数据”课程。或许我们并没有运用得非常熟练，没有将这种方法完全内化，但是这种意识和这种指导方向是正确的，能让我们在毕业后快人一步。这种方法，我个人一直都在使用，不论是公司遇到法律问题还是有当事人咨询，我都会去查询相关判例和法条依据，为他们决策提供一定的参考。

五、提供才能施展空间

“知乎”上有一个问题是说为什么毕业后两三年大家的差距会迅速拉开。其实差距不是毕业后才拉开的，而是在毕业前就客观存在的，只是在学校的那一套评价体系中大家的差距似乎不是那么明显，一旦步入社会，便开始真正“亮剑”，差距就开始明显了。在就读期间联大法律系就给予了我们充分的自主权和能力锻炼空间。第一批法律硕士开始独立运行“BUU 法硕”公众号，积攒了文案撰写和新媒体运营经验。目前“BUU 法硕”已经运行了四年，每年都会由新生接过接力棒，继续记录着我们在联大的感动瞬间。

在联合大学印象最深的一次活动是“第一届法律硕士学术研讨会”。研讨会上，除校内授课教师外，还聘请了来自律师界、公证部门、司法机关等的校外导师到场。法律硕士研讨会的选题、演讲准备、会场布置、茶歇选购、嘉宾邀请等事项均由我们独立完成。看似是一场小小的会议，但麻雀虽小，五脏俱全。在这次会议准备演讲的过程中，我们对自己的课题有了细致的了解，要做到言之有物，不仅仅是对既有观点的罗列，还要有本人的见解。可以意见不到位，可以分析不深刻，但是不允许没有见解，不允许没有观点，不允许没有态度，这培养了我们的独立思考能力和看问题的深度。同时在这个办会过程中，一些事务性工作、协调沟通工作、准备工作、接待工作，都是在锻炼我们与人交往、与人沟通的能力。这种活动给了我们施展才能的空间，给了我们锻炼才能的空间。到了工作中才会发现，格物致知只是一方面，我们更是在江湖中的人，江湖是人情世故，是为人处事，不仅仅是对客观事件的认识，更多的是在与人打交道。在这里真的非常感谢老师当时给予我们的信任和独立的空间。

在联大法律系有太多的温暖和感动，我们和老师建立了朋友般的相处模式，课堂开到了小月河边、开到了足球场上、开到教授家的炉火旁，少了些学校课堂的严肃和正式，多了份温馨与真诚，在这里我们收获了老师的关爱，收获了同学的友谊，收获了一个最好的自己。毕业离校前的一次课上，老师对我们说，真的是还想再教你们一些，真的是舍不得你们离开校园。但是就像是上山修行的小徒弟，我们终究是要下山去独自会会这个世界，但是我们知道，我们的这一身本领都是山上老师教的，在每一个受挫和难过的夜晚，我都会想起自己师出联大，所以必须坚强，必须骄傲。

我与知产二三事

蒋博文[1]

我是联大文理学院一名普通的大三学生，每天上课、下课，泡图书馆……要说这普通生活中有什么让人多看一眼的，知产站算是一个。

我跟她的渊源要从大二说起。大二学期刚开始的我，偏执地认为参加社团活动对自己没什么帮助，所以一股脑全扎在学习上。然而大学这样一个环境，如果你不参加社团，与人接触，基本上你的社交圈子就只剩下宿舍了。等到大二下学期的时候我才反应过来，自己好像慢慢与人群疏远了。而且总是独自做事情的这种压抑感也让人浑身难受，生活开始失去活力。幸运的是，不久就迎来了改变这一现状的机会。

那天偶然看到熟悉的人在宣传知识产权站的招新活动，心想着既有熟悉的同学在社团里，以后有什么业务不熟练的地方也可以请教，又是与自己专业相关的社团，自己做起事来还会得心应手些。一开始还犹豫不决的我，想到这些便爽快地报名了。

之后，我加入了社团的宣传部任部长，工作了半个学期，这期间和小伙伴们一起学到了很多新的技能。再后来，可能是由于平常的积极表现让站长记住了我，他问我要不要做下一任站长，我自然是非常想做站长，这样可以学到更多的管理技能。于是我就开始接触站长的工作内容，慢慢地到了大三，就正式进入站长的工作状态。

下面，我想以站长的身份来介绍一下我们社团。

知产站全称是北京联合大学应用文理学院知识产权服务站，之所以前面冠以学校的名字，是因为我们还属于首都保护知识产权志愿服务总队。首都

[1] 蒋博文，男，北京联合大学应用文理学院 2017 级法学专业学生。

保护知识产权志愿服务总队是建立在高校之间的，比如人大、传媒大学等这些高校联合起来的知识产权服务队伍，目的在于宣传知识产权，提高人们保护知识产权的意识。这个目的看起来有点难以操作，但具体到每个学校事情就会简单许多：每个学校都会在本校成立知识产权的社团，组织社员在学校内外时不时地举办活动，这样一来，知识产权就可以得到慢慢地传播，我们的服务也算圆满成功。

咱们学院组织的活动中，有知识产权演讲比赛、知识产权竞赛、专家讲座等形式，其中最常见的是专家讲座，这也是最吸引人的活动形式。讲座中，专家的知识渊博，同学们和专家的现场互动提问精彩，这些获取知识的途径相比较而言最直接。对于我而言，“讲座”就代表着“来活儿了”。就拿讲座来举例子吧，组织一次专家讲座的前期工作是比较烦琐的，第一步要先跟负责人一起沟通专家合适的时间，单单这一步有时就会耗上两个星期，不断地“确定”和修改时间；在最终定下时间后必须马不停蹄地去借教室，如果赶在活动比较多的学期初，这个活儿就变得比较难做，得跑个两三趟才有点眉目；教室确定后，接下来就是做出一篇优秀的推送，宣传这次讲座……其他比赛、竞赛之类的流程也是换皮不换瓤。总的来说，一个活动的成功举办需要一直地记挂着，心里清楚进行到哪个程度。

这就是知产站，一个有点特殊又有点让人记挂的社团。

说了那么多纸上的事，来说点实际的知产站的成就吧。2019 年下学期知产站的第一个对外活动是讲座，经过上述的一番操作后，知产站邀请到的是国家知识产权局专利局初审流程管理部的戴婕老师，时间定在 2019 年 10 月 24 日晚，地点是教学楼 406。本是一个普通的讲座，不同的是，这次服务队的负责人到了现场，还有其他专家也莅临检查。这可让我有些小小的紧张，毕竟是做站长以来第一次办活动。好在也是因为第一次办活动，前期工作做得比较充分，现场也没有出现较大的差池。

我在知产站大半年的时间，对知产站的热爱只增不减，它教给我工作经验、做事的规矩，也打磨着我的意志。无论是在知产站或者不在，我都希望看到知产站越来越好的样子！

回忆母校

周悦[1]

经过艰苦的毕业季之后，我走出了学习、生活了3年的母校，从一名青涩的学生蜕变成一名社会人，真正懂得了成长和责任的含义。这几个月，经过工作的锤炼，让我对校园生活的美好的回忆更加强烈，也让我对母校的培养充满了无限的感恩。感谢母校在研究生三年中让我积累了丰厚的专业基础知识，也感谢母校为我们提供了广阔的就业平台，在感到幸运的同时，我也时常会怀念自己在北京联合大学法律系学习、生活的点点滴滴。

北京联合大学是个大集体，法律系更是我们的大家庭。当年的机缘巧合，我误打误撞地来到了北京联合大学，开始了自己的研究生生涯，开始了专业技能、职业道德的提高。在母校中，也通过各种各样的机会使自己各方面的能力得到锻炼。母校的校训是“学以致用”，这简单的四个字，有着深刻的内涵，要求我们时刻牢记学习的目的和意义，时刻提醒着我们只有将书本上的生硬法条和真实的司法案例相结合，和丰富的人情社会相结合，才能做出最符合社会实际的价值判断。正是在“学以致用”理念的指引下，联合大学法律系建立了自己的人才培养理念，也有着自己培养学生的执着和坚持，也正是在这种氛围的感染下，我们的课堂总是充满着讨论和争执，也伴随着欢声和笑语。

我就读的是法律硕士（非法学）专业，本科期间并没有进行系统的法律专业知识学习，所以在专业基础方面比较薄弱，这在我们平时的课堂中体现得非常清楚。当对一个法律问题进行分析时，我总是抓不住重点，而是在一些无关紧要的问题上进行讨论，并且自以为是地坚持自己的想法。和其他法

[1] 周悦，男，北京联合大学应用文理学院法学专业2019届毕业生，现在北京市密云区人民法院工作。

律（法学）专业的同学进行讨论时，明显感觉到自己对法律关键知识的理解和掌握存在短板。正是在这样的背景下，法律系考虑到我们的现实问题，进行了针对性的课程安排，对法律硕士（非法学）专业的同学进行全面系统的基础专业知识讲解，同时改变了在本科阶段上课的刻板方法，进行专题型的讨论分享。这一针对性的措施，让我们增长了专业知识，也让我们真正地走进了法律这个精深的博大殿堂，让我们能够对具体的客观法律事实进行更加专业的法律分析，这些专题讨论和分享，对我在法院工作具有极大的帮助，让我更加贴合司法实践。当然，学会和大家分享自己的收获真的是一件非常有意义的事情，我们通过对一个小问题深入的研究和掌握，自己变得更加从容自信，通过分享知识，大家的表达能力也得到提高。

除了课程安排之外，我们还有其他的各种各样丰富的教学形式。记得刚上研究生没多久，有个互联网大会在北京会议中心召开，老师将这个信息分享到微信群里后，大家积极报名参加，我有幸遇到了自己非常敬仰的宋鱼水法官，也通过这次大会了解到一些前沿的互联网法律知识。这只是一个简单的例子，但正是因为我们在北京，在这个政治、文化中心地区，才有机会接触大量的法律会议，接触大量的知名教授，这些资源是我们的宝库。在校外旁听知名法律学者的讲座也是可遇不可求的事情，在《民法总则》颁布之后，全国掀起了学习《民法总则》的热潮，王利民教授、梁慧星教授都召开过专门的学术讲座探讨民法总则中的一些争议问题。我们还在北京航空航天大学旁听了营利法人、非营利法人的倡导者龙卫球教授的深入分析。这些旁听课程，也是我们法律系老师积极鼓励并且支持的。除了去外校旁听，我们系也请来著名学者授课，如西南政法大学孙鹏教授等。当然，我们系请来授课的老师，并不限于法律专业，也有杂志社的编辑，也有出版社的社长，还有政府官员、律师事务所的资深律师，他们利用自己丰富的实践经历，为我们传授了书本之外的知识，这也是我们成长、开阔眼界的重要窗口。

在学校打好专业基础知识后，如何将学习和实践相结合，也是我们学校老师着重考虑的问题。为此，联合大学法律系在全北京建立起数十个实践基地，有律师事务所，有仲裁委员会，有公证处，还有许多基层法院。正是在法院实习的经历，让我萌生了进入法院系统工作的想法。我们这个专业的同学，都在老师安排或者自己寻找下进入各律所和法院实习。这段实习期间的经历，对我们的职业选择产生了重大影响。有的同学在律所实习，最终选择留在律所开始自己的法律职业生涯；有的在公司实习期间从事法务工作，毕业后也选择从事法务工作。正是这些宝贵的实习经历，让我们积累了专业知识，也让我们的职业选择更加具有针对性。因此，我们学校一直坚持学习和实践相结合，老师积极利用自己的人脉关系，拓宽我们的实习范围，增加我们的选择空间。正是老师们的积极付出，才换来我们的职业收获，在这里我也对老师们的付出表示真诚的感谢。作为法律专业硕士的同学，理论和实践相结合是我们从进入校园第一课起就需要考虑的事情，做好自己的职业规划，选择适合自己的职业方向，这是联合大学和各位老师一直以来强调的一点，也正是老师的反复叮嘱和关心才让我们在职业选择中不再迷茫、困惑。有些同学想问我，有没有出国交流的机会啊，那是必须的。学习法律，也需要具有开阔的视野。为此，我们学校也积极地拓展国际合作，不断和国外的大学积极交流，每年提供大量的出国留学交换的机会。我们学校和美国、英国、澳大利亚、俄罗斯等多个国家的大学建立了良好的合作关系。每年暑假，我们的同学都会在老师的陪同下出国交流两个星期，在这两个星期中，他们积极融入当地社会，了解法律体系，眼界和知识都得到极大的提高。

作为一个法律工作者，必须坚守公正的职业操守，时刻铭记法律对我们的基本要求，不管是作为律师还是作为法官，必须承担起自己作为法律人的担当。在研究生期间，我作为班长，虽然有些地方做得不太到位，但是在为同学服务的过程中，和老师、同学有更多的接触机会，通过前期协调组织会议，我的能力得到提高，服务意识得到锻炼。为了更好地提高大家的组织和协调能力，系里的老师会为我们创造了大量的组织会议的机会，小到同学内部的交流研讨会，大到学校组织的大型学术研讨会，这些会议的前期协调、嘉宾的邀请、茶歇的准备、会议流程的梳理等，种种过程让我们能够更多地提高自己的协调组织能力。

时间在不知不觉间溜走，在研究生的三年中，我在学校努力付出，通过了司法考试，在图书馆准备课程发言内容，认真复习公务员考试。累了还可以去地下的健身房免费健身，这些优质的硬件设施和学校提供的人性化的服务，使我们将更多精力投入到学习和工作中。母校的各位老师，为我们提供了专业的指导，在学习、生活上给我们极大的帮助。母校给我们的专业指导，以及她为我们提供的广阔的就业平台，让我们可以实现自己的职业追求。正是母校这种差异化的培养模式，书本和实践相结合的努力尝试，才让我们在三年的研究生生活中不断锻炼和充实自己。还有同学们上课时的讨论，下课后的聊天，一次一次地在教室和餐厅之间的穿梭，在三年中的时间，认识你们，并且遇到三两个终身挚友，一切都显得弥足珍贵。

文化育人

彰法明理，修齐治平

——法律系系训的由来

刘婧娟❶

系训是我们培养人才的终极目标，也是全系师生共同努力的方向，是法律系的精神和灵魂。在参考了各校校训常用的四字词语的写法，我们拟了“彰法明理　修齐治平”八字。

“彰法明理”主要是说为学。这里的“法”指法律规则。学法律的人首先要掌握最基本的法律规则，这是知识层面的要求，也是第一层级的要求；其次，还要会在案例中运用法律规则，这是专业能力层面的要求，也是第二层级的要求；最后，也是更重要的，法律人要从内心认同法律，将法治融入精神和血液之中，不仅要自己遵守法律，也要以自己的行为宣扬法律，让法治精神得到彰显，这是第三层级的要求。能够自觉自愿地“彰法”，是学习法律规则的最高境界。

“理”指法律规则背后所体现的法理。除了学习法律规则，还要深入探究法律规则背后所体现的法理，所追求或守护的价值。穷究法理，是为了具备对法律规则的基本鉴别力。亚里士多德对法治的经典定义是：法律获得了普遍的服从，而大家所服从的法律应该是良法。良法治国，恶法误国。所谓的良法，一定是体现了良善的社会价值，在诸多价值发生冲突的时候，以民为本，有所取舍。因此，法律人要对摆在面前的规则有最基本的评鉴能力，能够识别何为良法，并且服从良法。

另外，法律规则是静态的、相对稳定的，而社会活动是丰富多彩的、不

---

❶ 刘婧娟（1983—），法学博士，北京联合大学应用文理学院副教授。主要研究方向：行政法与行政诉讼法、土地管理法。

断变化的。穷究法理，也是为了能够在法律规则的空白处、漏洞处或者滞后处，判断如何才是正确的行为。“明理”是钻研法学的更深层次要求。

“修齐治平”主要是说为人为事。此句来自于儒家经典《大学》中的八目，前四目为格物、致知、诚意、正心、强调内修；后四目为修身、齐家、治国、平天下，强调外修。我们只取了后四目，也是对同学们进入社会之后的期盼与嘱托。法是国之重器，是治国安邦的重要基石，相信所有选择法律专业的人，当初都是有家国情怀的。很多同学毕业之后也会进入立法机关、政府部门以及公检法等司法部门，或参与制定、修改法律，或参与执行法律，或者从事司法审判工作。手握国家重器时，愿大家仍然能够不忘初心，首先自己守身要正，同时也要心怀家国天下，能够以人民的福祉为基本出发点。还有很多同学会从事律师等其他与法律相关的工作，也都是法治的践行者、弱势群体的守护者以及法律秩序的维护者，愿大家能够在代理的每一个案件中，处理的每一件法律事务中，秉持公平正义，个案的公平与正义汇集起来，就是整个社会的公平与正义。

现在，由2013级学生鞠曦中同学书写的“彰法明理　修齐治平”八字系训，就挂在融创楼五楼法律系的办公区。每当电梯打开，八字映入眼帘，就会提醒我们法学专业的精神，为学为人的使命，也能够淬炼教风和学风，不断地促进大家形成共识，增加凝聚力。

润物细无声

——在正确价值观引导下的育人之道

常　敏[1]

摘要：课程思政是新时代教书育人的新内涵、新要求，要“春风化雨，润物无声”地帮助学生建立正确的价值观体系。

关键词：价值观塑造；知行合一；立德树人

习近平总书记在全国教育大会上指出，教育的根本任务是立德树人，培养德智体美劳全面发展的中国特色社会主义合格建设者和可靠接班人。作为一个有着 34 年高校教龄的老教师，我经过学习与思考，对“课程思政”与教书育人的关系有了自己的看法，也对自己在培养学生树立正确的人生观方面的实践进行了一番总结回顾，在此写下来与大家分享。

一、“课程思政”是新时代教书育人的新内涵、新要求

在刚开始接触到“课程思政”这一概念时，我觉得，这不过就是“教书育人”的另一个说法，没有什么新鲜的，对于“课程思政”的倡导显得不以为然。经过学习，我了解到，“课程思政”的提法缘于习近平总书记的讲话，“用好课堂教学这个主渠道，思想政治理论课要坚持在改进中加强，提升思想政治教育亲和力和针对性，满足学生成长发展需求和期待，其他各门课都要守好一段渠、种好责任田，使各类课程与思想政治理论课同向同行，形成协同效应”[2]。“课程思政”建设最根本的是要在知识传授和能力培养的基础上强

---

[1] 常敏（1964—），女，法学硕士，北京联合大学应用文理学院教授。主要研究方向：民商法、知识产权法。

[2] 习近平．在我国高校思想政治工作会议上的讲话［M］// 中共中央文献研究室编．习近平关于青少年和共青团工作论述摘编．北京：中央文献出版社，2017.

化思想价值引领，解决好教师“为谁教、教什么、教给谁、怎么教”，学生“应该在哪儿用力、对谁用情、如何用心、做什么样的人”的问题。它是对新时代教师教书育人规律的新认识，新时代高校教师教书育人的新内涵、新要求，推进“课程思政”建设是教师们的分内职责。作为专业课教师，不仅仅在专业课堂要负责传授专业知识和专业技能，还要发挥好课程的“价值引领、能力培养、知识传授”的综合作用。努力做到每一堂课不仅传播知识，而且传授美德，弘扬社会主义核心价值观，让诚信、正直、公平、正义、不断进取的种子在学生们心中生根发芽。

二、“春风化雨，润物无声”地帮助学生建立正确的价值观体系

教育是一个系统工程，教书和育人是一个统一的整体。首先，教师要不断强化“教育者先受教育”的意识，自觉提升自身思想政治素质和师德水平，把教书育人和自我修养结合起来，做到以德立身、以德立学、以德施教，同时要努力提升专业水平，全面提高执教能力，夯实推进“课程思政”建设的素质和能力基础。

其次，“课程思政”要讲究方法，正如习近平总书记所强调的，“做好高校思想政治工作，要因事而化、因时而进、因势而新。要遵循思想政治工作规律，遵循教书育人规律，遵循学生成长规律，不断提高工作能力和水平”❶。在校大学生，“知识体系搭建尚未完成，价值观塑造尚未成型，情感心理尚未成熟，需要加以正确引导”❷，必须引导学生坚定理想、热爱学习、锤炼品德，打下成长成才和健康发展的基础。习近平总书记在全国高校思想政治工作会议上强调，青年在大学期间好比小麦灌浆期，各方面都需要加以正确引导，“这个时候阳光水分跟不上，就会耽误一季的庄稼”❸。他在北京大学师生座谈会上指出，青年的价值取向极其重要，决定了未来整个社会的价值取向，青年要自觉践行社会主义核心价值观，系好人生的“第一粒扣子”，“如果第一

❶ 习近平 . 在我国高校思想政治工作会议上的讲话［M］// 中共中央文献研究室编 . 习近平关于青少年和共青团工作论述摘编 . 北京：中央文献出版社，2017.

❷ 习近平 . 青少年要自觉践行社会主义核心价值观［N］. 人民日报，2014-05-05.

❸ 习近平 . 在我国高校思想政治工作会议上的讲话［M］// 中共中央文献研究室编 . 习近平关于青少年和共青团工作论述摘编 . 北京：中央文献出版社，2017.

粒扣子扣错了，剩余的扣子都会扣错”[1]，要使社会主义核心价值观成为青年的基本遵循。

回顾自己几十年的课堂教学活动，我感到自己的一些做法还是比较正确的，对于毕业生的人生观、价值观的塑造起到了积极作用。多年来，我意识到，课堂是培养学生、影响学生、塑造学生的主渠道，因此，在教授学生专业知识的同时，坚持“以学生为本”的指导思想，关爱学生，注意对学生正确人生观、价值观的引导，培养他们的良好习惯，帮助他们建立自己的人生金字塔。我在给每届本科生、研究生上知识产权法课的同时，一定要单独找到一个半天的时间，给他们讲时间管理与人生安排，让他们确认自己居于支配地位的价值观有哪些，并为这些价值观按照优先级排序，最后是清楚界定价值观的含义。我经常对学生说“方向比努力更重要，选择比速度更重要”，“我们养成我们的习惯，我们的习惯会塑造我们”。我还注意搜集优秀校友的先进事迹，并分享给各届学生，希望对他们有所激励。通过榜样的力量和言传身教，学生把所学知识内化于心，学会劳动、学会勤俭，学会感恩、学会助人，学会谦让、学会宽容，学会自省、学会自律，学会担当社会责任。不止一个同学毕业十几年之后见到我还会说道，“老师，您当年给我们讲的知识产权法的课程有些已经记不清了，但您让我们想清楚我们的价值观、角色、使命，并据此设立人生的长期目标、中期步骤，把它们通过每日行动体现出来的做法，使我们受益终身”。

三、立德树人　薪火传承

培养人是良心活，是泽被后人的长远工程，三全育人的核心和主线就是立德树人。我们不仅要在教室里和校园中育人、树人，还应该将育人的理念贯穿到学生成长的所有环节。学生在校期间，我们应从课程、专业、学科、管理、服务、网络、文化、实践、心理、资助、组织等各个方面，全员、全过程、全方位地进行育人活动。学生毕业后，我们还可以继续充当他们的娘家人、加油站，当他们累了、倦了、困扰了、迷茫了的时候，可以充当倾听者、陪伴者，帮助他们找到正确的方向。行胜于言，教师要想取得好的教育效果，就应该师德为先，身正为范，为学生树立良好的榜样。

---

[1] 习近平．习近平在北京大学师生座谈会上的谈话［N］．人民日报，2014-05-05.

人生是场马拉松，学生跑出我们这个体育场之后，在路上可能摔跤、崴脚，教师应以大爱之心对待他们，回应他们的需要、诉求，提供必要的帮助，这也是育人的一种表现。几十年来，不少同学毕业后一直和我保持密切的交往，有些同学在海外留学过程中遇到学术上的困扰，也会通过电子邮件或者微信向我讨教，他们知道，我会尽最大可能对他们提供“技术支持”。

07 级李享同学第一次考研失利后，情绪非常沮丧，对于继续考研还是参加工作或是进行司法考试拿不定主意。他找到我帮他分析情况，在和他深入交谈之后，我为他提供了一些针对性文章。回去后，李享写给我一封短信：“您给我发的文章我全都看了一遍，大有茅塞顿开之感。我感到过去的我在做每一件事的时候目光都太过狭隘，急功近利。人更应该从一个更为宏观的角度审视自己的人生，而在这过程中的每一个决定都不成为决定性因素，它仅仅是一个过程而已，无论是考研、司考还是选择了什么工作，完全无须纠结。我细细想来，这次考研失利更是我人生的一次机遇。现在的我似乎更知道自己应该去做什么了。我会做到生活上的自立，进而不断积累我的人生，决不放弃自己的理想。诚心感谢您的教导与鼓励，祝愿您全家健康。”他通过努力，第二年考上了研究生，现已顺利毕业，2015 年考取了重庆大学的知识产权法专业博士研究生，同时通过了法律执业资格考试和专利代理人资格考试，这在重庆大学法学院的历史上也是罕见的。在李享同学找我填写专家推荐意见时，我特意安排他为准备考研的同学们分享怎样缓解考前焦虑，怎样做最后的冲刺；并与大一的新生进行如何安排大学生活的交流，师弟师妹们表示受益匪浅。2019 年上学期，李享同学还担任我校法律系双二辅学生的知识产权法教学任务，他态度认真，备课充分，得到学生们的好评。他还结合自身的经历，与同学们分享自己的人生选择与安排，使大家树立“梦想从学习开始、事业靠本领成就”的观念，鼓励同学们让勤奋学习成为青春远航的动力，让增长本领成为青春搏击的能量。通过李享同学的行动，我看到了薪火相传的力量。

总之，我理解“课程思政”就是要“润物细无声”地帮助学生树立正确的价值观，不动声色地建立胜局。我们可以更好地履行传播知识、传播思想、传播真理的历史使命，更好地担当起塑造灵魂、塑造生命、塑造人的时代重任。

指导“学知读书会”活动，推进文化育人

赵承寿❶

摘要：社团活动不仅极大地活跃了校园文化，丰富了学生的社会生活，同时也是开展“三全育人”不能忽视的重要阵地。文章结合指导“学知读书会”的活动，总结了通过参与学生社团活动开展人生观教育的亲身体会。

关键词：文化育人；三全育人；校园文化

“三全育人”的根本目的在于立德树人。高校的人才培养不能仅仅局限于教室内的知识传授活动，特别是在培养健全人格方面，需要透过多种途径开展育人活动。目前，为了活跃校园文化，各大学普遍成立了众多的学生社团，学生们根据自己的兴趣爱好，结成自治组织，自我管理，开展丰富多彩的校园活动。如何开展“三全育人”，加强对这些学生社团活动的引导，是新时期大学教育的重要课题。

“学知读书会”是我校以法律系学生为主，兼有其他系感兴趣的学生参加的社团组织，旨在以书会友，交流读书心得。读书会通常从大一的新生中就开始吸收会员，但活动骨干主要是大二和大三的学生，到了大四，由于考研和就业的压力，学生参与读书会的活动会减少。读书会的主要活动是定期或不定期地组织成员读书交流，在每年的“世界读书日”还会举办相关讲座，组织宣传活动。读书会还组织编辑有内部交流期刊《小月河》杂志，发表读书会成员的读书心得，目前已由学员自主编辑了4期。

“学知读书会”是在法律系和学校社团管理部门的指导下成立的，成立伊

---

❶ 赵承寿（1965—），男，法学博士，北京联合大学应用文理学院教授。主要研究方向：法理学和金融法的教学与研究。

始，就安排有专门的教师加强对读书会活动的引导。我作为从初期到现在一直参与指导读书会活动的教师之一，深刻体会到，读书会不仅是会员们交流读书心得的精神家园，同时也是“三全育人”的重要阵地，主要有以下几点体会。

首先，通过读书会的活动，可以了解学生真实的丰富多彩的内心世界，在他们面对人生困惑的时候，可以引导他们树立正确的人生观，帮助他们走出人生困境。

由于读书会是学生自愿参加的社团组织，纯粹出于兴趣所好和志同道合，没有强迫，会员可以在读书会的活动中畅所欲言，自由地表达自己对社会、对人生、对专业的看法。在一次读书会的交流活动中，一位喜欢卡夫卡作品的学生坦诚地说出了自己很长一段时间以来，极度郁闷，觉得自己无法被别人理解，也看不到生存的任何意义。我作为教师，针对他喜欢外国文学作品的特点，建议他多看看海明威和杰克·伦敦的作品，积极面对人生，正确认识人与人之间的复杂关系，正确地看待社会上的消极现象和阴暗面。在与读书会成员的交流过程中，一些同学也和他谈了自己在遇到挫折时是如何积极面对人生的，大家发挥正能量，相互鼓励，引导他顺利度过迷茫期。现在这位学生性格开朗，是读书会非常活跃的成员。

其次，通过读书会开展“三全育人”，应当注重与专业训练相结合，培育学生作为法律人的职业意识和使命感，引导他们了解自己的职业特点，做好人生规划。

“学知读书会”是以法律系学生为主的社团，是一个专业色彩非常突出的读书社团。考虑到这一因素，在推荐阅读书目的过程中，我们突出了法律专业特色，中西并重，兼顾人文性与专业性、学术性与趣味性，以法律专业的经典名著为主，注重推荐不同时期代表中西方法律文化精粹的学术专著，以及一些学养深厚、对人类法治文明做出巨大贡献的著名法学家、思想家的传记作品。希望通过指导成员阅读这些书目，让学生清楚，作为一名法律人，他们应当具备哪些基本的专业素养、品德素养和责任担当。比如，我们曾经特别给会员推荐了我国著名法学家梅汝璈的相关著作和传记。

梅汝璈，1924 年毕业于清华学校（清华大学前身），后赴美国留学，先在斯坦福大学文学院学习，后入芝加哥大学法学院专攻法学，1928 年以优异成绩荣获法学博士学位。学成回国，先后在武汉大学、山西大学、中正大学、南开大学、复旦大学担任法学教授，长期出任国民政府立法院委员之职。抗战胜利后，作为国内法学界的权威，梅汝璈被任命为我国参加“远东军事法庭”的法官。正是由于梅汝璈的艰苦努力，东京审判才将日本战犯矢口否认的南京大屠杀写进了具有历史意义的远东军事法庭国际刑事判决书中，铁案如山。梅汝璈坚持法律原则，维护祖国的尊严和人民的利益，赢得了世界的赞誉和尊重，周恩来总理高度评价梅汝璈“为人民办了一件大好事，为国家争了光，全国人民都应当感谢他”。指导读书会成员阅读梅汝璈法官的著作，是要以此来激励他们，作为一个优秀的法官，不仅要有良好的法律素养，还应当具有崇高的职业使命感。

最后，对于学生们关心的一些热点和敏感的社会问题，以及一些重大历史问题，可以通过读书会的活动，组织专题讨论，以核心价值观为基础，引导他们正确对待。

当代大学生思想非常活跃，对一些热点和敏感问题有强烈的参与意识，对一些重大的历史问题也喜欢发表自己的看法。但由于他们的社会经验和阅历较浅，既有的知识结构和能力难以对这些复杂的社会热点和重大问题做出客观的分析判断，容易片面化、简单化、情绪化，需要教师做出正确引导。

在一次读书会的讨论过程中，一位来自阿勒泰的蒙古族学生介绍了一本让她深受触动的“文革”题材的小说，讲述的是“文革”期间一位地主孩子的悲苦命运。这位同学还结合自身的家庭背景，讲述了她奶奶就是地主的女儿，以及她奶奶的坎坷人生。我没看过她所说的这部小说，但是，从小生在农村，长在农村，我在懵懂的少年时期经历过“文革”，小时候的同学中也有是地主孩子的，甚至还有一位富农亲戚。为此，我也结合个人的经历，引导她如何看待这段历史，如何看待“文革”期间这段特殊历史时期的人性现象，包括法治遭到破坏的后果。在讨论交流的过程中，有一位来自贵州的读书会成员，说他爷爷是一位土司，也讲述了他们家族在“文革”的经历以及他们家族现在的情况。如何引导学生正确看待中国特色社会主义建设过程中所出现的一些波折，如何引导学生看待前进道路上发生的一些重大错误，并从中汲取经验教训，是高校教师义不容辞的责任。

应当看到，随着思想解放的不断深入，对于一些已经有历史结论的重大历史问题，现在在社会上出现了一些新的看法，特别是在学术界，有很多学者在对相关问题不断进行着进一步的深入研究，难免会有不同的杂音。然而，对于这些不熟悉或没有经历这段历史的大学生来说，往往难辨真伪和是非。在这方面，我特别注意按照党的十一届三中全会以后《中国共产党中央委员会关于建国以来党的若干历史问题的决议》来引导学生，使他们对这段历史有一个正确的认识。

读书会推荐的阅读书目，有很多都具有很强的现实意义，不可避免地会与当前的一些热点和焦点问题发生联系。比如说，我们曾经推荐学生阅读英国著名思想家、哲学家密尔的《论自由》，并将这本名著的英文本、严复的文言译本、许宝骙的现代文译本一并发给学生对照阅读，以便使学生能够原原本本地了解密尔的自由主义思想。读书会成员读完后，我们组织了一次学习心得交流，并针对当时我国香港的暴乱现象，让学生讨论自由与法律的关系、自由的边界以及言论自由、表达自由的表现形式等问题。通过讨论，学生们非常清楚地认识到，即使是西方的民主自由，也绝对是在法律范围之内的自由，离开了法律，所谓的言论自由、表达自由只能是一句空洞的口号，而通过暴力形式表达的自由只能是暴乱，对于帮助学生认清乱港分子言行的暴乱实质，具有很强现实意义。

总之，“三全育人”要求全方位地立德树人，通过指导“学知读书会”的活动，可以结合学生的阅读兴趣，了解学生的内心世界和思想动态，教学相长，“润物细无声”地引导学生，从思想深处解决他们所面临的困惑，找到解决问题的答案，按照社会主义核心价值观的要求，树立正确的人生观、世界观和价值观，使他们能够担当起实现中华民族伟大复兴的历史重任。

大学之路：微笑着走过

杨积堂 ❶

引子

这是五月（5月8日）的一个周末。清晨，我开车去单位加班，一路上，享受着窗外灿烂的阳光，感受着春天的新绿，这样的清晨格外舒适、美好！

手机上中国移动发来公共信息，今天是世界微笑日，大家都应该微笑着，有一句很好的话，因为发在手机上，一闪就没有了，但是意义很好，大致意思是说，我们都要微笑着面对别人和生活！

一路上，我在想，时间过得很快，转眼之间，就会是高考，高考过后不久，我们又该迎接新的一届大学生入校，我一直在想，面对新入校的大学生，我能给他们什么样的礼物呢？

回想自己的大学生活，基本上是懵懵懂懂地走过，在迷茫或自我突围和求索中走过，二十几年的大学教书生涯，教过了很多很多的学生，看着这些学生，也是懵懵懂懂的。因此，近些年来，一直在思索，我能不能将我曾经的懵懂，将当下同学们的懵懂，进行思索，留下一些思索的字迹，送给新入校的学生，多少能给这些学生一点借鉴或者指引！曾经很多次动笔，很多次撰写提纲，很多次写下一些片段，但是，都没有最终形成完整的东西。

今天，在这样的阳光的清晨，我又想起，想着那些将要进校的学生，我无论把你们当作孩子、当作弟弟妹妹、当作朋友，我都有很多话想对你们说，我都希望你们就像今天的阳光一样，灿烂，有朝气，带着幸福的微笑，走过你们的大学生活！

下面是我思考的几个片段，送给刚刚开启大学生活的学子们。

---

❶ 杨积堂，北京联合大学应用文理学院法律系教授、博士、首都法治研究中心主任，法学学科带头人。主要从事经济法、公司企业法、社区治理、人大、政协制度等研究。

一、将从这里发芽

无论你从哪里来，你都将从这里开始，成为这个学校的一粒种子，你将从这里发芽！来到这里，无论你是有实现梦想的满足感，还是有与梦想有所差距的失落感，这些都不重要了！

放下自己的行囊，整理好属于自己的床铺，好好洗洗，洗去你从此刻开始之前的任何荣耀和自卑，洗去曾经在你心头笼罩过的任何阴影，让自己轻轻爽爽地开始！

认真地对自己说：

“我只是一粒种子，我将从这里发芽！”

也记住，在这里，贴上你来校的第一张相片，纪念你从这里开始，四年的时光，这里只是一个起点。

在这里，做短暂的停留，停在这个出发的起点上，想想，想想自己，想想未来，也想想自己选择的方向，给自己留下几句真挚的话，非常真诚地给自己几句忠告，也给自己几句期待，因为从今以后的每一天，都与今天有关，忽视了今天，你也许会忽视了明天，忽视了明天，你更会忽视更多个属于你的日子！

二、归“0”树“1”

你来了，来到了一个全新的世界，踩着一个新的起点，在这个起跑线上，不要茫然地向前猛冲，你该稍做停息，静静地让自己有所思索，把你的眼光投向前方，看看你前面的路，选择你将要去的方向。

站在一个新的起点上，你需要轻装上阵，也许，在你以前的路途上，有很多东西附着在你的肩膀上，在你的心灵上，在你的周围。

如何轻装上阵，我想你能不能试着将自己归零。学会放弃一些东西，放弃曾经因为成功而沾沾自喜，放弃因为自己的缺点而自卑的心理，让自己超然成一个朴素的新的躯壳，让自己重新塑造自己。

因为你的潜力是无穷的，还没有真正得到发挥和发掘。

在这个起点，你要学会把自己当成一个零。你放弃得越彻底，你就会越轻松。

而未来的路上，你不能永远是零，你是在一步一步地，塑造和树立一个全新的“1”，让你自己满意的“1”。

这个数字是一种符号，堂堂正正的，直直的，挺挺的，很清爽，很清干，它可以承载很多很多的价值。

在未来的日子里，只要你这个“1”挺立着，你就会给自己积攒很多的“0”，而她们的意义都要取决于你这个“1”的挺立。

所以，归零树一。

三、记忆与思考

我们的知识来自记忆的积累，我们的智慧来自思索的积累，因此，我们要学会记忆，更要学会思索。

我们用记忆积累知识，用思考创造智慧，只要是我们思考过的，就会刻在我们的脑际，在一些我们需要的关键瞬间，这些痕迹，会作为一种智慧闪现！我们的记忆，是印在脑海里。如果没有思考，记忆就是一种简单积累，而思考是一种创造！在脑海中，记忆是印在上面的，思考是刻上去的，思考留下的痕迹总是更深，是这些不断思考所刻画的痕迹在缔造着智慧。

所以，对同学而言，我希望，我们既要努力地记忆，积累丰富的知识；我们更需要不断地思考，缔造我们的智慧。我们的知识只有被智慧驱使，才会创造更有意义的人生价值。

四、从自律到习惯

大学时光，希望“自律、参与、思考、关注、习惯”成为塑造自己的一些相互关联的螺丝，学会不断地矫正自己。

自律。大学的学习，应该更多的是一种主动的、自主的学习状态，而在学习的每一个环节，应该树立一种自律意识。自律是一种自我培养，无论专业知识，还是内在素质，只有把外界的影响转化成自觉自省的自律，才能真正塑造自己理想中的自我，否则，总有很多梦想终将是终生的泡影。

参与。参与是希望我们的教与学是互动的，在课上与课外，都尽可能地参与到我们的学习中来，积极地提出问题，积极地回答问题，参与到丰富的大学生活的很多环节中去，同时也要参与对走出校园的各种社会实践的体验中去。

思考。让思考成为我们的一种习惯，在课堂讨论学习中，没有绝对的对与错，我们可以大胆地把自己的思维运动起来，并大胆地把自己的认识表达出来，而不是说“NO”，我们需要思考。

关注。“学以致用”是我们学习的追求，在学习的每一个环节，只要我们留意和用心，就会发现周围信息中，有可供我们用我们的所学知识进行分析和总结的事例。如果你关注了，那你就有意无意地思考了。无论你学习什么学科，学习什么课程，都会有与之相关的鲜活的社会现实与之相照应，只有你学会了关注现实，你才能更深地理解理论的价值。

习惯。把自律、参与、思考、关注变成一种习惯，习惯成自然，用这种自然的学习习惯，来完成我们的学习，完成我们的学业，完成我们的大学时光。

五、摸摸背后的口袋

我们每一人身上有两个口袋，前面装着我们的优点和成绩，后面装着我们的缺点和不足，学会摸摸自己背后的口袋，让自己更清醒。

六、让幸福的沸点降低点

有一天，跟一个友人一起吃火锅，看着那锅里的汤，一个清汤锅，开得很慢，红汤锅，开得很快。

我在想，如果让幸福的沸点降低些，我们就会体味到更多的幸福。

其实，对于幸福，也是一样的，如果我们把对幸福的沸点定位得很高，也许我们就失去了或者错失了我们本已拥有的幸福。如果我们将幸福的沸点降低些，也许我们会发觉我们周围的世界变得很美好，我们的幸福会更多些。

愿你洋溢着青春的气息，以尽量低的沸点，每一刻，都拥抱幸福。

七、生命的风景

与一位同学进行入党谈话时，想起“生命的风景”这个命题。

人们的生命没有终极目标，只是一些过程，在生命中，没有极致的目标，只有在这些过程中，你所领略的风景。

不同的是，同样地走过，眼前的风景却不同，有的人能够打开自己的心灵和眼界，站得高远些。在他们的眼里，风景的范围更宽阔些，更丰富些，更精彩些。

有的人，狭隘着自己，蜷缩着自己，无论心灵还是脚步，还是眼界，这样，他面前的风景狭小而单调，枯萎而不鲜活。

我们能够在前行的路上，唯一可以期待和创造的，就是让属于我们的风景很美好！

八、学会爱

爱，是幸福的。

生命应该是因爱而开始的，生活也会因爱才有意义，我们的爱，都深深地潜伏在心底，爱的幸福，需要我们慢慢地打开心底的窗户，让爱的气息，一点一点地从心底散发出来，这样，我们的生活，每一刻都有了爱的滋养，我们就是为幸福而生，我们走过的每一步，都是为幸福而前进……

爱自己，才会爱别人。

我们，本是一粒种子，因为幸运，我们这粒种子萌芽了，开始了我们生命的旅程，所以，我们是因爱而来的，我们就应该为爱而成长。

让我们每一个人学会把爱的心植入我们生命的气息中…….

九、微笑着走过

让每一个人问自己：你微笑了吗?

我在想：我们应该让微笑需要的理由简单些，让开心的理由简单些！

用微笑感染着自己的心境，感染着你周围的生活和群体。

如何微笑：用你的眼睛微笑，那是心中的微笑，再慢慢地扩展开去，让你的心灵微笑，扩展到你肌体的每一个细微的细胞中，仿佛每一个细胞都灵动了，都微笑了。

在如此的境地中，所有那些试图影响你的压力或者坏的情绪，就会多一道屏障，柔软而坚硬地抵御着坏心情的入侵。

这样微笑的心，也是一种宽阔的海，会稀释你心中曾经淤积的心灵病垢，让他们在不经意间化为乌有。

所以，笑笑吧，我们微笑着走过……

以立德树人为根本，在班级管理中全程育人
——以法学1701S班为例

李倩茹[1]

摘要：班级是学生管理的基本单位，也是开展课程思政、进行全程育人、落实立德树人根本任务的重要阵地。在班级管理工作中要以习近平新时代中国特色社会主义思想为指导，通过：管理育人，言传身教影响学生；组织育人，发挥党团引领作用；课程育人，培育良好班风学风；实践育人，突出适应就业导向。

关键词：立德树人；班级管理；三全育人

全国高校思想政治工作会议召开以来，中共中央、国务院印发了《关于加强和改进新形势下高校思想政治工作的意见》（中发〔2016〕31号）、《关于深化新时代学校思想政治理论课改革创新的若干意见》等文件，就加强和改进高校思想政治工作、完善三全育人体制机制、落实立德树人根本任务做出部署。在此背景下，北京联合大学紧紧围绕“培养什么样的人、如何培养人以及为谁培养人”这个根本问题，坚守并砥砺“为党育人、为国育才”的初心使命，把立德树人作为对党的初心使命的最高践行。

班级是学生管理的基本单位，也是开展课程思政、进行全程育人、落实立德树人根本任务的重要阵地。在班级管理工作中要以习近平新时代中国特色社会主义思想为指导，深入了解学生情况，贴近学生感情，在日常班级管理工作中，班主任教师要守好一段渠、种好责任田，还要通过专业学习的指导，潜移默化地影响学生，教会学生做人做事的基本道理、社会主义核心价

---

[1] 李倩茹（1979—），女，法学博士，北京联合大学应用文理学院讲师，法律系党支部副书记。主要研究方向：物权法、社区治理法治。

值观的要求和实现民族复兴的理想与责任。

一、管理育人：言传身教影响学生

对班情学情的深入了解是开展好班级管理工作的基础。只有在对班级情况准确把握的基础上，才可能有针对性地开展育人工作。法学 1701S 班是本科（专科起点）班级，具有“三多”的特点，即学生人数多、外地生源学生多、经济困难学生多。全班共有学生 75 人，接近普通行政班 3 个班级的人数。其中外地生源学生 33 人，占全班人数的 44%；农业户口学生 36 人，占全班人数的 48%；有家庭经济困难生 22 人，占全班人数的 29%。这些情况决定了学生在专业学习、经济条件、人际交往等方面会面临比较多的困难，在班级工作中需要提前预判，及时发现、实时解决学生面临的问题。

信任感的建立是育人工作的起点。开学报到之前，通过建立班级微信群，让学生提前通过网络相互熟悉了解，有效避免班级人数多带来的管理难题。同时也通过前期在微信群的工作，建立有效的沟通渠道，提醒、通知学生相关注意事项，及时解决学生入学过程中的问题，与学生建立初步信任感。

开学以后，及时将学校的相关政策告知经济困难的学生，帮助他们申请相关补助，减轻经济压力。同时实时了解学生的情况，及时予以帮扶。班主任工作不仅需要细心和耐心，还需要大量时间与精力的投入。只有和学生建立起深厚的感情，教师才可能通过言传身教影响学生，教育学生。同时，班主任教师对待工作的认真和敬业，本身就是给学生做职业精神和职业道德的示范。

教育者为人处世的态度是对学生最好的教育。在处理一起学生宿舍矛盾中，一名学生因为一些行为处理的不恰当，与同宿舍其他同学产生了矛盾，对抗情绪严重，在与教师谈话时，情绪激动。在这种情况下，班主任暂停了谈话，让该生平复情绪。同时，耐心地做其他学生的思想工作，引导她们转变思想，重新接纳该室友。之后，与该生再次进行谈话，在疏导完她的情绪后，通过分析使其认识到自身的问题，最终主动与同宿舍其他同学和解。这次事件以后，这个宿舍的同学改变了相处态度，一直到毕业都能融洽相处，与班主任教师也建立了深厚的感情。

二、组织育人：发挥党团引领作用

党团组织是班级工作中的重要引领力量，是育人工作的重要抓手。法学1701S班学生来源于3所高职院校：北京政法职业学院、北京青年政治学院和北京吉利大学。根据以往的法学专升本的班级情况，由于班级人数多，组织集体活动难度大，学生互相之间熟悉了解的机会少，并且生源校相对集中，学生在校时间短，班级工作如果处理不好，很容易出现高职阶段的同学抱团，形成小团体的现象。因此，特别需要一个组织有序、执行有力、有强大凝聚力的班委。

好在班里有中共党员（含预备党员）14人，占全班人数的19%；退伍士兵9人，占全班人数的12%；班里大部分学生为入党积极分子，在高职阶段完成了初级党校的学习。这是一支政治可靠、能力过硬的力量，在班级工作中发挥了巨大作用。通过个人自荐，班级无记名投票选举班团委。选举完成后第一时间召开班团委会，确定班团委分工。其中班长为中共党员，是一名退伍士兵；副班长为入党积极分子，也是一名退伍士兵；全部班委均为入党积极分子。

针对班级人数多、班级工作组织较为困难的问题，班团委确立了每位班委负责一个团队的工作方式。班委带领所在团队参加班级活动，打散了生源校、宿舍的局限，有效地避免了小团体的形成，并以此为基础形成了相对稳定的学习小组，在专业学习中互相激励、互相帮助，取得了良好的效果，形成了积极向上的班风，学习氛围浓厚，受到所有任课教师的一致好评。

在校期间，这届班委坚持以党支部、团支部工作为引领，政治上坚定可靠，组织高效，发挥了巨大作用。2019年，法学1701S班有6名同学被最高人民法院新组建的知识产权法庭录取为司法辅助人员。最高人民法院政治部的同志在来校外调时，赞誉道：“跟班长、支书谈完话，才明白为什么这个班能出现这么多优秀的同学。我们以前从来没有从1个班级里同时招录这么多个同学。这个班的班委政治可靠、能力突出，组织过硬，在他们带领下，在一个集体里能有这么多优秀的同学太正常了。”

三、课程育人：培育良好班风学风

法学专升本的学生生源情况比较复杂，有的同学是通过高考考到高职之后升本的；有的同学是中考后通过“3+2”升本的。有的同学高职是法学专业的，系统学过法学知识；有的同学高职是法学相关专业，比如消防安全、社会保险等，没有系统学过法学知识。退伍士兵的情况也有不同，有的同学是高职期间参军，回校学习后升本的，学习状态相对连续；有的同学是高职毕业后参军，退伍后升本，已经中断学习 2~3 年。

学生专业知识基础参差不齐，给教学工作带来非常大的挑战，教师教学深度和难度难以兼顾全体学生。不少学生在学业上也产生了迷茫、畏难的情绪。虽然很珍惜升本学习的机会，但是学业上感觉无从下手，缺乏明确的目标和方向。

班主任教师利用给班级讲授专业课的机会，对学生的学业情况进行了细致的摸底。召开主题班会，根据不同学生的特点，有针对性地提供学业指导和职业生涯规划指导；组织学生参加法律系的法律职业资格考试和考研的学习交流会；请校外专家为学生做法律职业发展的专题讲座。

通过这些努力，法学 1701S 班建立了积极向上，互帮互助的良好学风。有 3 名同学通过有“中国第一考”之称的国家法律职业资格考试，有 4 名同学考取国内研究生，有 2 名同学被国外学校录取继续深造。这对于学业基础相对薄弱的专升本同学，是难得的好成绩。

四、实践育人：突出适应就业导向

在历经法考和考研的考验后，大部分同学虽然付出了极大的心血和努力，但是并没有取得理想的结果。班主任教师适时鼓励同学们，忘掉昨天，轻装上阵，及时调整心态，积极争取就业。虽然大部分法律专业职业对学历要求高，就业门槛高，但是法学专业就业适应面广，法律人才与各行各业都有较好的结合，就业机会还是比较多的。同时，班主任教师多方搜集就业机会，积极联系用人单位，为同学们提供就业信息和就业机会。2019 年 3 月至 6 月，班主任教师几乎每天都在微信班群发布新的就业信息。针对学生在就业中出现的心理波动，进行适时的疏解、鼓励。

班主任教师承担了本班法律综合实践课程的教学任务，是法律系的惯例。这一教学任务安排能够有效地促进班主任教师在熟悉本班学生专业学习的基础上，有针对性地开展实践课程教学。在实践课程中，坚持适应就业导向，邀请法官、检察官、律师等实务部门的专家进课堂，开展嵌入式法学教育。

通过小组合作的形式，进行法律综合实践训练，教师进行分组指导。课程设计以适应法学人才就业岗位需求为导向，在进行专业实践教育的同时，进行职业道德的教育，使学生建立正确的职业观和就业观。法学1701S班的同学在就业中，再次发挥了他们积极进取、勇于拼搏的精神，最终实现了就业率100%的目标。

从"专业培养"到"职业训练"

——"BUU 法硕"公众号自治模式的实践

吴 梅 陈仕楠[1]

摘要：随着现代科技的不断发展，法律职业领域从传统领域不断拓宽，公众号逐渐成为一个重要的法律服务平台。法律硕士培养要求训练学生综合运用法律专业知识，独立工作的能力。紧扣这一目标，"BUU 法硕"公众号采用在读硕士研究生自主管理、自主运营的模式，为时代背景下研究生的教育从专业培养向职业训练深化提供了新的可能。

关键词：专业培养；职业训练；公众号

一、专业培养中延伸出的职业训练

法律硕士研究生教育在法学教育中的突出特点即为经世致用，以培养立法、司法、行政执法和法律服务领域德才兼备的高层次的专门型、应用型法治人才为目标。其路径是要落实将实践教学贯穿理论教育培养的全过程。法律硕士培养的基本要求之一就是要训练研究生综合运用法律和其他专业知识，以及独立从事相关工作的能力。"BUU 法硕"公众号自治模式的探索正是基于这一人才培养的目标。

传统的法律职业，是以法官、检察官、公证员、律师和法学家为核心的法律职业共同体。随着现代化技术的发展，法律职业领域也逐渐拓宽。一方面，专业提供法律服务的平台不断涌现，另一方面，各类提供法律服务的机构也逐渐将业务扩展到网络平台。特别是近年来微信的发展，使得公众号作

---

[1] 吴梅（1979—），女，德国特里尔大学法学博士，北京联合大学应用文理学院法律系教师，硕士生导师。主要研究方向：环境法、国际法。陈仕楠（1996—），北京联合大学应用文理学院法律硕士研究生。

为一个重要的自媒体平台备受青睐。既有法律专业背景，又有公众号运营技能的人才，不仅符合目前就业市场的期待，也可以在未来服务于法律生力军们创新创业。“BUU 法硕”公众号自治模式的思考正是源于这一时代背景。

硕士研究生普遍欠缺自主性，这也是教育部在《关于进一步规范和加强研究生培养管理的通知》中明确提出的现阶段研究生培养教育工作中，必须重点关注和针对性解决的问题。有些研究生在学习中完全依赖导师的指导，自我学习和自我管理的能力不足。改善这一现象，单纯依靠考核的压力是不够的，要激发出学生的创新型思维，以及自我成长的意识，还需要提供足够丰富多元的平台。“BUU 法硕”公众号自治模式的实践正是以这一理念为宗旨的。

二、“BUU”法硕公众号自治模式的实践

“BUU 法硕”公众号于 2015 年 10 月成立至今，历经了五届编委会。五任主编都是在读法律硕士。实际上撰稿工作是在读法律硕士研究生全员参与的，因此编辑部也随着法律硕士招生规模的发展而不断壮大。主编选任的方式采用的是由在任主编主导的校园招募模式。由于研究生的培养周期只有两年，招募通常在研究生入学的第一周启动。编辑的主要工作，除了负责对稿件进行初步审核和校对，最终完成配图、发布等编辑工作，还要在缺稿情形下，协调安排供稿人员，甚至自己组稿。后者才是历任编辑遇到的较为棘手的问题。在这个过程中偶有失落和懈怠，最终都要凭着对公众号价值定位的认同感，以及最初承诺的责任心坚持下来。因此在招募阶段，主编们将对此的考察作为重中之重。

五年来公众号经过对内容和板块的不断完善，已经由最初的讲座、会议、新闻为主的形式，发展为包括会议纪要、讲座概况、招生宣传、研娱生活、校友来稿、专家评论等多板块的交流互动平台。早期的编辑们虽富有理想，也不断考察其他流量高的法律类公众号，但现实要求在人力资源有限的情况下，保证有规律更新，保持较为稳定的阅读量。历任主编虽受限于在读周期，但依靠传帮带的方式，五年来的编辑经验逐渐汇集，2019 年的改版更是打开了一个新的局面。不仅相关文章的阅读数量超过平均水平，连粉丝数量也有前所未有的提高。最新的数据显示，总用户数比 2018 年同期增长了 33%。这其中每一步影响力的提升，都离不开“BUU 法硕”公众号每一位参与者的辛

苦付出。而相应的这份付出与成就，也在另觅途径回馈着参与者自身。最直接的表现是，三任已毕业主编有两位在毕业时选择了和公众号平台运营相关的工作。高质量的丰富的稿件是提高平台影响力的基石，而平台影响力的扩大，受惠的首先是毕业生。从这个层面上讲，在组稿和撰写自媒体稿件的实践中，法律硕士研究生们与公众号平台是互相成就的。

在自治“BUU 法硕”公众号具体的工作中，一方面，撰稿人的文字能力和编辑的文案编辑能力在不断提升。研究生在学习过程中发表论文，已经由鼓励发表变为基本要求。而锻炼写作的最好办法，只能是写作，特别是能够达到发表水准的写作。好的想法、好的内容，需要通过具体的文字、排版、图文并茂地去展示。特别是要求编辑具备具体的编辑能力和图片处理能力。另一方面，不断学习的能力是适应这样一个网络时代最基本的素质。资源共享鼓励学生们到网络上寻找信息，阅读优秀的内容。从早期对流量大的公众号的模仿，到找到自身的特点，不断创新，尝试新的方法和新的方式。编辑们面对残酷的自媒体用户关注和取消关注的情况，还要有针对性地学习数据分析，发现问题，总结经验。每年的招新会后，就是总结年会。会上提出的问题均来自每一篇稿件阅读量背后的解读，同时为新一届编辑的工作提供重要参考。

三、兼具记录见证与宣传展示功能的校园平台

“BUU 法硕”五年来见证了北京联合大学应用文理学院法律硕士研究生们的成长，是一个兼具记录见证与宣传展示功能的校园平台。预告和再现学知讲堂等学术活动的精彩内容，展现和传播研究生导师的科研成就和学术风采，宣介和推广法律硕士的学科建设，刊载校友来稿，展示校友成就。目前“BUU 法硕”已经成为北京联合大学法律硕士专业的重要信息平台，截至发稿日前实现了每周四次更新。2020 年 6 月“BUU 法硕”公众号平台在与法律系原有公众号整合的基础上更名为“BUU 法学”。更名后的公众号，在保留原有内容的基础上，增添法律系本科学生版块，多视角、全方位、综合呈现北京联合大学应用文理学院法律系的师生风貌。改版后的微信公众号也将继续坚持自治模式，探索自身特色，形成独有的品味，以飨读者。

育人成效

四年的时光，无悔的青春

虎舒婷[1]

我是北京联合大学2013届法学专业毕业生虎舒婷，转眼间，来北京求学工作已经10年，现在的我已经在北京成家立业。在这座美丽的城市我还可以时不时回到校园，见见最亲爱的老师和同学们，这对于我来说是一件很幸福的事。四年的美好时光深深地烙在我的心上，每当回忆起四年的大学生活，快乐总是大于忧伤，收获总是大于失落。

时光流逝，岁月匆匆，转眼之间，我已经离开校园6年了。回望四年的大学生活，昔日的点点滴滴仿佛电影画面般一幕幕从脑海闪过，心里莫名地生出许多思绪，感慨万千，大学是一个美好的地方，在这里每天吸取着知识的芳香，还有那动人的歌声和一群默默付出、相伴的老师和朋友。蓦然回首，大学四年的美好时光仿佛还在昨天，还记得10年前刚到学校的第一天，作为少数民族预科生的一分子，我和同窗的预科同学相约同一天到校。刚踏入校门的那一刻，我的心情是激动的，同时略带有一丝丝失落。学院并不大，由于宿舍楼尚未建设完毕，我们不得不住在临时搭建的移动板房。系主任和班主任很关心我们几位预科同学，考虑到我们几位预科同学都是南方人，怕一下不适应即将到来的严冬，特意联系宿管阿姨，给我们安排了暖气最好并带有空调的宿舍，就这样，我们开启了大学生活。我们12名预科同学是班里唯一的12名外地同学，刚开始，我们与本地的同学还很陌生，可很快我们和他们相互融合，相互接纳，我们成了一个团结、积极且充满热情的大家庭。

---

[1] 虎舒婷，北京联合大学应用文理学院2013届法学本科毕业生，现就职于北京市保护知识产权举报投诉服务中心。

一、静心沉淀、丰盈内心

还记得高考完在填报志愿时我并没有选择法学专业，报考预科没有专业选项，当拿到录取通知书的那一刻我才知道自己将会成为一名法学本科生，那时的我对法学的理解就是法律，谈不上喜欢，也说不上讨厌，对我来说更多的是期待。法学是一门社会科学，它与我们每一个人都息息相关。法学本科阶段的学习重在学习一种语言方式即法律语言；了解法的形式是什么，法学的研究方法，法是如何运用如何发挥效力的；主要开设14门专业主干课，有法理学、宪法、民法、刑法、中国法制史、商法、知识产权法、经济法、民事诉讼法、行政法与行政诉讼法、刑事诉讼法、国际法、国际司法、国际经济法。通过四年的学习，我也渐渐喜欢并热爱上这个专业。选择法学专业其实也是选择了一条终身学习的道路，法学内容随着时代的发展与人类文明的进步在不断变化更新，这对我们法律人提出了更高的要求，我们不但要学习好专业知识，同时要不断去接触社会，关注热点、关注动向。学习法学让我们变得更有使命感、更有责任感，我们要时刻守住自己的初心，当我们作为法官或检察官的时候，我们要用法学思维做出最公正、最有利于社会道德价值判断的判决，因为法律是人类道德的最底线，法官一定要守住这最后的防线；当我们作为律师的时候，我们要用法学思维去发现真相，要利用专业知识维护好当事人的权利，严格按照律师的职业道德要求自己；当我们作为其他社会工作者时，我们要用法学思维维护好自身的权利，履行好个人义务，做一位讲道德、守底线的社会好公民。很庆幸的是，我现在所从事的工作也和法律相关，我现在就职于北京市知识产权维权援助中心，主要负责知识产权维权援助等行政事务。在工作中，与我打交道的都是当事人、法院法官、律师、专利代理师和高校教师，从平民老百姓到法官、律师，让我更全面地认识到法学的重要。这份工作要求我将书本上的知识与现实中的事实有机结合，也让我体会到法学作为一门社会科学的社会性和实用性。作为法律人的我们不但要做社会的观察者还要学会发声、学会引导、学会传递公平正义。截至目前，我在政府机关工作已满3年，3年的学习锻炼让我变得更严谨、更沉稳。虽然离开校园已经6年了，我仍然在不断学习充实自己，希望自己能不断夯实自己的专业功底，能为更多人服务。大学四年，没有什么比沉淀自我更重要。这四年，如果不曾好好地沉淀自身，出了校园后，你会发现自身的底蕴真的很浅薄，甚至是一穷二白，要不专业功底太薄弱、要不内心世界太脆弱、要不思维方式太幼稚。

二、沟通指导、温暖人心

从小到大，我一直就害怕别人为自己付出、给自己太多爱，因为觉得自己真的难以承受。所以，别人对我好点，自己就不知道该如何去报答了。四年来，遇到了很多真心待我的人，可能，我不曾用多么华丽的语言去表达自己的感激。但其实，那些对我好的人，我一直都牢记在心，不敢忘记。

法律系的各位老师不但在学业上给予了我很多指导，在做人做事方面也对笔者有很大的影响。常敏老师是我们民法和知识产权法的老师，每次见到常老师她都充满着微笑，她具有一股很强劲的正能量，能时刻给予我们激励和指导。由于毕业后进入知识产权领域工作，在工作中，我再一次有幸回到母校，回到我们法律系，回到我们法律系的模拟法庭，在王平老师的支持下，我组织了包括母校在内的北京市 8 所高校，在母校举办了一场知识产权辩论赛。常老师亲自带队，帮助师弟师妹们准备辩论素材，指导师弟师妹们一路杀入四强。辩论赛持续了一个半月，每一次回到母校，我都有回家的感觉，每一次和师弟师妹们提起各位恩师，我都很欣慰自己能成为我们法律系的一员，我见证了我们法律系成功申上硕点，培养出了一批又一批的优秀毕业生。还要衷心感谢我们法律系的主任王平老师、我的毕业论文指导教师李菊丹老师还有赵承寿等各位老师，他们是我人生的一座灯塔，各位老师对于专业的专研让我看到了法学学者对于学术研究的执着和坚持，让我懂得既要做一个追求上进的人，又要做一个热爱生活的人。

此外，在大三、大四期间，在老师的支持下，我在紧张的学业之余协助各位老师处理系里一些日常工作，让我第一次跳出学生的角色开展行政事务工作。这段经历让我进一步提高了自己的组织业务能力，学会讲奉献、学会与人沟通、学会聆听、学会应急处理、学会接受批评、学会更好地接纳自己，离开书本我们需要学习的还有很多很多，大学四年是打开我们职业之门的试金石，我们要在大学期间不断打磨自己、不断夯实自己，在正式步入社会以后我们才能经得住风吹雨打，我们才能化茧成蝶。

三、支持鼓励，心怀感恩

这四年，我争取了很多机会、折腾了很多事情。网球打遍了学院路各所高校，学习了2年的日语，学会了滑雪，逛遍了博物馆，感谢身边的恩师和室友一直以来的支持、鼓励和关心，是他们让我学会了感恩。从来就没有理所当然的帮助和付出，包括我们的老师、朋友和亲人。所以，得到老师的指教，我会致以感谢；得到朋友的帮助，我会铭记于心。感恩之心，是一切力量的源泉。心怀感恩，不仅仅能帮我们结识更多的朋友，更重要的是练就自己感恩、平和的心境。学会用一颗感恩的心来对待你的世界，你会发现这个世界在冷酷中包含了温情，人也变得更加柔软。

大学四年，读了多少书、去了多少地方、学了多少专业知识，这些都是我们满满的沉淀，但终究只是浅层次的收获。更重要的是，通过大学四年，我们开始明白生命中那些更为深层的体悟，人生要有目标，但做任何事不一定要有目的，我们走过的每一步都算数。

如今的文理学院已经变得更加完美，我的师弟师妹们已经住进了新的宿舍大楼，学校的学习和生活条件都提高了很多，我为师弟师妹们感到开心。大学是梦想启航的地方，大学是播种理想种子的地方，作为法律系09级毕业生的我，每当回想起上学期间的一分一秒，都庆幸没有留下遗憾。亲爱的老师们，感谢你们的指导，是你们塑造了我的价值观，是你们打开了我的视野，我会继续努力，继续见证我们法律系的成长。未来，我会不断充实自我，用自己的努力为我们法律系的明天贡献一份力量。

学习中思考，思考中进步

阿来·巴合提❶

埃德加·博登海默曾说：法律是人类最伟大的发明，因为别的发明使人类学会了驾驭自然，而唯有法律让人类学会了如何驾驭自己。因此我很荣幸自己选择了法学专业，成了文理学院法律系的一名学子。在接近一年半的法学教育中，我明白了法学教育不仅仅是法条与工具，法学教育更多地蕴含了人文精神。我们要有诚信、宽容、理性、勇敢的态度，要有想象力，懂得积累，顺应时代和奉献社会。这样我们才能在以后成为一个名副其实的以追求人的尊严和实现社会公平正义为己任的法律人。

一、言必诚信，行必忠正

法学生之精神，在于诚信。这是我在过去一年的法学学习中深刻体会到的。法理课的赵承寿老师就十分注重我们的诚信问题，在每次课堂签到的时候，老师非常忌讳有学生代别人签到的情况，一旦发现有这样的情况发生，老师必会严惩。赵老师常常告诉我们："你可以请假，你可以能力不行，但是你这人必须要诚实，做事必须中正，这样以后才能做一个合格的法律人，才能维护社会的公平正义。"是啊，作为一名法学生，诚信对我们来说更是重中之重，正所谓"国无诚不治，家无诚不和，业无诚不兴，人无诚不立"，因此我们法学生无论以后从事什么职业，都应保持内心那份诚信的光芒。

二、以大度兼容，则万物兼济

法学生之精神，在于宽容。只有感受到宽容的人，才能感受到快乐。我

❶ 阿来·巴合提，女，北京联合大学应用文理学院2018级法学专业学生。

认为这里的宽容有广义和狭义之分。广义上的宽容就是我们法学生在学习生活中要有开阔的胸怀和眼界，对于不同的文化我们要懂得取其精华、去其糟粕，从而在将来为我国的法治建设奉献自己的微薄之力。我们的日常生活更多体现出狭义的宽容，课堂上我们同学之间讨论问题，我们要懂得站在他人的角度思考问题，懂得尊重他人的观点。正如华兹华斯所说："正义之神，宽容是我们最完美的所作所为。"我们法律人更要有一颗尊重生命的宽容心。

三、用感性感受生活，用理性思考问题

法学生之精神，在于平衡感性与理性精神。我认为任何一人都应懂得去享受生活，专注于自己的学习或者专业的时候，也要享受人生的乐趣，保持良好的生活习惯，尤其很多外专业的人可能会认为我们法学生专业枯燥，所以我们更应懂得将生活艺术化，增加我们自己对生活和专业的兴趣，这也会在无形当中增添我们的个人魅力。用感性感受生活，我们也应用理性思维来面对问题。在大一时我重点培养自己的理性思维，因为觉得自己在过去是一个过分感性的人，当我慢慢培养理性思维时发现，遇事泰然自若，而且处理事情不局限于事情的单一方面，能考虑到事情的全部，这样一来整个做事的效率也会提高很多。因此我认为用感性感受生活，用理性思考人生是比较好的一个选择，这样才可以在以后成为一个更好的法律人。

四、自信人生二百年，会当水击三千里

法学生之精神，在于自信。正如拿破仑所说："勇气如爱情，需要希望来滋养。"我觉得我们要不断地培养自己的勇气，因为有了勇气，也就拥有了自信。为了培养自己的勇气，我会在每一次课中积极参与课堂，积极回答老师的问题，在课余时间多去参加一些演讲、辩论、主持之类的活动，参加多了会发现不但锻炼了自己的胆量，同时也增加了自信。然而真正的自信来自于内心的强大，来自于真正的实力，而实力来自于平时的积累。也许厚厚的法学书籍会让你觉得有些乏味，考试前的通宵会让你精疲力竭。2018 年的期末考试令人十分难忘，考试前一天有很多同学通宵学习，甚至睡在自习室，我自己也睡得比较晚，但我觉得这是一个积累自信的过程，当完成这个过程之后，才会拥有自信。当后面看到成绩单时才会微微一笑，感谢曾经努力过，然后继续努力。

五、不断想象，不断进步

法学生之精神，在于要有想象力。我发现学习法律可以在想象的海洋里遨游。每次上刑法分论课，邵老师喜欢给我们展示案例，然后让同学们自己来展开讨论，表达自己对案例的看法。首先每次我都会积极参与其中来锻炼自己的勇气，其次我会把自己想象成一个大法官，想象自己在审理这个案子，或者把自己想象成一个律师，我该如何为我的辩护人辩护，我发现这样一来自己的参与度很高，而且也会觉得课堂十分有趣，从而进一步爱上法学。

六、顺应时代，奉献社会

法学生之精神，在于奉献社会。正如我们联大的校训，我们要懂得“学以致用”，以前我觉得反正学习完专业，毕业之后有个稳定的工作就好。但在这一年多的法律学习当中，我发现不能把眼光只局限于一院、一校，甚至一国，更不能用四年的青春时光乃至一生的光阴只为换一个“饭碗”。我们学习法律要有开阔的眼界，放眼社会，放眼世界，懂得顺应时代变化之潮流，关注时事，吸取精华，用学到的法律知识奉献社会。我发现我们学生可以加入学校的普法团队，到基层、到学校去普法，将自己学到的法律知识讲给别人听。以后在工作岗位，要为更多的人服务，实现自己的价值，从而为社会奉献自己的微薄之力。

每次进入法律系楼层的时候，我都会觉得这一楼层是我们法学生的精神家园，正是这一楼层在不断培养着我们的专业知识和基本素质，不断塑造着我们的法律人格，我发现这里保存着法律人坚持正义、追求法治的理想与勇气，保存着法律人应有的理性的批判意识，保存着法律人关心和探讨人类命运的努力与贡献。我想这些精神正是自己要在接下来的三年时间里需要慢慢培养的。

学学问、学做学问、学做人：一名法科“叛离者”真情实感的自述

鞠曦中 ❶

大学门开，政学门启。虽已入政治学门，然法学给予我的滋养受用终生，法律系给予我的情谊来日方长。我崇尚在求学道路上抱定宗旨，砥砺德行；在思想意识上兼容并包，自由独立。四年的时光让我逐渐形成了这种耦合的思维，并且一直引导着我负笈前行。虽能力有限，笔法稚嫩，但一直想写点东西给母系母校，借此机会能神游过往，历数感怀的瞬间也是无他的享受。仅从学学问、学做学问、学做人三个方面来回顾我眼中的法律系和我在法律系的匆匆时光，这是一名法科叛离者的真情实感叙述。

一、学学问

我以素人身份初入法科，难窥全貌且不得学习要领。其实说来惭愧，我学习法学的时间全部算上不过两年，但用近两年的时间在探寻真正适合自己的“终身伴侣”。一开始胡乱地读了些书，甚至不是学术专著，当无头绪且无主见的时候，存量的阅读会有所启发。依稀地还能数出来几本：《中国改革：做对的和没做的》《当代中国八种社会思潮》《中国通史简编》等。直至后来我越发觉得“乱读书”是必要的：首先能够扩充分析视野，特别是历史学的基础是其他社会科学研究的基本功，否则难以纵横宏大叙事的巨浆；其次在刚刚脱离刻板且高压的应试后，可以建构起一种发散性的独立思能力考甚至是天马行空的自由意志。老师们也非常纵容这种乱读书的行为，读书越

❶ 鞠曦中，男，北京联合大学应用文理学院 2016 届法学专业学生，现为天津师范大学 2018 级政治学理论专业研究生。

带有强烈的目的性，越脱离读书本来的纯粹。读书会是一个很好的组织，赵承寿老师是读书行路的践行者，我们畅足小月河畔，踱步香炉峰顶，谈论的话题从亚里士多德到孟德斯鸠，从先秦诸子到明末反思，从法理学到法政治学……所以多读书，多结交灵魂伴侣是一件幸事。

最终我以政治学为伴，这是一种灵魂的契合，但搜寻灵魂的过程道阻且艰，我把它概括为三次转折。第一学期就修了张宝贵老师主讲宪法学课程，宪法学是开启我寻梦道路的第一次转折。大一有幸参加了宪法学的高规格学术会议，感受了前辈学者严谨治学之风，众位学者的发言醍醐灌顶，让我深切地感受到学术界仍存筋骨和脊梁。其中不乏法学界的南山北斗，有许崇德先生、李步云先生、韩大元教授、胡锦光教授。会后引起了我对宪法学的强烈兴趣，也奠定了我崇尚宪治的坚定不移。后来我买了很多书，花了近三个月的时间读宪法学，仍觉不解渴，终放弃。第一次转折归于失败，但奠定了我向往治学之路。第二次转折是一次“重大误解”，这是我仍能脱口而出为数不多的法言法语，结果也必然流于失败。由于青春无知错把马克思主义当作全部的政治学，经历了半个月的时间宣告结束。第三次转折受经济法学的影响，也有过短期的尝试。我在学习中了解到了徐孟洲教授的“耦合经济法理论”和漆多俊教授的“三三制理论”，产生了深厚的兴趣，然能力不足，亦放弃。三次转折是有路径依赖的，每一次都离目标近了一些，而且每一次的放弃与重启都需要一种敏锐的警觉。倘若两次转折流于失败就放弃继续探求，岂不可惜，那样也只能是一种中道崩殂的叹惋，终不得快享。

历劫之后必现真容，经历了三次艰难的探索，虽有浅尝辄止之嫌，有能力不足之险，但终会寻到挚爱并相守相随。后来有一段时间我辗转于北京图书大厦，猎得政治学诸多专著，猛然间营养过剩，夜不能寐的满足感今天回味起来也美滋滋的。政治学是一个古老的学问，迄今为止有千年历史。我以为政治学、法学之伟大之处在于常思常新；因为它涉及国家的建构、社会的整合、政府的规制、公民的教化等。政治学和法学在价值追求层面也多有重合，法学追求公平、正义、平等、法治，政治学也追求这些。

二、学做学问

学问就是学着问问题，问活人的问题就是现世的学问，问死人的问题就是天国的学问，始终有价值和现实两个导向。政治学和法学都有强烈的现实关怀，都致力于解决现实社会的问题，无论是制度设计、区域治理、意识形态，还是国别比较，都以实现善治为目标。但政治学更注重培养一种建构性思维，而法学培养一种逻辑性思维，但殊途同归都把人类社会的运行规律规则视为圭臬。因此感受时代、贴近社会、学以致用是一种内在的驱动。我在求学路上积累的浅薄经验就是勤奋、规范和现实关怀。

社会科学很难像理工科一样能够及时地转化变现，更多的是在遵循学术规范下，针对某一具体问题进行学理的分析和研究。社会科学特别是政治学、法学始终都在思考人类社会的正方向端的终点，代表着一个时代的最强大脑。我们一直在思考：如何建构一套系统完备且运行良好的制度体系，它的标准和运行张力在哪里？民主政治的价值共识如何嵌入到原有的制度系统中来？国家权力下放与社会权力承接之间是否能做到均衡转移？凡此种种都关乎着全体公民的幸福与安康，所以任重道远，故强烈的现实关怀是社会科学的底色和温度。

法学的现实关怀途径更加多元。我亲身参与的就有北京市模拟法庭竞赛、普法宣传、社区法律咨询等。刘建钢老师是我的班主任，一位有艺术家气质的思考者。京城的寒冬常伴有呼啸的北风，老师不惧严寒，带着我们在模拟法庭一遍一遍地演练案例、反复打磨观点、大量翻阅资料，那段充实且忙碌的日子现在回忆起来都是一种暖流。同时作为模拟法庭评委的赵永林老师气场很大，以至于我们几个在请教问题时都要推举一名胆子和心理足够强大的代表，我可能看起来更像一个乖孩子，所以每次打电话的都是我，其实我觉得赵老师严厉严谨之余还蛮风趣可爱。从海淀到昌平，从初赛到复赛，仍能记得那些天早起的旭日与暮日的余晖。司法过程的严谨适用于任何学科的研究，凡主张必有举证，严谨规范的法学训练一直让我对学术伦理保持敬畏，不敢越雷池一步。

法律系有一宝，就是年过八旬的刘隆亨教授。我和老先生的交往还算多，其实一开始是不敢冒冒失失地去找老先生，怕有巴结之嫌，但王平老师总说老爷爷很好的，也一直鼓励我多和先生交流。时间长了，我成为他办公室的常客。每每遇到问题，也会去他那里坐坐，他每次都鼓励我做学问，让我“多读需”（字“书：，湘音就是 xu），讲他治学求学的故事，乱世藏书的故事，甚至和他老伴的爱情，听过之后我也是学习动力十足。虽已年过八旬，但他仍然坚持伏案工作，笔耕不辍，简陋的办公室总有让来访者沉下来的力量，因为学人永远年轻。四年的匆匆岁月，详数来也没做什么太有意义的事情，就是在老师们的帮助下学了一点理论、积累了一点思考、掌握了一点方法。终结了法律系的美好时光，开启了另一段筚路蓝缕的新生活，毕业时我带着沉甸甸的不舍把自己写的一幅“彰法明理　修齐治平”的系训交给王平老师，也算是给自己一份了结的仪式感。

三、学做人

人是需要精神圣地的，心智未定之学子尤需。在精神和情怀枯竭的时代，我们更需要寻一方精神圣地，与四方众生享受来自八方的给养。于我有两个地方可做精神慰藉之处，一是西南联大，二是大漠敦煌。我不能想象在战火纷飞中，学子与学人整体南下求学是一种什么样的家国情怀，抑或只是走投无路。我试图追溯发端于五四的精神，一种从未缺席过任何一场关系家国命运的学生运动精神。戊戌年对于国人是历史的感怀，自戊戌变法至今，几个甲子的轮回，中华民族所经历的是革命的洗礼、民族的解放，当然也有国殇国耻；兜兜转转、跌跌撞撞的新中国也经历了社会结构的变迁、国家权力的改造，甚至政治文化传统在路径依赖的顺延下也遇到方向性的历史转折。

我不知道先生们秉承的是什么，但先生们留给我的是做“思想史上失踪者”的勇气。“阐旧邦以辅新命，极高明而道中庸”是挂在冯友兰先生书房的对联。“阐旧邦是我的工作，研究中国旧道德旧文化旧哲学，为的什么呢？为的是辅新命，帮助现代化”，这是时年85岁的冯友兰说的，那时他几近双目失明，在一次去医院抢救的路上他说：“为什么要治病呢？就是因为书还没有写完，书写完了，病就不需要治了。”他给世人留下的最后一句话是“中国哲学必将发扬光大”。前辈学人予我们的教诲，就是当我们走向或已在歧途时最有力的那一声召唤。

蔡元培先生刚到北大，在《演说》中对学生提出三点：抱定宗旨、砥砺德行、敬爱师友。这三条于今日之学子更大有裨益，抱定宗旨强调目的论，大抵也可谓之为不忘初心；但在处处讲目的与功利时需要用砥砺德行来设防，以不至于越轨没有底线，敬爱师友是为人要义，切不可目无尊长更要珍惜同窗情谊。文中还提到“平时则放荡冶游，考试则熟读讲义，不问学问之有无，惟争分数之多寡；试验既终，书籍束之高，毫不过问，敷衍三四年，潦草塞责，文凭到手，即可借此活动于社会，岂非与求学初衷大相阁背驰乎？光阴虚度，学问毫无，是自误也”。每读至此不觉后脊梁冒出丝丝寒凉。

先贤曾书写爱国、进步、民主、科学，心怀无尽的远方和无数的个人。这就是家国情怀。求学之路不光有家国的上下求索，其实琐碎的生活更是常态。在法律系学习是舒服的，法律系是有人情味、有烟火气的一个团队。师生之间亦师亦友，结下了不以毕业为最后期限的深情厚谊。记得大二上学期，我和常敏老师对物权法课上的案例有不同的见解，晚上 9 点多，老师来电话告诉我，她和邹老师（常老师爱人，社科院的博导）探讨后的观点和案例背后的法理基础。这种很纯粹的感动，我也一直铭记。常老师是人格魅力很大的老师之一，对学生的关心事无巨细，我们都亲切地叫她常妈妈。其实和常妈妈的故事还很多，但大抵都是感动与关怀。我算是毕业后回系里次数较多的学生，每次回去都像回家，因为足够温暖和安全。忘不了备考中邵彦铭老师的关切和鼓励，也忘不了刘婧娟老师为我反复地修改毕业论文，还有小聂老师对我学术选择的苦口婆心、鞠晔老师的肯定和安慰……

情思至此，已是泪目。我必终生牢记“彰法名理，修齐治平”的系训。

忆我的大学

袁诗媛❶

毕业已经六年有余，准确地说是六年又五个月，很荣幸在这个时候接到王平老师的邀请，参与系里拟出版的图书项目，把自己大学期间有限且平凡的学习、生活稍作回忆梳理，加上自己的些许感悟及毕业后工作中的一些感触和大家分享。

一、学习读书是硬道理

戏言称：大学是我们无拘无束的童年。经过了小学、中学十余年的洗礼，我们通过高考终于逃离了被束缚的未成年，叩开了大学自由的成年大门。尽管表面上进入了相对自由的大学，但不得不说属于自我管理、自我督促、自我提高的学习生活才正式地拉开帷幕。学习读书依旧是大学生的第一要务，我们必须重视学习读书。首先来聊聊在大学里我们的基础课程学习。大学一年级相对来说专业课较少，而基础课程较多，这一阶段需要集中精力好好地解决必修的基础课程，比如大学英语、计算机。越早跨过类似大学英语考级的基础课程，也就意味着在大学未来的时间里为专业学习、实践学习赢得了更多的时间和更宝贵的精力。对于大学必修基础课程，建议尽量早做准备，在第一时间内集中精力顺利通过验收考试，不要人为地拉长战线。

其次聊聊我们的专业学习，我想给大家推荐四个地方，即教室、自习室、图书馆和期刊阅览室，建议把这四个地方结合起来配套使用。教室和自习室的必要性在此我不想多加赘述了，我想多说说图书馆和期刊阅览室这两个地方。阿根廷前国家图书馆馆长、著名诗人博尔赫斯说过："如果有天堂，那里

❶ 袁诗媛，女，北京联合大学应用文理学院2013届法学毕业生，现就职于中国法制出版社。

应该是图书馆的模样。”图书馆在我眼中大概是学校的第一大宝库，在这里不仅有和你息息相关的专业图书，更有跟你分不开的工具书以及其他各类图书。图书馆可以让你自由翱翔在天地间，遨游在宽广与奥秘的海洋，它让你对生命有更深刻的理解，同时还能获得精神上的愉悦。多花些时间把自己浸泡在图书馆里，一定是对自己大学以及未来最美好的投资，万花筒般的图书馆也一定不会辜负你的努力和期待。期刊阅览室定能对大家的专业认知学习提供更充足的养料，好好地利用期刊阅读室是大学的又一个锦囊秘籍。期刊阅览室里通常存放着近几年各高校、研究机构的专业期刊，这些期刊虽不起眼，但却承载着专业内最前沿、最热门的学术成果。如果你好好利用它们，大学几年在专业学习上你会有特别的收获。期刊目录上的高频词能帮你了解到学术的热点问题，你的兴趣词或许能帮助你拓展课本上原有的内容，让你更深入地学习学科知识。而那些关键词或许会为你在将来的毕业论文中提供准备方向。图书馆、期刊阅览室里那张小小的桌子就是你问渠寻源的半亩方塘。

最后聊聊大多法科生不可回避的国家统一法律职业资格考试（原国家司法考试）和研究生考试。我想说如果你确定了就去做。法律职业资格考试第一年没过关不要放弃，再坚持两年、三年甚至更久，只要做到了就是成功，千万别轻言放弃。在此想跟大家分享两个真实的小故事：偶然得知认识多年的一位前辈以范进中举式的五十“高龄”（相对于通过此考试的平均年龄来说）终于顺利通过了第一届国家统一法律职业资格考试，毫不夸张地说自从我进入大学阶段学习法学专业认识他，他就已经在备战司法考试了，十年一晃而过，司法考试甚至改了名字但他坚持备考，最终通过了。比我低几届的两个学弟，为了考取心中理想学校的研究生拿出了不服输的决心，经过一年又一年的刻苦学习，他们均实现了理想。在我心里他们都战胜了自己，都取得了成功。无论是法律职业资格考试还是研究生考试，如果你下定了决心就去做吧，而且一定要趁早去准备。

二、专业实践找到你的兴趣

早在多年前，应用文理学院法律系就为学生们提供了许多专业实践的机会。文科中心项目立项、学科专业会议、北京市大学生模拟法庭大赛、法院旁听、律所实习、法院实习等专业实践大多都是我在本科阶段有幸参与的。

先说说我系刚刚收获捷报的北京市大学生模拟法庭大赛，这是我即便在初任院学生会主席非常忙碌也要向学生会负责老师请假参加的专业实践活动，很幸运地得到了老师的支持。大赛由北京市教育委员会主办、中国政法大学承办，遵循正式法庭审理案件的程序，赛题均由真实案例改编而成，旨在促进高等学校法学专业的教学改革，培养学生的实践与创新能力，并在竞赛中树立学生法治与公正的担当。大学三年级时通过参加比赛、准备比赛的我开始学习写作法律文书，把专业学习运用到实践中，一场比赛下来法庭审理案件的程序了然于心。

再来说说律所实习、法院实习。律所实习会有很多会务工作、文件的整理工作，甚至是端茶送水这样的小事，可千万不要忽略这些不起眼的小事。作为实习生，尤其是初来乍到的新人，专业能力有限没有人会嘲笑你，但态度不端正，忽视那些不起眼的小事，这些没准能决定着你的去留。通过律所实习最大的收获在于明确端正自己的工作态度。优秀的实习生通常在小事中学习、成长，实习也好职场也罢，都要从小事中先长本事，没长本事之前千万不要长自己的脾气。专业上，律所实习中基本学会常规工作，但更重要的是通过实习帮助你逐步找到自己的专业兴趣点，甚至是细分未来的律师职业方向。法院实习中有机会直面法官，大量地接触甚至翻阅判决书，有心的实习生通过认真查阅判决书的各组成部分，可以了解法官思维，甚至把自己带入到与法官同频的角色里面，无论将来是做法官、检察官或是律师，了解法官重证据的思维对今后的实际工作都是很有益处的。

在时间充足的大学时光里，尽你所能地参与专业实践吧，通过这些大大小小的专业实践或许你能找到什么是更适合自己的。我还想说并不是选择了法学专业就一定要做相关的法律工作，通过专业实践或许你能知道自己喜不喜欢法律工作。通过其他的培训、学习、游学、实习机会把自己置于某个行业的工作情境中，或许你能判断出自己更适合做什么。历史上如格林兄弟、舒曼、塞尚这些改行的法律人同样在自己选择的领域中做到了极致。我本人也是通过校内外的专业实践、实习后最终选择了更契合自己的出版行业。对我而言，大学四年法学专业学习带给自己更多的是思维方式上的培养，我很幸运有这样的机会和法学亲密相处过，遇见法学真的很美好。

三、大学生活丰富多彩

大学的生活一定是最绚丽多彩的，这里有学习读书，有兴趣爱好，有伙伴友谊，有师长帮助。各色的社团、院系学生会、广播站等团体组织丰富着大学时光。

于毛姆而言，阅读是一座随身携带的避难所；于村上春树而言，慢跑战胜了过去的自己。无论是阅读还是运动，总带给人们太多的快乐与慰藉，大学的社团或许就是你培养这样一个爱好的开始，也或许是这份喜爱的延续。话剧社、英语社、网球社、读书会、舞蹈社……无论是哪一个社团，选择你的所爱在这里结识志同道合的小伙伴。也许这份平淡的爱好不能成就你的事业，但它可能会终身与你为伴，成为你的密友、你的力量之源。在众多的社团中我参与了读书会。大一下学期，基于对读书的兴趣，想要通过读书为法律系各年级的同学提供一个沟通交流又兼顾专业学习的平台，在系里多位老师的支持下，我与几位同学发起成立了学知读书会。在这里我们结伴一起阅读专业图书，后来更是发展到阅读其他与专业无关的经典书籍。时至今日我仍能时常收到读书会指导教师赵承寿老师跟大家分享的图书，今年夏天我再次回到学校参与学弟学妹们的读书会活动，其中几位学弟学妹的发言给我留下了深刻印象，我惊叹于他们阅读书籍的感悟如此深刻。交流中得知除了大量的阅读做输入支撑，他们也用写作、投稿或是其他的多种方式将习得进行有效的输出。读书时很多人只进行了输入的部分而往往忽视了输出的重要性，只有不断思考并且持续输出才能帮助你牢记习得，所读的书才会打上你的印记。我想阅读俨然已经成了许多人生活的一部分，回想自己至今保留下来的阅读习惯也源于学生时代。据我所知，当年一起在大学参加组织读书会活动的师兄还把读书会创办到了现在的工作环境里，影响到更多的人。

关于学生工作，交流中很多学弟学妹会问我大学中有必要参加学生会么？我的回答是有必要的。我鼓励大家参与学生会，尤其是在大学一、二年级时。抱有平常心，适当地参与学生会工作是十分必要的。在学生会里你会遇见更多不同专业背景的同学们，跟着学长、学姐们组织活动，参与活动的你能在协助合作中了解更真实的自己，拓宽视野和交际圈。大学生活是五彩的更是多元的，千万不要把自己局限在一个点、几个人身上，尽可能地发现寻找更多的不同。

优化管理时间坐标也是大学期间需要培养的能力。《高效能人士的七个习惯》是我上大学时常敏老师推荐给读书会阅读的图书，也是至今依旧影响我的一本书。书中积极主动、以终为始、要事第一、双赢思维、知彼知己、统合综效、不断更新的七个习惯或许能帮你找到优化管理时间坐标的方法，又或者七个习惯中的两三也能成为你的习惯。

“活到老学到老”，不管是上述我提及的大学学习，还是伴着我们终身的成长学习、专业学习，都还有长长的路要走，愿我们都拥有强大的内心勇敢抵抗生活的洪流。

最后，我想借此机会感谢文理学院法律系全体老师们辛勤的付出和对我们一如既往的支持与关爱，祝愿老师们工作顺利、身体健康，祝福母校和文理法学越来越好。

登岸忘筏，不忘摆渡人

李晶宁[1]

《金刚经》中有这样几句偈：如来常说，汝等比丘，知我说法，如筏喻者。法尚应舍，何况非法。大意是，你们听我说法，是为了到达彼岸，寻得解脱。如果把我说的法比喻成过河的筏子，那这个筏子是用来过河的工具，过了河就要赶紧把筏子扔了，别坐在筏子上研究筏子而忘了过河。佛法尚且应舍去，更何况其他事物呢？现在已经是2020年，我们仍然会不断地听到这样的问题："我们读那么多书有什么用呢？"

刚加入法律系学知读书会的时候，我也带着这样的疑惑，但朴素的价值观告诉我，读书肯定有好处，所以我只想在读书会这样的集体里有人带领，有人监督，有人陪伴，能够读更多的书，读多了，也许用处自然而然就越来越明显了。我这样的想法在同龄人中，应该不少见，所谓"书读百遍，其义自见"，这从某种程度上讲是亘古不变的真理，但在读书会这么久，我发现最大的收获，正好是从相反的角度理解读书之益。

一次读书会上，我们的交流围绕埃里克森《无需法律的秩序》这本书与"社会成本"展开，赵承寿老师在这次读书会上给我们讲述了科斯定律。那是我第一次接触科斯定律，或者说，第一次真切地理解一点经济学知识。我感觉科斯定律很有趣，此后，我有意识地去熟记："在某些条件下，经济的外部性或者说非效率可以通过当事人的谈判而得到纠正，从而达到社会效益最大化。"我有意识地想用科斯定律解释生活里的一些现象，生硬地套用并对科斯定律一遍遍证成分析，不过陷入无用与纸上谈兵之窠臼。后来，我在一个看似非理性的事件中，感受到科斯定律的魅力。朋友吐露喜欢一个男孩，可

---

[1] 李晶宁，女，北京联合大学应用文理学院2016级法学专业学生。

男孩已经有恋爱伴侣，所以她那段日子十分沮丧。在安慰她的时候，我突然改变了“别伤心，你会找到更好的人”这样的陈词滥调，我想要鼓励她，如何鼓励呢？搜遍脑库，扫描并选择了科斯定律，于是我对她讲：“你要相信，在恋爱成本相近且足够低的情况下，不论这个男孩和谁谈恋爱，最后都会和最适合他的人在一起，你要做的不是沮丧，不是难过他怎么“名花有主”，而是要努力向上，成为更好的自己，也许在这个过程中你就变成了最适合他的人。”第二天，我看到朋友确实有所行动，不是对那个男生，而是对自己下手，让自己更加优秀。我的安慰之语，似乎有点露骨甚至被人指指点点为没有感情、不够道德，但当我们直视这个问题，会发现，现实的确如此，就好像，钻石刚开始是采矿工人发现的，但最后戴在贵妇人的纤纤玉指上，从科斯定律我们便可洞见，资源都是谁用得好归谁。

打那以后，做事情时，我会先定一个基调，比如要把事做好，好到什么程度，继而才是去考虑要用什么方法做好，这个方法可不可行，不可行，那会不会有更好的方法是没有学习到的，如果有，则去学习。似乎听起来，我只是在说一个目标的重要性，但不尽然，我想表达的首先是做每一件事情的逻辑，不要随便抓来一件事情就做，好的开始是成功的一半，若你的开始是盲目的，觉得自己有一艘船，只要天天看船，保养船，就能达到彼岸，这无异于长坂坡没有赵子龙，空城计没有诸葛亮，我们要做的其实是先知道彼岸在哪儿，继而去知晓需要怎样的船，需要给船加多少油。其次，我想进一步表达现阶段思考的聚焦点应该在哪里，开篇的问题：“读那么多书有什么用？”回答这个问题时，我觉得关键不是想“有什么用”而是想“用作什么”，也许你目的明确，知道读书的用途是完成自己的梦想，也许你根本不知用作什么，就是通过不断阅读来明确目标，那这也是一种用途。恰恰这个“用作什么”决定了一个人的格局。就像曾国藩说，“盖士人读书，第一要有志，第二要有识，第三要有恒”，有志在第一位。

我高中的历史老师说，判断一个人是好是坏的标准，不在于目的而在于手段。我想，如果一个人目的本身就是坏的，那好的手段会不会助纣为虐，就像有些人利用高科技去反社会，有些人用缜密的逻辑帮罪犯反侦察，有些人饱读诗书却做了汉奸。但细细想想，这其中，读书不过是形成手段过程中的一环，我们不能说读书有问题，是这些人在知识富足的条件下使用的手段是恶劣的，仍旧不能称为好的手段。所以，读书到底有什么用呢？一定有用，它让破坏力成倍放射，辅佐黑暗笼罩世界；它也可以拯救众生，让生活光明一片。读书百遍，其文义自见，但其影响力朝哪个方向发展、发挥到什么程度，就取决于每个人自己的目的。

读书，就像到达彼岸的船，我们应该关注船的实质，而不只是停留在欣赏表面。若它能帮助你到达彼岸，那你不必纠结于船本身，你要在登岸后，好好享受并珍惜岸上的风景。如《金刚经》里所言，“法尚应舍，何况非法”，要享受从迷津中解脱后的感觉，而非执念于船筏。马云曾讲：教育很重要，当下我国的教很厉害，在国外的各大比赛上都能获得傲人的成绩，但育还差一些。他又说：情商让人成功，智商让人不败，爱商让人尊重。如今很多问题已经不是教育缺失导致，大多数人也不是无书可读才愚昧，更多的是育人的教化问题，也就是读书不是终极目标，通过读书以成人才是目的。在读书会上，我们不断读书讨论，但我想，最重要的并不是我们一个月读了几本书，而是，一个月我们的认知有多少改变，我们的道德情操又受到怎样的熏陶。

诚然，在学知读书会上，老师们的引导从不是在数量上做要求，任何一位参加读书会的老师都是在思想形成上、品德提升上对我们做出指引。我们的第一份书单是哲学类书目，这为我们形成好的三观奠定基础，也让我们的视野打开、思路打开。我们不仅感受到智慧的魅力，更加想要将认知拔高，又感受到与人交流，交换智慧的效率比一个人闷头苦读高几倍，这让我们的情商也慢慢培养起来。最后，不得不提，在读书会这个大家庭里，能真正感受到爱的温暖，我们可以一起聚会饕餮一番，可以一起去小月河边，伴着徐徐微风，皎洁的月光泼洒出的朦胧诗意，草虫的鸣叫大家就倚在繁盛的大树上，侃侃而谈。大家逐渐地都看到了远方，找到了岸。

近来从朋友那听来一则禅宗公案，想分享给大家，其名叫“因指见月”：

慧能禅师一开始在曹溪传法、弘扬禅的真意时，弟子很少。弟子经常趁着月光，围坐在慧能禅师的身边，听慧能禅师的参悟和启发。

一个弟子问道：“我们在月下坐了好多次了，我们该如何体悟这月亮呢？”

慧能禅师回答：“你问我如何体悟？那你就看我的手指吧。”说着，慧能禅师略略地翘起一个手指，手指指着月亮的方向。

这弟子瞪着这手指，想不明白老师的意思，于是就又问道：“什么是手指呢？”

慧能禅师眉头一皱，回答说：“月亮。”弟子就更加不解了，问：“学生问月亮，老师翘起一个手指回答。为什么学生问手指，老师又回答月亮呢？”

慧能禅师沉思了一下，说道：“你呀，这叫得指忘月。你问我月亮的真谛，我并不能给你，所以示你以手指。答而你，竟然执着于手指，忘了真谛。你又问我手指，我回答月亮是要点醒你呀。”

这个故事和开篇《金刚经》中的故事内涵相近，斟酌一番，除了如前述要登岸忘筏，见月忘指，我们还能发现另一个细节，那就是一定有摆渡人提供筏、有指月人提供方向。这样的角色不就是读书会的老师以及每期做读书分享的同学吗？想到这，我又一次忆起大家讨论问题时铿锵有力的声音和一张张受益匪浅的笑脸……

多少年后，我肯定不会再背科斯定律，但科斯定律的作用已经潜移默化地改变了我的行为与思维方式；再翻开《社会成本问题》，其具体内容我肯定早已忘得一干二净，不过忘不了的是读书会上老师的生动讲解以及大家的交流互动。见月要忘指，不然感受不到月光的纯粹；登岸要忘筏，否则腾不出手拥抱岸上的新鲜，但，是谁带我走向月下，又是谁为我摆渡撑杆？若你用一生的时间问我，我便可一生都给出清晰的回答……

我与读书会

刘雪微❶

昨日，学妹找我询问杂志排版打印事宜，老学姐能继续为读书会添砖加瓦，感到很荣幸。随着沟通的深入，我的思绪被拉回了从前，在读书会的日子是那样的鲜活生动，我只需要稍稍回想，精彩的分享便已然浮现在眼前。今天，想提笔写一写读书会的老师和同学们，感谢你们带给我的美好回忆。

赵承寿教授——可爱可敬的“小老头儿”

初识赵老师，只觉得这是一位喜欢笑的老师，赵老师眼眸清澈如孩童，讲话幽默风趣，对待我们和蔼可亲。随着了解的深入，我们便知道赵老师曾去新疆教书十几年，将大好的青春奉献给祖国最美的边疆土地，每逢读书会有新疆同学到来，赵老师都要与新疆同学们细细地聊一聊，问问他们来自哪里，若这地方他曾去过，赵老师的眼中便会立刻闪现出光芒，看着赵老师发光的眼睛，我便知道新疆的阿勒泰、新疆的美食、新疆的大好河山以及美好的青春年华都曾令他怀念，也令我们神往。

赵老师读书很多，读书会有他在总能精彩无比，老师会用最平实的语言把深奥的哲学问题讲给我们，若兴之所至，老师还会在繁重的工作之外制作幻灯片，为我们做专题讲座，比如科斯定理，到现在看到科斯定理我还会迅速想起当初那场生动的讲座，这便是热爱读书的力量吧！唯有热爱，才愿意付出。

---

❶ 刘雪微，女，北京联合大学应用文理学院2016级法学专业学生。

李倩茹老师——母性，温柔与力量

若你让我评价李老师，便首先会想到这三个词语，有些人可能会笑笑，觉得“母性”这个词太过夸张，实则不然，如果你也认识李老师，你便会明白我为什么这么说。

如果让我仔细思考大学四年最喜欢的老师是谁，单独论讲课而言是很多的，每个老师讲课都特点鲜明，深受同学们喜欢，但是如果你让我综合来讲选择一个最喜欢的老师，那一定非李老师不可。李老师做事儿极踏实，和她在一起总会让你觉得很安心，在我编写小月河杂志的时候，大事小情无数次找李老师探讨，无论线下还是线上，李老师总是不厌其烦地和我沟通。文章内容筛选、排版校对、发票内容等方方面面，和老师一起，杂乱无章的内容也被整理得井井有条，我也在操持事务中锻炼了自己的能力，俨然一个称职的大主编呢，嘻嘻。

不止如此，李老师还非常关心同学们的生活，因为有多年当教师的经验，李老师知道我们迷茫的是什么，担心的是什么，应该关注的是什么，她会在读书会给我们讲解就业经验，疏导我们紧张的情绪，我想正是以上种种和生活中的相处，让我真正地感受到了她身上母性、温柔与力量的魅力吧。

姚俊玉——高手在身边

我得说句实在话，若是你在学校碰到姚俊玉同学，你绝不会将平时的他和读书会中的他联系到一起，平时的姚同学非常深沉内敛，从不嬉笑玩耍，也不高谈论阔，你甚至不会特别注意到他，但他，其实却是人群中最耀眼的那个人。

在读书会开展活动的时候，只要姚同学一开口，所有的同学都会认真地聆听，因为——他讲的实在是太精彩了，你无法想象他究竟是读了多少本书，究竟是多热爱哲学，才会将这些知识融会贯通并且流利地表达出来。遇到任何问题，他总会有新颖的观点，并且在潜移默化中，在他强有力的论点论据面前，我们会开始支持他的观点，他就像现实版的詹青云，言语润物细无声却有沉甸甸的力量。看他的文章也是需要花一点工夫的，我本人并不喜欢哲学类的书籍，平时热爱文学著作，所以读他的文章，需要从感性中抽拖出来，回归理性，带着理性去阅读，而在这理性的背后，其实也有满满的人文关怀和感性。

难忘的小月河

房前屋后，小月河是我们的“护校河”，校内校外，“小月河”是我在读书会最大的收获。在编写小月河杂志的过程中，我学会了审稿校对，谋划杂志整体布局，向同学催稿，这些工作做起来非常烦琐细碎，但是真正做完收获到一本本崭新的杂志的时候，内心的自豪感和满足感油然而生。我知道，自己的付出是值得的，自己在做的是一个很有意义的事情——将展示的平台挪到校园，让同学们有更多的表达机会，让老师们认识到法律系有这么多优秀的人才，他们不仅能言善辩，身上闪烁着法律人正义的锋芒，而且热爱读书，知识渊博，出可参加诉讼法庭之上献睿智，入可执笔写文寸纸之间显英识！这就是我热爱的小月河，以及小月河边我亲爱的同学们。

后记

方今新冠肺炎疫情严重，不得返校，在家学习，写这篇文章让我回想起了大学四年的种种美好，而读书会，是这美好之中最璀璨的宝石，这回忆，我将终生珍藏。